初级注册安全工程师职业资格考试教材

安全生产法律法规
（初级）

北京注安注册安全工程师安全科学研究院　组织编写

中国劳动社会保障出版社

内容简介

本教材是根据应急管理部印发的《初级注册安全工程师职业资格考试大纲》（以下简称考试大纲）编写而成，主要内容包括安全生产国家政策及安全生产法律、法规、部门规章等相关知识，重点提炼了考试核心知识点，方便考生备考学习。教材内容紧扣考试大纲，并在深入研究考试大纲的基础上，对内容进行了汇总、精简，便于考生掌握考试重点知识。通过学习本教材，可有效地提升考试通过率，提升考生综合运用安全生产法律法规、政策标准、方法理论等分析和解决安全生产实际问题的能力。

教材也可供生产经营单位安全生产教育培训使用。

图书在版编目(CIP)数据

安全生产法律法规. 初级 / 北京注安注册安全工程师安全科学研究院组织编写. -- 北京：中国劳动社会保障出版社，2024. --（初级注册安全工程师职业资格考试教材）. -- ISBN 978-7-5167-6627-9

I. D922.54

中国国家版本馆 CIP 数据核字第 2024GS8008 号

中国劳动社会保障出版社出版发行

（北京市惠新东街 1 号　邮政编码：100029）

*

北京市科星印刷有限责任公司印刷装订　　新华书店经销

787 毫米×1092 毫米　16 开本　16.5 印张　303 千字
2024 年 11 月第 1 版　2024 年 11 月第 1 次印刷
定价：80.00 元

营销中心电话：400-606-6496
出版社网址：https://www.class.com.cn

版权专有　　侵权必究

如有印装差错，请与本社联系调换：（010）81211666
我社将与版权执法机关配合，大力打击盗印、销售和使用盗版图书活动，敬请广大读者协助举报，经查实将给予举报者奖励。

举报电话：（010）64954652

前　言

为配合做好初级注册安全工程师职业资格考试工作，促进注册安全工程师行业健康稳定发展，以考促学，提升安全生产专业技术人员知识水平和分析解决安全生产实际问题的能力，充分发挥注册安全工程师作用，有效预防生产安全事故，北京注安注册安全工程师安全科学研究院组织专家编写了本套教材。北京注安注册安全工程师安全科学研究院是全国注册安全工程师行业唯一的科学研究院，主要从事注册安全工程师专业技术研究。主要研究成果有《初级注册安全工程师职业资格考试试卷编制标准》《中级注册安全工程师职业资格考试试卷编制标准》《落实注册安全工程师制度专业性服务标准》等。主编出版的教材有《初级注册安全工程师职业资格考试教材》《中级注册安全工程师考试重点与精选题库》《全国安全技能提升培训统编教材》等。在注册安全工程师纳入《中华人民共和国安全生产法》等方面，曾向应急管理部和国务院有关部门提出建议，已被采纳。主要服务项目有：标准制定、考试命题、教材编写、考试培训、继续教育、安全培训、工伤预防宣传培训、课程制作、安全技能提升培训、安全评估、安全审计、动漫片制作等专业技术服务。

本教材可作为"初级注册安全工程师职业资格考试"备考学习材料和考试命题的依据。教材内容严格依据应急管理部《初级注册安全工程师职业资格考试大纲》要求，科学提炼出考试核心知识点，结合各地考生学习需要，精讲精练，以期帮助考生顺利通过考试。

本教材适用于"初级注册安全工程师职业资格考试"备考人员的学习和培训；也可用于职业院校安全教育、企业安全生产培训等，通过学习本书，可以提高专业技术人员素质和管理能力，提升企业安全生产管理水平。

考生购买本书后，可登录"京注安"培训平台获取培训课程，有针对性地强化训练，提高学习效果，提升考试通过率。

由于编写时间仓促和水平有限，疏漏之处在所难免，敬请批评指正。

北京注安注册安全工程师安全科学研究院

2024 年 5 月

目 录

第一章　安全生产国家政策 / 1
　第一节　习近平总书记关于依法治国及安全生产的重要论述 / 1
　第二节　中共中央　国务院有关安全生产的重要文件 / 4

第二章　《中华人民共和国安全生产法》/ 10
　第一节　基本规定 / 10
　第二节　生产经营单位的安全生产保障 / 12
　第三节　从业人员的安全生产权利义务 / 27
　第四节　安全生产的监督管理 / 30
　第五节　生产安全事故的应急救援和调查处理 / 34
　第六节　违法行为及法律责任 / 37

第三章　安全生产单行法律 / 47
　第一节　《中华人民共和国矿山安全法》/ 47
　第二节　《中华人民共和国消防法》/ 51
　第三节　《中华人民共和国道路交通安全法》/ 59
　第四节　《中华人民共和国特种设备安全法》/ 70

第四章　安全生产相关法律 / 82
　第一节　《中华人民共和国刑法》/ 82
　第二节　《中华人民共和国劳动法》/ 86
　第三节　《中华人民共和国劳动合同法》/ 89
　第四节　《中华人民共和国职业病防治法》/ 96
　第五节　《中华人民共和国突发事件应对法》/ 104

第五章　安全生产行政法规 / 120
　第一节　《安全生产许可证条例》/ 120
　第二节　《生产安全事故应急条例》/ 123

第三节 《生产安全事故报告和调查处理条例》/ 129

第四节 《工伤保险条例》/ 136

第五节 《煤矿安全生产条例》/ 146

第六节 《建设工程安全生产管理条例》/ 157

第七节 《危险化学品安全管理条例》/ 164

第八节 《烟花爆竹安全管理条例》/ 179

第九节 《民用爆炸物品安全管理条例》/ 185

第十节 《特种设备安全监察条例》/ 193

第十一节 《大型群众性活动安全管理条例》/ 197

第十二节 《女职工劳动保护特别规定》/ 202

第六章 安全生产部门规章 / 205

第一节 《注册安全工程师分类管理办法》/ 205

第二节 《注册安全工程师职业资格制度规定》和《注册安全工程师职业资格考试实施办法》/ 206

第三节 《生产经营单位安全培训规定》/ 210

第四节 《安全生产事故隐患排查治理暂行规定》/ 214

第五节 《生产安全事故应急预案管理办法》/ 217

第六节 《生产安全事故信息报告和处置办法》/ 223

第七节 《特种作业人员安全技术培训考核管理规定》/ 226

第八节 《煤矿重大事故隐患判定标准》/ 230

第九节 《金属非金属矿山重大事故隐患判定标准》/ 236

第十节 《化工和危险化学品生产经营单位重大生产安全事故隐患判定标准（试行）》/ 242

第十一节 《烟花爆竹生产经营单位重大生产安全事故隐患判定标准（试行）》/ 243

第十二节 《工贸企业重大事故隐患判定标准》/ 244

第十三节 淘汰落后安全技术工艺、设备目录 / 250

第十四节 《建设工程消防设计审查验收管理暂行规定》/ 251

第七章 安全生产地方性法规和地方政府规章 / 256

第一章

安全生产国家政策

第一节　习近平总书记关于依法治国及安全生产的重要论述

一、习近平总书记关于依法治国的法治思想

2020年11月16日至17日，中央全面依法治国工作会议在北京召开，这是中国共产党历史上首次召开的中央全面依法治国工作会议，这次会议将习近平法治思想明确为全面依法治国的指导思想。

习近平总书记关于依法治国的法治思想，集中体现为"十一个坚持"：坚持党对全面依法治国的领导；坚持以人民为中心；坚持中国特色社会主义法治道路；坚持依宪治国、依宪执政；坚持在法治轨道上推进国家治理体系和治理能力现代化；坚持建设中国特色社会主义法治体系；坚持依法治国、依法执政、依法行政共同推进，法治国家、法治政府、法治社会一体建设；坚持全面推进科学立法、严格执法、公正司法、全民守法；坚持统筹推进国内法治和涉外法治；坚持建设德才兼备的高素质法治工作队伍；坚持抓住领导干部这个"关键少数"。

习近平法治思想是社会主义各项事业改革创新的时代产物，这"十一个坚持"是核心要义，紧扣国家治理现代化的时代主题。

二、习近平总书记就做好安全生产工作作出重要指示

2013年6月6日，中共中央总书记、国家主席、中央军委主席习近平对近一个时期全国多个地区接连发生多起重特大安全生产事故，造成重大人员伤亡和财产损失高度重视，就做好安全生产工作作出重要指示。

习近平指出，接连发生的重特大安全生产事故，造成重大人员伤亡和财产损失，

必须引起高度重视。人命关天，发展决不能以牺牲人的生命为代价。这必须作为一条不可逾越的红线。

习近平强调，要始终把人民生命安全放在首位，以对党和人民高度负责的精神，完善制度、强化责任、加强管理、严格监管，把安全生产责任制落到实处，切实防范重特大安全生产事故的发生。

三、习近平总书记对认真履行安全生产主体责任等作出的重要指示

2013年11月22日，山东省青岛市"11·22"输油管道泄漏爆炸特别重大事故，造成62人死亡、136人受伤。事故发生后，习近平总书记立即作出重要指示，要求查明事故原因，总结事故教训，落实安全生产责任，强化安全生产措施，坚决杜绝此类事故。

习近平强调，所有企业都必须认真履行安全生产主体责任，做到安全投入到位、安全培训到位、基础管理到位、应急救援到位，确保安全生产。中央企业要带好头做表率。

习近平指出，安全生产，要坚持防患于未然。要继续开展安全生产大检查，做到"全覆盖、零容忍、严执法、重实效"。要采用不发通知、不打招呼、不听汇报、不用陪同和接待，直奔基层、直插现场，暗查暗访，特别是要深查地下油气管网这样的隐蔽致灾隐患。要加大隐患整改治理力度，建立安全生产检查工作责任制，实行谁检查、谁签字、谁负责，做到不打折扣、不留死角、不走过场，务必见到成效。

习近平指出，要做到"一厂出事故、万厂受教育，一地有隐患、全国受警示"。各地区和各行业领域要深刻吸取安全事故带来的教训，强化安全责任，改进安全监管，落实防范措施。

四、习近平总书记对加强安全生产工作提出的五点要求

2016年1月，习近平总书记在中共中央政治局常委会会议上发表重要讲话，对加强安全生产工作提出五点要求。一是必须坚定不移保障安全发展，狠抓安全生产责任制落实。要强化"党政同责、一岗双责、失职追责"，坚持以人为本、以民为本。二是必须深化改革创新，加强和改进安全监管工作，强化开发区、工业园区、港区等功能区安全监管，举一反三，在标准制定、体制机制上认真考虑如何改革和完善。三是必须强化依法治理，用法治思维和法治手段解决安全生产问题，加快安全生产相关法律法规制定修订，加强安全生产监管执法，强化基层监管力量，着力提高安全生产法治化水平。四是必须坚决遏制重特大事故频发势头，对易发重特大事故的行业领域采

取风险分级管控、隐患排查治理双重预防性工作机制，推动安全生产关口前移，加强应急救援工作，最大限度减少人员伤亡和财产损失。五是必须加强基础建设，提升安全保障能力，针对城市建设、危旧房屋、玻璃幕墙、渣土堆场、尾矿库、燃气管线、地下管廊等重点隐患和煤矿、非煤矿山、危化品、烟花爆竹、交通运输等重点行业以及游乐、"跨年夜"等大型群众性活动，坚决做好安全防范，特别是要严防踩踏事故发生。

五、习近平总书记对加强安全生产和汛期安全防范工作作出的重要指示

2016年7月，习近平总书记在中共中央政治局常委会会议上发表重要讲话，对加强安全生产和汛期安全防范工作作出重要指示。习近平总书记强调，安全生产是民生大事，一丝一毫不能放松，要以对人民极端负责的精神抓好安全生产工作，站在人民群众的角度想问题，把重大风险隐患当成事故来对待，守土有责，敢于担当，完善体制，严格监管，让人民群众安心放心。

习近平指出，各级党委和政府特别是领导干部要牢固树立安全生产的观念，正确处理安全和发展的关系，坚持发展决不能以牺牲安全为代价这条红线。经济社会发展的每一个项目、每一个环节都要以安全为前提，不能有丝毫疏漏。要严格实行党政领导干部安全生产工作责任制，切实做到失职追责。要把遏制重特大事故作为安全生产整体工作的"牛鼻子"来抓，在煤矿、危化品、道路运输等方面抓紧规划实施一批生命防护工程，积极研发应用一批先进安防技术，切实提高安全发展水平。

习近平强调，要改革安全生产应急救援体制，提高组织协调能力和现场救援实效。要完善各类开发区、工业园区、港区、风景区等功能区安全监管体制，严格落实安全管理措施。

六、习近平总书记在中国共产党第二十次全国代表大会上的报告中有关安全生产的论述

2022年10月16日，习近平总书记在中国共产党第二十次全国代表大会上的报告的第十一部分"推进国家安全体系和能力现代化，坚决维护国家安全和社会稳定"中指出：

提高公共安全治理水平。坚持安全第一、预防为主，建立大安全大应急框架，完善公共安全体系，推动公共安全治理模式向事前预防转型。推进安全生产风险专项整治，加强重点行业、重点领域安全监管。提高防灾减灾救灾和重大突发公共事件处置保障能力，加强国家区域应急力量建设。

第二节　中共中央　国务院有关安全生产的重要文件

一、中共中央　国务院关于推进安全生产领域改革发展的意见

2016年12月9日,《中共中央　国务院关于推进安全生产领域改革发展的意见》(以下简称《意见》)印发实施。《意见》以习近平总书记系列重要讲话精神特别是关于安全生产的重要论述为指导,科学谋划安全生产领域改革发展蓝图。

1. 指导思想

全面贯彻党的十八大和十八届三中、四中、五中、六中全会精神,以邓小平理论、"三个代表"重要思想、科学发展观为指导,深入贯彻习近平总书记系列重要讲话精神和治国理政新理念新思想新战略,进一步增强"四个意识",紧紧围绕统筹推进"五位一体"总体布局和协调推进"四个全面"战略布局,牢固树立新发展理念,坚持安全发展,坚守发展决不能以牺牲安全为代价这条不可逾越的红线,以防范遏制重特大生产安全事故为重点,坚持安全第一、预防为主、综合治理的方针,加强领导、改革创新、协调联动、齐抓共管,着力强化企业安全生产主体责任,着力堵塞监督管理漏洞,着力解决不遵守法律法规的问题,依靠严密的责任体系、严格的法治措施、有效的体制机制、有力的基础保障和完善的系统治理,切实增强安全防范治理能力,大力提升我国安全生产整体水平,确保人民群众安康幸福、共享改革发展和社会文明进步成果。

2. 五项基本原则

一是坚持安全发展;二是坚持改革创新;三是坚持依法监管;四是坚持源头防范;五是坚持系统治理。

3. 目标任务

到2030年,实现安全生产治理体系和治理能力现代化,全民安全文明素质全面提升,安全生产保障能力显著增强,为实现中华民族伟大复兴的中国梦奠定稳固可靠的安全生产基础。

4. 五项制度性改革

一是健全落实安全生产责任制;二是着力完善安全生产监管监察体制;三是大力推进安全生产依法治理;四是建立安全生产预防控制体系;五是加强安全生产基础保障能力建设。

健全落实安全生产责任制。强化企业主体责任。明确企业对本单位安全生产和职业健康工作负全面责任,建立健全自我约束、持续改进的内生机制,做到安全责任、

管理、投入、培训和应急救援"五到位",并对生产经营全过程实行安全责任追溯。对被追究刑事责任的生产经营者依法实施相应的职业禁入,对事故发生负有重大责任的社会服务机构和人员依法严肃追究法律责任,并依法实施相应的行业禁入。企业要定期开展风险评估和危害辨识。针对高危工艺、设备、物品、场所和岗位,建立分级管控制度,制定落实安全操作规程。树立隐患就是事故的观念,建立健全隐患排查治理制度、重大隐患治理情况向负有安全生产监督管理职责的部门和企业职代会"双报告"制度,实行自查自改自报闭环管理。严格执行安全生产和职业健康"三同时"制度。

建立安全生产预防控制体系。强化企业预防措施。大力推进企业安全生产标准化建设,实现安全管理、操作行为、设备设施和作业环境的标准化。开展经常性的应急演练和人员避险自救培训,着力提升现场应急处置能力。强化城市运行安全保障,提高基础设施安全配置标准,构建现代化城市安全保障体系,推进安全发展示范城市建设。强化安全防范工程建设,重点推进对煤矿瓦斯等重大灾害及矿山采空区、尾矿库的治理,加快实施人口密集区危险化学品和化工企业生产、仓储场所安全搬迁工程。完善职业病防治体系,实施职业健康促进计划,加强企业职业健康监管执法。

加强安全生产基础保障能力建设。强化安全生产预防及应急相关资金使用管理,完善安全生产专用设备企业所得税优惠目录,落实企业安全生产费用提取管理使用制度。强化安全生产科技支撑,加快安全生产关键技术装备研发,推动工业机器人、智能装备在危险工序和环节广泛应用。健全投融资服务体系,引导企业集聚发展灾害防治、预测预警、检测监控、个体防护、应急处置、安全文化等技术、装备和服务产业。继续加强安全生产信息化建设,提升现代信息技术与安全生产融合度,构建安全生产与职业健康信息化全国"一张网"。将安全生产专业技术服务纳入现代服务业发展规划,培育多元化服务主体。建立政府购买安全生产服务制度。支持发展安全生产专业化行业组织,强化自治自律。切实改进注册安全工程师制度。鼓励中小微企业订单式、协作式购买运用安全生产管理和技术服务。建立安全生产和职业健康技术服务机构公示制度和由第三方实施的信用评定制度,严肃查处租借资质、违法挂靠、弄虚作假、垄断收费等各类违法违规行为。建立安全生产不良记录"黑名单"制度,健全安全生产责任保险制度,切实发挥保险机构参与风险评估管控和事故预防功能。将安全生产监督管理纳入各级党政领导干部培训内容。把安全知识普及纳入国民教育,建立完善中小学安全教育和高危行业职业安全教育体系。把安全生产纳入农民工技能培训内容。严格落实企业安全教育培训制度,切实做到先培训、后上岗。推进安全文化建设,加强警示教育,强化全民安全意识和法治意识。

二、"十四五"国家安全生产规划

2022年4月6日，国务院安全生产委员会印发《"十四五"国家安全生产规划》（以下简称《规划》），对"十四五"时期安全生产工作作出全面部署。

1. 指导思想

以习近平新时代中国特色社会主义思想为指导，全面贯彻落实党的十九大和十九届历次全会精神，增强"四个意识"、坚定"四个自信"、做到"两个维护"，紧紧围绕统筹推进"五位一体"总体布局和协调推进"四个全面"战略布局，坚持人民至上、生命至上，坚守安全发展理念，从根本上消除事故隐患，从根本上解决问题，实施安全生产精准治理，着力破解瓶颈性、根源性、本质性问题，全力防范化解系统性重大安全风险，坚决遏制重特大事故，有效降低事故总量，推进安全生产治理体系和治理能力现代化，以高水平安全保障高质量发展，不断增强人民群众的获得感、幸福感、安全感。

2. 基本原则

一是系统谋划，标本兼治；二是源头防控，精准施治；三是深化改革，强化法治；四是广泛参与，社会共治。

3. 规划目标

到2025年，防范化解重大安全风险体制机制不断健全，重大安全风险防控能力大幅提升，安全生产形势趋稳向好，生产安全事故总量持续下降，危险化学品、矿山、消防、交通运输、建筑施工等重点领域重特大事故得到有效遏制，经济社会发展安全保障更加有力，人民群众安全感明显增强。到2035年，安全生产治理体系和治理能力现代化基本实现，安全生产保障能力显著增强，全民安全文明素质全面提升，人民群众安全感更加充实、更有保障、更可持续。

4. 织密风险防控责任网络

一是深化监管体制改革；二是压实党政领导责任；三是夯实部门监管责任；四是强化企业主体责任；五是严肃目标责任考核。

强化企业主体责任。严格落实生产经营单位主要负责人安全生产第一责任人的法定责任。推动生产经营单位建立从法定代表人、实际控制人等到一线岗位员工的全员安全生产责任制，健全生产经营全过程安全生产责任追溯制度。引导企业完善安全生产管理体系，健全安全风险分级管控和隐患排查治理双重预防工作机制，构建自我约束、持续改进的安全生产内生机制。强化守信激励和失信惩戒，依法建立健全安全生产严重违法失信名单管理制度并依法实施联合惩戒，加大对安全生产严重违法失信主体的责任追究。

5. 优化安全生产法治秩序

一是健全法规规章体系；二是加强标准体系建设；三是创新监管执法机制；四是提升行政执法能力。

6. 筑牢安全风险防控屏障

一是优化城市安全格局；二是严格安全生产准入；三是强化安全风险管控；四是精准排查治理隐患。

7. 防范遏制重特大事故

（1）危险化学品

严密防范已淘汰的落后产能异地落户、办厂进园。健全城区危险化学品生产企业关停并转、退城入园等支持政策措施。实施"工业互联网＋危化安全生产"工程，建设一批本质安全型化工园区和大型油气储存基地，推动危险化学品安全数字化智能化转型。强化托运、承运、装卸、车辆运行等危险化学品运输全链条安全生产监管，统筹推进危险化学品运输车辆专用停车场建设。加强使用危险化学品从事生产的企业及医院、学校、科研机构等单位的危险化学品使用安全管理。加快建设统一的危险化学品产供储销全链条监管与服务平台，实现来源可循、去向可溯、状态可控。力争实现化工事故总量、较大及以上事故总量比"十三五"期间下降15%以上。

（2）煤矿

实施冲击地压、煤与瓦斯突出和水害等煤矿重大灾害超前精准治理，推进实施煤矿重大灾害治理示范工程。严格落实煤矿"一优三减"措施。全面推进智能化煤矿建设。持续推进冲击地压、煤与瓦斯突出、水文地质类型极复杂等灾害严重且在现有技术条件下难以有效防治的煤矿淘汰退出。

（3）非煤矿山

提高非煤矿山主要矿种最低开采规模和最低服务年限标准，实行尾矿库总量控制。强化非煤矿山建设项目基建过程安全监管。建立完善非煤矿山安全风险监测预警机制和监测监控系统，研发应用非煤矿山智能感知装备及综合监控装备。定期对入井人数超过30人、井深超过800米、水文地质条件复杂的金属非金属地下矿山，以及现状边坡超过200米的高陡边坡金属非金属露天矿山、现状堆置高度超过200米的金属非金属矿山排土场、头顶库和设计坝高超过200米的尾矿库进行专家会诊检查，推进停产和关闭矿山电子封条建设。

（4）道路运输

建立健全道路运输企业、道路运输车辆和驾驶员信息共享机制。深化货车非法改装、车辆挂靠专项整治，健全货车非法改装联合监管工作机制，将车辆超限超载治理纳入地方政府安全生产考核，严厉打击"大吨小标"、"百吨王"、倒卖合格证等违法违规行为。建立自动驾驶机动车运行数据监管平台,强化运行过程监管。加快高速公路护栏提质改造。

(5)其他交通运输(除道路运输外)

完善国家民航安全绩效指标体系,强化可控飞行撞地、跑道安全、空中相撞等重点风险治理,深化机场净空保护、鸟击防范等安全专项整治,加强无人机管控。全面划定铁路线路安全保护区,实施铁路沿线安全环境治理及道口"平改立"、危险货物铁路运输安全专项整治,强化公铁水并行交汇地段安全综合治理。严格执行客船恶劣天气条件下禁限航规定。强化城市轨道交通全过程安全评估,健全城市轨道交通运营安全风险分级管控和隐患排查治理制度,强化运营安全风险管控。

(6)工贸

以钢铁、粉尘涉爆、涉氨制冷、铝加工(深井铸造)、有限空间作业为重点,强化事故隐患排查治理,深化工贸行业安全专项整治。推广应用粉尘涉爆领域湿法除尘工艺、铝加工(深井铸造)自动化监测报警和联锁装置等先进技术装备。加快实施建材行业搬运码垛、投料装车、抛光施釉、喷漆打磨、高温窑炉、切割分拣、压力成型等安全风险较高的岗位"机器换人"。

(7)烟花爆竹

推进全国烟花爆竹转型升级集中区建设,引导烟花爆竹生产企业向主产地区转移或有序退出。强化烟花爆竹机械质量监督检验和涉药机械常态化安全论证,加强对烟花爆竹新型安全材料的研发与推广应用。加强直接涉药生产工序的机械化改造,确保烟花爆竹生产重要涉药工序人机分离、人药分离。

(8)城市建设

改革建筑施工安全生产许可证制度,完善隧道工程事故预防机制,严格落实工程质量安全手册制度。完善建筑施工安全监管信息系统,健全建筑施工安全信用体系。规范建设工程用工管理及分包单位准入规定,培育高素质施工作业人员,稳定施工劳务用工队伍。把老旧燃气管道更新改造纳入城市更新行动,推动燃气安全综合治理。

(9)危险废物

强化废弃危险化学品等危险废物全过程监管,建立废弃危险化学品等危险废物部门协作、联合执法、重大案件区域会商督办机制,形成覆盖危险废物产生、收集、贮存、转移、运输、利用、处置等全过程的监管体系。制定完善危险废物重点监管单位清单。加强危险废物监管能力与应急处置技术支撑能力建设。

8. 强化应急救援处置效能

一是夯实企业应急基础;二是提升应急救援能力;三是提高救援保障水平。

夯实企业应急基础。完善应急预案管理与演练制度。强化重点岗位、重点部位现场应急处置方案实操性监督检查，强化制度化、全员化、多形式的应急救援演练。建立企业应急预案修订与备案制度。加强超大桥梁垮塌、超长隧道火灾、大型客船遇险、大型船舶原油溢油等巨灾情景构建，建设一批应急演练情景库。

9. 统筹安全生产支撑保障

一是加快专业人才培养；二是强化科技创新引领；三是推进安全信息化建设。

加快专业人才培养。实施高危行业领域从业人员安全技能提升专项行动，严格企业主要负责人、安全生产管理人员安全生产知识和管理能力考核，以及特种作业人员安全技能培训考核。实现重点行业规模以上企业新增从业人员安全技能培训率达到100%。加强注册安全工程师、注册消防工程师等职业资格管理，探索工程教育专业认证与国家职业资格证书衔接机制。

10. 构建社会共治安全格局

一是提高全民安全素质；二是推动社会协同治理；三是深化安全交流合作。

推动社会协同治理。实行企业安全生产信用风险分类管理制度，将企业安全生产违法信息记入信用记录。制定政府购买安全生产服务清单。鼓励协会、联合会、商会、慈善组织等社会组织参与安全生产工作。

11. 实施安全提升重大工程

一是重大安全风险治理工程；二是监管执法能力建设工程；三是安全风险监测预警工程；四是救援处置能力建设工程；五是科技创新能力建设工程；六是安全生产教育实训工程。

重大安全风险治理工程。实施化工园区和大型油气储存基地本质安全提升工程、危险化学品企业安全改造工程，推动安全管理数字化转型试点。开展煤矿瓦斯综合治理和水害、火灾、冲击地压等重大灾害治理。全面完成尾矿"头顶库"治理。开展消防安全治理工程，推进行业消防安全标准化管理标杆建设、单位社区消防安全能力建设，实施企业专职消防队、乡镇政府专职消防队标准化建设。

12. 健全规划实施保障机制

一是明确任务分工；二是加大政策支持；三是推进试点示范；四是强化监督评估。

第二章

《中华人民共和国安全生产法》

第一节 基本规定

一、立法目的、适用范围

1. 立法目的

《中华人民共和国安全生产法》(以下简称《安全生产法》)第一条规定,为了加强安全生产工作,防止和减少生产安全事故,保障人民群众生命和财产安全,促进经济社会持续健康发展,制定本法。

2. 适用范围

《安全生产法》第二条规定,在中华人民共和国领域内从事生产经营活动的单位(以下统称生产经营单位)的安全生产,适用本法;有关法律、行政法规对消防安全和道路交通安全、铁路交通安全、水上交通安全、民用航空安全以及核与辐射安全、特种设备安全另有规定的,适用其规定。

二、安全生产工作的理念及方针

《安全生产法》第三条规定,安全生产工作坚持中国共产党的领导。安全生产工作应当以人为本,坚持人民至上、生命至上,把保护人民生命安全摆在首位,树牢安全发展理念,坚持安全第一、预防为主、综合治理的方针,从源头上防范化解重大安全风险。安全生产工作实行管行业必须管安全、管业务必须管安全、管生产经营必须管安全,强化和落实生产经营单位主体责任与政府监管责任,建立生产经营单位负责、职工参与、政府监管、行业自律和社会监督的机制。

三、各级人民政府监管职责

《安全生产法》第八条规定，国务院和县级以上地方各级人民政府应当根据国民经济和社会发展规划制定安全生产规划，并组织实施。安全生产规划应当与国土空间规划等相关规划相衔接。

各级人民政府应当加强安全生产基础设施建设和安全生产监管能力建设，所需经费列入本级预算。

县级以上地方各级人民政府应当组织有关部门建立完善安全风险评估与论证机制，按照安全风险管控要求，进行产业规划和空间布局，并对位置相邻、行业相近、业态相似的生产经营单位实施重大安全风险联防联控。

《安全生产法》第九条规定，国务院和县级以上地方各级人民政府应当加强对安全生产工作的领导，建立健全安全生产工作协调机制，支持、督促各有关部门依法履行安全生产监督管理职责，及时协调、解决安全生产监督管理中存在的重大问题。

乡镇人民政府和街道办事处，以及开发区、工业园区、港区、风景区等应当明确负责安全生产监督管理的有关工作机构及其职责，加强安全生产监管力量建设，按照职责对本行政区域或者管理区域内生产经营单位安全生产状况进行监督检查，协助人民政府有关部门或者按照授权依法履行安全生产监督管理职责。

四、综合监管部门与专项监管部门的职责分工

《安全生产法》第十条规定，国务院应急管理部门依照本法，对全国安全生产工作实施综合监督管理；县级以上地方各级人民政府应急管理部门依照本法，对本行政区域内安全生产工作实施综合监督管理。国务院交通运输、住房和城乡建设、水利、民航等有关部门依照本法和其他有关法律、行政法规的规定，在各自的职责范围内对有关行业、领域的安全生产工作实施监督管理；县级以上地方各级人民政府有关部门依照本法和其他有关法律、法规的规定，在各自的职责范围内对有关行业、领域的安全生产工作实施监督管理。对新兴行业、领域的安全生产监督管理职责不明确的，由县级以上地方各级人民政府按照业务相近的原则确定监督管理部门。应急管理部门和对有关行业、领域的安全生产工作实施监督管理的部门，统称负有安全生产监督管理职责的部门。负有安全生产监督管理职责的部门应当相互配合、齐抓共管、信息共享、资源共用，依法加强安全生产监督管理工作。

《安全生产法》第十七条规定，县级以上各级人民政府应当组织负有安全生产监督管理职责的部门依法编制安全生产权力和责任清单，公开并接受社会监督。

五、安全生产国家标准或行业标准

《安全生产法》第十一条、第十二条规定，国务院有关部门应当按照保障安全生产的要求，依法及时制定有关的国家标准或者行业标准，并根据科技进步和经济发展适时修订。生产经营单位必须执行依法制定的保障安全生产的国家标准或者行业标准。

国务院有关部门按照职责分工负责安全生产强制性国家标准的项目提出、组织起草、征求意见、技术审查。国务院应急管理部门统筹提出安全生产强制性国家标准的立项计划。国务院标准化行政主管部门负责安全生产强制性国家标准的立项、编号、对外通报和授权批准发布工作。国务院标准化行政主管部门、有关部门依据法定职责对安全生产强制性国家标准的实施进行监督检查。

第二节　生产经营单位的安全生产保障

一、生产经营单位应当具备安全生产条件

《安全生产法》第二十条规定，生产经营单位应当具备本法和有关法律、行政法规和国家标准或者行业标准规定的安全生产条件；不具备安全生产条件的，不得从事生产经营活动。

生产经营单位具备法定的安全生产条件，是解决生产经营单位安全生产保障问题的关键。生产经营单位应当具备的安全生产条件，主要包括3个方面：一是各类生产经营单位的安全生产条件千差万别，法律不宜也难以作出统一的规定，《安全生产法》仅是实事求是地作出灵活的和可操作的原则性规定，将各类生产经营单位的安全生产条件分解到相关的安全生产立法中去；二是相关安全生产立法中规定的安全生产条件，也是生产经营单位必须遵循的行为规范，具体包括有关的安全生产法律、法规、规章和标准，凡是上述有关安全生产立法中明确规定了某类生产经营单位的安全生产条件，相关生产经营单位必须具备；三是安全生产条件是生产经营活动中始终都要具备，并需不断改进完善的，生产经营单位不仅要具备法定安全生产条件才能开办，而且在其整个生产经营活动中始终都要具备安全生产条件。

二、生产经营单位主要负责人的安全生产职责

1. 生产经营单位主要负责人在安全生产中的地位

《安全生产法》第五条规定，生产经营单位的主要负责人是本单位安全生产第一责任人，对本单位的安全生产工作全面负责。

生产经营单位主要负责人是指有限责任公司或者股份有限公司的董事长、总经理,其他生产经营单位的厂长、经理、(矿务局)局长、矿长(含实际控制人)等。生产经营单位的安全生产工作能否做好,关键在于主要负责人。《安全生产法》第五条是把主要负责人置于安全生产工作的中心地位上,负有第一位的、主要的安全生产领导责任。本法这样规定的目的是要落实和加强主要负责人的安全生产责任,促使他们加强领导,加强安全、保障安全。

2. 生产经营单位主要负责人的安全生产职责

《安全生产法》第二十一条规定,生产经营单位主要负责人对本单位安全生产工作负有下列职责:

(一)建立健全并落实本单位全员安全生产责任制,加强安全生产标准化建设;

(二)组织制定并实施本单位安全生产规章制度和操作规程;

(三)组织制定并实施本单位安全生产教育和培训计划;

(四)保证本单位安全生产投入的有效实施;

(五)组织建立并落实安全风险分级管控和隐患排查治理双重预防工作机制,督促、检查本单位的安全生产工作,及时消除生产安全事故隐患;

(六)组织制定并实施本单位的生产安全事故应急救援预案;

(七)及时、如实报告生产安全事故。

《安全生产法》第二十一条用法的形式列出了主要负责人的安全职责,责任明确,可操作性强,能够实现权责一致。

三、全员安全生产责任制

《安全生产法》第二十二条规定,生产经营单位的全员安全生产责任制应当明确各岗位的责任人员、责任范围和考核标准等内容。生产经营单位应当建立相应的机制,加强对全员安全生产责任制落实情况的监督考核,保证全员安全生产责任制的落实。

全员安全生产责任制是指建立和实施生产经营单位的全员、全过程、全方位的安全生产责任制度,即要明确生产经营单位负责人、管理人员、从业人员的安全岗位责任制,将安全生产责任层层分解落实到生产经营单位的各个场所、各个环节、各有关人员。全员安全生产责任制是生产经营单位保障安全生产的最基本、最重要的管理制度。只有明确每一名从业人员的安全生产责任,分清责任,各尽其责,才能形成严密科学的安全生产责任体系。

四、安全生产资金投入和使用

《安全生产法》第二十三条第一款规定,生产经营单位应当具备的安全生产条件所必需的资金投入，由生产经营单位的决策机构、主要负责人或者个人经营的投资人予以保证，并对由于安全生产所必需的资金投入不足导致的后果承担责任。

当前安全生产存在的主要问题之一，就是生产经营单位的安全投入普遍不足，安全欠账严重。一些生产经营单位为了追求短期的高额利润，不惜以牺牲从业人员生命为代价，结果导致生产经营单位安全技术装备陈旧落后，从业人员安全技能差、安全意识淡薄，从而导致大量事故发生。为了从根本上解决安全投入无保障的问题，《安全生产法》将安全投入列为保障安全生产的必要条件之一。由于各个生产经营单位的安全生产条件千差万别，其安全投入标准也不尽相同，为了使安全投入的标准更符合实际，更具有可操作性，《安全生产法》规定了安全投入的标准是应具备的安全生产条件。同时，生产经营单位的性质各不相同，对不同生产经营单位安全投入的决策主体作出了明确的规定：一是按照公司法成立的股份制公司、有限责任公司，由其决策机构即董事会或者股东会决定安全投入的资金；二是非公司制生产经营单位，由其主要负责人决定安全投入的资金；三是个人投资并由他人管理的生产经营单位，由其投资人即股东决定安全投入的资金。

《安全生产法》第二十三条第二款规定，有关生产经营单位应当按照规定提取和使用安全生产费用，专门用于改善安全生产条件。安全生产费用在成本中据实列支。安全生产费用提取、使用和监督管理的具体办法由国务院财政部门会同国务院应急管理部门征求国务院有关部门意见后制定。

为了保证矿山、危险化学品生产等高危生产经营单位足额提取安全生产费用，专门用于改善安全生产条件，满足安全生产的需要，《安全生产法》作出授权性规定，安全生产费用提取、使用和监督管理的具体办法由国务院财政部门会同国务院应急管理部门征求国务院有关部门意见后制定。2022年11月21日由财政部、应急管理部印发的《企业安全生产费用提取和使用管理办法》（财资〔2022〕136号），规定了煤炭生产、非煤矿山开采、石油天然气开采、建设工程施工、危险品生产与储存、交通运输、烟花爆竹生产、民用爆炸物品生产、冶金、机械制造、武器装备研制生产与试验（含民用航空及核燃料）、电力生产与供应的企业及其他经济组织安全费用提取和使用的要求。

五、安全生产管理机构和安全生产管理人员的配置

《安全生产法》第二十四条规定，矿山、金属冶炼、建筑施工、运输单位和危险物品的生产、经营、储存、装卸单位，应当设置安全生产管理机构或者配备专职安全生产管理人员。

前款规定以外的其他生产经营单位，从业人员超过一百人的，应当设置安全生产管理机构或者配备专职安全生产管理人员；从业人员在一百人以下的，应当配备专职

或者兼职的安全生产管理人员。

生产经营活动的安全进行，除必要的物质保障和制度保障外，还要从人员上加以保障。因此，对于从事一些危险性较大的行业的生产经营单位，如矿山、金属冶炼、建筑施工、运输单位和危险物品的生产、经营、储存、装卸单位，或者是从业人员较多的生产经营单位，如从业人员超过100人的生产经营单位，应当在单位内成立专门从事安全生产管理工作的机构，或者配备专职的人员从事安全生产管理工作。除矿山、金属冶炼、建筑施工、运输单位和危险物品的生产、经营、储存、装卸单位外，从业人员在100人以下的其他生产经营单位，从事的生产经营活动风险较小，生产经营的规模也较小。因此，《安全生产法》规定其可不设置安全生产管理机构，可以配备专职的安全生产管理人员，也可以配备兼职的安全生产管理人员。

六、安全管理机构与安全管理人员的职责

为了发挥安全生产管理机构以及安全生产管理人员的作用，保证其依法履行安全职责，《安全生产法》第二十五条第一款规定，生产经营单位的安全生产管理机构以及安全生产管理人员履行下列职责：

（一）组织或者参与拟订本单位安全生产规章制度、操作规程和生产安全事故应急救援预案；

（二）组织或者参与本单位安全生产教育和培训，如实记录安全生产教育和培训情况；

（三）组织开展危险源辨识和评估，督促落实本单位重大危险源的安全管理措施；

（四）组织或者参与本单位应急救援演练；

（五）检查本单位的安全生产状况，及时排查生产安全事故隐患，提出改进安全生产管理的建议；

（六）制止和纠正违章指挥、强令冒险作业、违反操作规程的行为；

（七）督促落实本单位安全生产整改措施。

安全管理人员在生产经营单位占据重要的地位，是生产经营单位安全生产的重要保障，以法的形式列出安全管理人员的具体职责，有助于安全管理人员做到履职时有法可依。

《安全生产法》第二十五条第二款规定，生产经营单位可以设置专职安全生产分管负责人，协助本单位主要负责人履行安全生产管理职责。

专职安全生产分管负责人是生产经营单位专职负责安全生产工作的领导，属于专职安全管理人员的范畴，履行安全管理人员的职责，是单位主要负责人履行其安全管理职责的最强助力。

七、安全生产管理机构与安全生产管理人员的履职要求

《安全生产法》第二十六条第一款规定，生产经营单位的安全生产管理机构以及安全生产管理人员应当恪尽职守，依法履行职责。

为了加强安全生产管理，防止发生生产安全事故，安全生产管理人员应当充分认识自己肩负的重大责任，对工作尽职尽责，积极、主动、认真、谨慎地依法履行各项安全生产管理职责。《安全生产法》第四十六条规定，生产经营单位的安全生产管理人员应当根据本单位的生产经营特点，对安全生产状况进行经常性检查；对检查中发现的安全问题，应当立即处理；不能处理的，应当及时报告本单位有关负责人，有关负责人应当及时处理。检查及处理情况应当如实记录在案。生产经营单位的安全生产管理人员在检查中发现重大事故隐患，依照前款规定向本单位有关负责人报告，有关负责人不及时处理的，安全生产管理人员可以向主管的负有安全生产监督管理职责的部门报告，接到报告的部门应当依法及时处理。

《安全生产法》第二十六条第二款规定，生产经营单位作出涉及安全生产的经营决策，应当听取安全生产管理机构以及安全生产管理人员的意见。

生产经营单位涉及安全生产的经营决策，安全生产管理机构以及安全生产管理人员应当从专业的角度提出意见，以保障安全生产。

安全管理人员在履行其法定安全职责的过程中，如发现危及人身安全的重大隐患后报告有关负责人，有关负责人不及时处理时，"安全生产管理人员可以向主管的负有安全生产监督管理职责的部门报告"，这可能会影响某些生产进度或相关负责人的权利。因此，《安全生产法》第二十六条第三款规定，生产经营单位不得因安全生产管理人员依法履行职责而降低其工资、福利等待遇或者解除与其订立的劳动合同。

为了保证高危行业的安全管理人员的稳定和履职，本法规定了高危行业的生产经营单位安全管理人员事后备案的义务。《安全生产法》第二十六条第四款规定，危险物品的生产、储存单位以及矿山、金属冶炼单位的安全生产管理人员的任免，应当告知主管的负有安全生产监督管理职责的部门。

八、安全生产管理能力的规定

《安全生产法》第二十七条规定，生产经营单位的主要负责人和安全生产管理人员必须具备与本单位所从事的生产经营活动相应的安全生产知识和管理能力。

危险物品的生产、经营、储存、装卸单位以及矿山、金属冶炼、建筑施工、运输单位的主要负责人和安全生产管理人员，应当由主管的负有安全生产监督管理职责的部门对其安全生产知识和管理能力考核合格。考核不得收费。

根据《安全生产法》第五条的规定，生产经营单位的主要负责人要组织、领导本单位的安全生产工作。这就要求生产经营单位的主要负责人必须具备与本单位所从事的生产经营活动相应的安全生产知识，同时具有领导安全生产工作和处理生产安全事故的能力。生产经营单位的安全生产管理人员是直接、具体承担本单位日常安全生产管理工作的人员，也要具备与安全生产管理工作相匹配的安全生产知识和管理能力。

危险物品的生产、经营、储存、装卸单位以及矿山、金属冶炼、建筑施工、运输单位危险性大，易发事故，对这类生产经营单位的主要负责人和安全生产管理人员的要求就更严格，必须通过相关部门的安全生产知识和能力的考核合格才能从事相应的工作。

九、注册安全工程师配备的规定

《安全生产法》第二十七条规定，危险物品的生产、储存、装卸单位以及矿山、金属冶炼单位应当有注册安全工程师从事安全生产管理工作。鼓励其他生产经营单位聘用注册安全工程师从事安全生产管理工作。注册安全工程师按专业分类管理，具体办法由国务院人力资源和社会保障部门、国务院应急管理部门会同国务院有关部门制定。

危险物品的生产、储存、装卸单位以及矿山、金属冶炼单位安全风险大，因此要求有专业水平更高的注册安全工程师从事安全生产管理工作。这些高危生产经营单位如何配备注册安全工程师，在2017年11月2日国家安全监管总局、人力资源社会保障部印发的《注册安全工程师分类管理办法》中作出了相应规定，生产经营单位必须按照规定执行。

十、从业人员的安全生产教育和培训

《安全生产法》第二十八条规定，生产经营单位应当对从业人员进行安全生产教育和培训，保证从业人员具备必要的安全生产知识，熟悉有关的安全生产规章制度和安全操作规程，掌握本岗位的安全操作技能，了解事故应急处理措施，知悉自身在安全生产方面的权利和义务。未经安全生产教育和培训合格的从业人员，不得上岗作业。

生产经营单位使用被派遣劳动者的，应当将被派遣劳动者纳入本单位从业人员统一管理，对被派遣劳动者进行岗位安全操作规程和安全操作技能的教育和培训。劳务派遣单位应当对被派遣劳动者进行必要的安全生产教育和培训。

生产经营单位接收中等职业学校、高等学校学生实习的，应当对实习学生进行相应的安全生产教育和培训，提供必要的劳动防护用品。学校应当协助生产经营单位对实习学生进行安全生产教育和培训。

生产经营单位应当建立安全生产教育和培训档案，如实记录安全生产教育和培训

的时间、内容、参加人员以及考核结果等情况。

从业人员的安全素质如何，直接关系到生产经营单位的安全生产水平。根据事故分析，许多生产安全事故都是由于从业人员未经严格的安全生产教育和培训，缺乏相应的安全生产意识和岗位操作技能而导致的。因此加强对从业人员的安全教育和培训是必须的。从事故分析中也可以看出，有些生产经营单位的教育培训质量不高，培训效果不理想，只是为了完成法律法规的规定而走过场。为了保证安全生产教育和培训的质量，《安全生产法》要求从业人员不仅要根据相关法律、法规参加安全教育和培训，而且还要经过考试合格才能具有上岗作业的资格。为了保证教育培训的真实性、有效性，《安全生产法》要求生产经营单位要将教育培训的时间、内容、参加人员以及考核结果等情况记录保存，建立档案。

劳务派遣，是指由劳务派遣机构与被派遣劳动者订立劳动合同，把劳动者派向其他用工单位，再由其用工单位向劳务派遣机构支付一笔服务费用的一种用工形式。这种用工方式中的被派遣劳动者是与派遣公司签订劳动合同，但劳动力给付的则是用工单位。实际用工过程中，劳务派遣单位和用工单位都经常缺乏对被派遣劳动者的安全教育培训，因此，《安全生产法》规定了劳务派遣单位和用工单位分别对被派遣劳动者的教育培训的责任分工。

实习学生在生产经营单位进行实习，生产经营单位承担保障实习学生安全的主体责任。为了保障实习学生在实习过程中的安全，就应当对实习学生进行相应的安全生产教育和培训，并提供必要的劳动防护用品以保障其安全。

十一、采用新工艺、新技术、新材料或者使用新设备的教育和培训

《安全生产法》第二十九条规定，生产经营单位采用新工艺、新技术、新材料或者使用新设备，必须了解、掌握其安全技术特性，采取有效的安全防护措施，并对从业人员进行专门的安全生产教育和培训。

新工艺、新技术、新材料、新设备，是指生产经营单位首次使用的工艺、技术、材料、设备。这些新工艺、新技术、新材料、新设备对于从业人员来说，是陌生的事物，如果没有进行培训就让从业人员按老知识、老方法来使用，很可能会因为应对不当而发生事故。因此，应当在新工艺、新技术、新材料、新设备使用前做好教育培训工作，使从业人员了解、掌握其安全技术特性，并采取有效的安全防护措施，以确保从业人员的安全。

十二、特种作业人员培训

《安全生产法》第三十条规定，生产经营单位的特种作业人员必须按照国家有关规

定经专门的安全作业培训，取得相应资格，方可上岗作业。

特种作业人员的范围由国务院应急管理部门会同国务院有关部门确定。

特种作业人员所从事的岗位存在较大的危险性，根据事故分析，许多生产安全事故都是由于特种作业人员违章操作而发生的。特种作业人员安全素质的好坏，对生产经营单位的安全生产情况影响巨大。因此对特种作业人员的培训要求更高、更严格。在《安全生产法》作出原则规定的基础上，2015年5月29日，国家安全生产监督管理总局令第80号修正后的《特种作业人员安全技术培训考核管理规定》对特种作业人员培训、考核、发证、监管等内容作了更详细的规定。

十三、建设项目安全设施"三同时"

《安全生产法》第三十一条规定，生产经营单位新建、改建、扩建工程项目（以下统称建设项目）的安全设施，必须与主体工程同时设计、同时施工、同时投入生产和使用。安全设施投资应当纳入建设项目概算。

十四、特殊建设项目安全评价

《安全生产法》第三十二条规定，矿山、金属冶炼建设项目和用于生产、储存、装卸危险物品的建设项目，应当按照国家有关规定进行安全评价。

安全评价分为安全预评价、安全现状评价、安全验收评价。矿山、金属冶炼和危险物品建设项目不同于其他生产经营建设项目，具有更大的危险性，对其应有更高的安全技术要求，要委托取得相应资质的为安全生产提供技术服务的机构对建设项目的安全状况进行评价。

十五、建设项目安全设施设计与审查

《安全生产法》第三十三条规定，建设项目安全设施的设计人、设计单位应当对安全设施设计负责。

矿山、金属冶炼建设项目和用于生产、储存、装卸危险物品的建设项目的安全设施设计应当按照国家有关规定报经有关部门审查，审查部门及其负责审查的人员对审查结果负责。

建设项目安全设施设计的质量如何，对建设项目投产后的安全生产有巨大的影响。因此《安全生产法》要求建设项目安全设施的设计人、设计单位对安全设施设计负责，对增强设计人、设计单位的责任心，保证安全设施设计的质量，明确发生事故后的责任划分都具有重大意义。

安全设施设计审查是指安全设施设计要履行法定的行政审批或行政许可程序。针

对高危建设项目安全设施的重要性，为了保证其质量，由有关主管部门对其设计进行审查，保证建设项目安全设施的设计符合有关法律、法规、规范、国家标准或者行业标准的规定。

十六、特殊建设项目安全设施施工和竣工验收及其监督检查

《安全生产法》第三十四条规定，矿山、金属冶炼建设项目和用于生产、储存、装卸危险物品的建设项目的施工单位必须按照批准的安全设施设计施工，并对安全设施的工程质量负责。

矿山、金属冶炼建设项目和用于生产、储存、装卸危险物品的建设项目竣工投入生产或者使用前，应当由建设单位负责组织对安全设施进行验收；验收合格后，方可投入生产和使用。负有安全生产监督管理职责的部门应当加强对建设单位验收活动和验收结果的监督核查。

建设项目在安全设施设计质量符合要求的前提下，项目的质量情况最终取决于施工质量。根据事故分析，不少事故是由于建设项目的施工质量问题而发生的。因此，严把施工质量关，做好施工的各节段的控制与管理工作，是保证安全设施质量的根本。《安全生产法》要求施工单位对安全设施的工程质量负责，也是质量保证和安全责任分工的依据。建设项目完成后，由建设单位组织安全设施验收，并对验收质量负责，是落实生产经营单位安全生产主体责任的重要体现。

十七、安全警示标志

《安全生产法》第三十五条规定，生产经营单位应当在有较大危险因素的生产经营场所和有关设施、设备上，设置明显的安全警示标志。

生产经营单位某些存在较大危险因素的场所、设施和设备，往往是导致事故的重要因素。为了加强作业现场的安全管理，避免事故发生，有必要在这些场所、设施和设备上设置能够引起从业人员注意和警醒的标志，以提醒、阻止某些不安全的行为。为了便于从业人员快速理解这些标志的含义，这些标志必须规范统一。因此，国家制定了《安全标志及其使用导则》（GB 2894—2008）、《矿用产品安全标志标识》（AQ 1043—2007）等相关标准，将安全标志分为禁止标志、警告标志、指令标志和提示标志4类，用不同的颜色、形状、符号和文字提醒人们对危险性较大的周围环境引起注意，避免可能发生的危险。

十八、安全设备使用管理

《安全生产法》第三十六条规定，安全设备的设计、制造、安装、使用、检测、维

修、改造和报废，应当符合国家标准或者行业标准。

生产经营单位必须对安全设备进行经常性维护、保养，并定期检测，保证正常运转。维护、保养、检测应当作好记录，并由有关人员签字。

生产经营单位不得关闭、破坏直接关系生产安全的监控、报警、防护、救生设备、设施，或者篡改、隐瞒、销毁其相关数据、信息。

餐饮等行业的生产经营单位使用燃气的，应当安装可燃气体报警装置，并保障其正常使用。

安全设备对保障生产经营单位的安全生产起到至关重要的作用，安全设备如果处于不安全状态，会埋下很多事故隐患，所以，《安全生产法》要求安全设备从设计到报废生命全周期的8个阶段都应当符合国家标准或者行业标准，并做好维护、保养、检测工作，保证安全设备在任何时候都能正常运转。对于发生事故频率高、事故后果严重的一些安全设备，如直接关系安全生产的安全设备、可燃气体报警装置等，《安全生产法》进一步作出了明确的要求。

十九、特种设备检测检验

《安全生产法》第三十七条规定，生产经营单位使用的危险物品的容器、运输工具，以及涉及人身安全、危险性较大的海洋石油开采特种设备和矿山井下特种设备，必须按照国家有关规定，由专业生产单位生产，并经具有专业资质的检测、检验机构检测、检验合格，取得安全使用证或者安全标志，方可投入使用。检测、检验机构对检测、检验结果负责。

因为特种设备具有更大的危险性，所以《中华人民共和国特种设备安全法》（以下简称《特种设备安全法》）和《特种设备安全监察条例》专门对其作出了更高的安全性能要求的相关规定，也指定了相应的监督管理部门。但是，实践中除《特种设备安全法》规定范围内的特种设备外，还有一些危险性较大的设备，虽然不在特种设备的目录中，但由于其危险性大，因此不能按一般设备进行管理。为了与《特种设备安全法》中的特种设备区别与衔接，《安全生产法》对危险物品的容器、运输工具，以及涉及人身安全、危险性较大的海洋石油开采特种设备和矿山井下特种设备作出了规定。

二十、淘汰工艺设备管理

《安全生产法》第三十八条规定，国家对严重危及生产安全的工艺、设备实行淘汰制度，具体目录由国务院应急管理部门会同国务院有关部门制定并公布。法律、行政法规对目录的制定另有规定的，适用其规定。

省、自治区、直辖市人民政府可以根据本地区实际情况制定并公布具体目录，对前款规定以外的危及生产安全的工艺、设备予以淘汰。

生产经营单位不得使用应当淘汰的危及生产安全的工艺、设备。

一些生产经营单位为了降低成本和减少投入，使用陈旧、落后的生产工艺和设备，这些工艺和设备会威胁人身安全，极易发生生产安全事故。因此，《安全生产法》明确要求生产经营单位对此类工艺和设备进行淘汰，并公布淘汰设备目录，所有生产经营单位必须执行。此外，由于我国经济发展的不平衡，授权省、自治区、直辖市人民政府根据自己行政区域的发展情况，在国家规定的淘汰目录的基础上，制定自己行政区域的设备淘汰目录，进一步提升生产工艺、设备的管理水平，加快安全技术的更新和改造。

二十一、危险物品管理

《安全生产法》第三十九条规定，生产、经营、运输、储存、使用危险物品或者处置废弃危险物品的，由有关主管部门依照有关法律、法规的规定和国家标准或者行业标准审批并实施监督管理。

生产经营单位生产、经营、运输、储存、使用危险物品或者处置废弃危险物品，必须执行有关法律、法规和国家标准或者行业标准，建立专门的安全管理制度，采取可靠的安全措施，接受有关主管部门依法实施的监督管理。

这是一个衔接条款，我国已公布《危险化学品安全管理条例》《烟花爆竹安全管理条例》《民用爆炸物品安全管理条例》等危险物品的安全管理规定，明确规定了危险物品的生产、储存、使用、经营、运输、处置等环节相关安全监督管理责任。本条款是在相关安全监督管理职责未明确部门的情况下，规定安全生产监督管理部门承担危险化学品安全综合监督管理兜底责任。

二十二、重大危险源管理

《安全生产法》第四十条规定，生产经营单位对重大危险源应当登记建档，进行定期检测、评估、监控，并制定应急预案，告知从业人员和相关人员在紧急情况下应当采取的应急措施。

生产经营单位应当按照国家有关规定将本单位重大危险源及有关安全措施、应急措施报有关地方人民政府应急管理部门和有关部门备案。有关地方人民政府应急管理部门和有关部门应当通过相关信息系统实现信息共享。

重大危险源一旦发生事故，后果通常非常严重，因此《安全生产法》要求生产经营单位对重大危险源实施及时、有效的监控，并制定应急预案，告知从业人员应急措施，这是法定义务，生产经营单位必须执行。由于各类不同行业的生产经营单位规模大小不同，其重大危险源的种类、数量、使用状况和存储位置等差别很大且危险性很高，政府和有关部门为了实施重点监管，实行了重大危险源备案制度。这种备案制度是一种审查监管制度。为了进一步加强对重大危险源的管理和监督，2023年11月7日，应急管理部发布通知，公布了《危险化学品重大危险源安全监督管理规定（修订草案征求意见稿）》，公开征求意见。

二十三、风险分级管控和事故隐患排查治理

《安全生产法》第四十一条规定，生产经营单位应当建立安全风险分级管控制度，按照安全风险分级采取相应的管控措施。

生产经营单位应当建立健全并落实生产安全事故隐患排查治理制度，采取技术、管理措施，及时发现并消除事故隐患。事故隐患排查治理情况应当如实记录，并通过职工大会或者职工代表大会、信息公示栏等方式向从业人员通报。其中，重大事故隐患排查治理情况应当及时向负有安全生产监督管理职责的部门和职工大会或者职工代表大会报告。

县级以上地方各级人民政府负有安全生产监督管理职责的部门应当将重大事故隐患纳入相关信息系统，建立健全重大事故隐患治理督办制度，督促生产经营单位消除重大事故隐患。

风险分级管控和隐患排查治理是生产经营单位安全管理的核心，生产经营单位应建立由主要负责人牵头的风险分级管控和隐患排查治理组织机构，并组织制定风险分级管控制度和隐患排查治理制度，组织各部门分岗位、分工种全面开展风险辨识和隐患排查，要根据本单位的实际情况，依法做好风险分级管控和事故隐患排查治理工作，从而大幅度减少生产安全事故的发生。

为了督促生产经营单位做好重大隐患的排查治理工作，减少重特大事故的发生，《安全生产法》规定了生产经营单位对重大事故隐患的"双报告"要求，并要求负有安全生产监督管理职责的部门建立健全重大事故隐患治理督办制度，加强对重大事故隐患的督办。

二十四、危险物品场所和员工宿舍安全要求

《安全生产法》第四十二条规定，生产、经营、储存、使用危险物品的车间、商店、仓库不得与员工宿舍在同一座建筑物内，并应当与员工宿舍保持安全距离。

生产经营场所和员工宿舍应当设有符合紧急疏散要求、标志明显、保持畅通的出口、疏散通道。禁止占用、锁闭、封堵生产经营场所或者员工宿舍的出口、疏散通道。

生产、经营、使用、储存危险物品单位将生产车间、商店、仓库与员工宿舍设

在同一座建筑物内，一旦发生生产安全事故，特别是发生火灾、爆炸、中毒事故，极易导致群死群伤的重特大事故。有些生产经营单位的生产经营场所或者员工宿舍的建设不符合安全要求，未设紧急出口；有的虽然设了紧急出口，但标志不明显，或者出于各种目的，有锁闭、封堵生产经营场所或者员工宿舍出口的现象，致使发生事故时员工不能及时疏散，造成大量人员伤亡。因此，为了保证危险物品的作业场所及生产设施与建筑物的安全距离，确保紧急疏散时畅通无阻，《安全生产法》特对此作出了要求。

二十五、危险作业管理

《安全生产法》第四十三条规定，生产经营单位进行爆破、吊装、动火、临时用电以及国务院应急管理部门会同国务院有关部门规定的其他危险作业，应当安排专门人员进行现场安全管理，确保操作规程的遵守和安全措施的落实。

危险作业，是指对周围环境具有较高危险性，容易引发生产安全事故的作业，一旦发生事故，将会对作业人员及有关人员造成较大的伤害。在实际作业中，由于危险作业管理不到位，作业人员违章作业或错误操作而引发的事故时有发生。因此，《安全生产法》要求生产经营单位要加强对危险作业的现场管理，确保操作规程的遵守和安全措施的落实。

二十六、从业人员安全保障

《安全生产法》第四十四条规定，生产经营单位应当教育和督促从业人员严格执行本单位的安全生产规章制度和安全操作规程；并向从业人员如实告知作业场所和工作岗位存在的危险因素、防范措施以及事故应急措施。

生产经营单位应当关注从业人员的身体、心理状况和行为习惯，加强对从业人员的心理疏导、精神慰藉，严格落实岗位安全生产责任，防范从业人员行为异常导致事故发生。

从业人员安全意识的高低决定了其安全行为习惯，安全行为习惯的养成需要生产经营单位的教育与督促。所以，生产经营单位应采取多种措施提高从业人员的安全意识，同时要注意从业人员的身心健康，确保从业人员能够遵守安全生产规章制度和安全操作规程，保障生产安全。

二十七、从业人员的防护保障

《安全生产法》第四十五条规定，生产经营单位必须为从业人员提供符合国家标准或者行业标准的劳动防护用品，并监督、教育从业人员按照使用规则佩戴、使用。

正确佩戴和使用劳动防护用品是保障从业人员人身安全与健康的重要措施，直接关系从业人员的安危。因此生产经营单位要为从业人员提供符合国家标准或者行业标准的劳动防护用品，且要安排劳动防护用品的经费。

二十八、交叉作业安全生产管理

《安全生产法》第四十八条规定，两个以上生产经营单位在同一作业区域内进行生产经营活动，可能危及对方生产安全的，应当签订安全生产管理协议，明确各自的安全生产管理职责和应当采取的安全措施，并指定专职安全生产管理人员进行安全检查与协调。

现阶段多元化经营模式下，一些规模较大的生产经营场所，常有两个及以上不同的生产经营单位在同一作业区域内进行生产经营活动。这种有不同单位、不同工种的人员在同一作业区域内进行作业的场所，若各方的安全生产管理职责不明，管理混乱，就很容易导致生产安全事故的发生，因此，有必要加强对此类交叉作业的安全管理。

二十九、生产经营项目、场所、设备发包或出租的安全生产责任

《安全生产法》第四十九条第一款规定，生产经营单位不得将生产经营项目、场所、设备发包或者出租给不具备安全生产条件或者相应资质的单位或者个人。

针对有的生产经营单位将其项目、场所、设备发包或者出租给不具备安全生产条件或者相应资质的单位或者个人，导致事故频发的现状，《安全生产法》作出了强制性规定。

《安全生产法》第四十九条第二款规定，生产经营项目、场所发包或者出租给其他单位的，生产经营单位应当与承包单位、承租单位签订专门的安全生产管理协议，或者在承包合同、租赁合同中约定各自的安全生产管理职责；生产经营单位对承包单位、承租单位的安全生产工作统一协调、管理，定期进行安全检查，发现安全问题的，应当及时督促整改。

在多元化经营模式下，租赁、承包等方式大量涌现，与此同时，有些生产经营单位为了节省成本，采用了以租代管、以包代管的方式，忽视安全，引发了大量的生产安全事故。因此，《安全生产法》对生产经营单位的发包、出租行为进行了规范。

《安全生产法》第四十九条第三款规定，矿山、金属冶炼建设项目和用于生产、储存、装卸危险物品的建设项目的施工单位应当加强对施工项目的安全管理，不得倒卖、出租、出借、挂靠或者以其他形式非法转让施工资质，不得将其承包的全部建设工程转包给第三人或者将其承包的全部建设工程支解以后以分包的名义分别转包给第三人，不得将工程分包给不具备相应资质条件的单位。

为了进一步强化对高危建设项目的安全管理，并与《中华人民共和国建筑法》的规定相衔接，《安全生产法》对矿山、金属冶炼建设项目和用于生产、储存、装卸危险物品的建设项目的施工、转包、分包作出了禁止性规定。

三十、主要负责人组织事故抢救的责任

《安全生产法》第五十条规定，生产经营单位发生生产安全事故时，单位的主要负责人应当立即组织抢救，并不得在事故调查处理期间擅离职守。

生产经营单位的主要负责人不但负有《安全生产法》规定的预防生产安全事故发生的责任，还负有在发生生产安全事故后组织抢救，减少事故造成损害的责任。

三十一、参加工伤保险和投保安全生产责任保险

《安全生产法》第五十二条第一款规定，生产经营单位必须依法参加工伤保险，为从业人员缴纳保险费。

工伤保险是指为了保障因工作遭受事故伤害或者患职业病的从业人员获得医疗救治和经济补偿，促进工伤预防和职业康复，分散生产经营单位的工伤风险的一种社会保险制度。如果生产经营单位的从业人员没有办理工伤保险，一旦发生事故造成伤害而得不到基本的赔偿和生活保障，会直接影响生产安全和社会稳定，因此，生产经营单位必须承担为从业人员缴纳工伤保险的责任。

《安全生产法》第五十一条第二款规定，国家鼓励生产经营单位投保安全生产责任保险；属于国家规定的高危行业、领域的生产经营单位，应当投保安全生产责任保险。具体范围和实施办法由国务院应急管理部门会同国务院财政部门、国务院保险监督管理机构和相关行业主管部门制定。

安全生产责任保险是一种商业保险，如果生产经营单位投保安全生产责任保险，一旦发生事故，应由保险公司按合同约定，对因事故造成的人员伤亡和经济损失进行赔偿，减轻政府和生产经营单位事故的赔付额度。尤其是高危行业的生产经营单位，一旦发生生产安全事故，往往是厂毁人亡，造成群死群伤，甚至可能造成企业以外人员伤亡，伤亡人员难以得到救治和应有补偿。因此《国务院关于进一步加强企业安全生产工作的通知》《国务院关于坚持科学发展安全发展促进安全生产形势持续稳定好转的意见》《国务院关于保险业改革发展的若干意见》和《关于推进安全生产领域改革发展的意见》都对高危行业企业推进安全生产责任保险作出规定。2018年1月1日，由国家安全生产监督管理总局、中国保险监督管理委员会、财政部联合制定的《安全生产责任保险实施办法》开始施行。2021年修订的《安全生产法》也明确规定了高危行业、领域的生产经营单位投保安全生产责任保险的要求。

第三节 从业人员的安全生产权利义务

一、从业人员有劳动安全保障权

《安全生产法》第五十二条规定，生产经营单位与从业人员订立的劳动合同，应当载明有关保障从业人员劳动安全、防止职业危害的事项，以及依法为从业人员办理工伤保险的事项。

生产经营单位不得以任何形式与从业人员订立协议，免除或者减轻其对从业人员因生产安全事故伤亡依法应承担的责任。

劳动合同是指从业人员与生产经营单位之间确立劳动关系，明确双方权利和义务的协议。为了保障从业人员的劳动安全和职业卫生，《安全生产法》规定了劳动合同应当载明有关劳动安全、防止职业危害和依法参加工伤保险的事项。

二、从业人员有安全生产知情权和建议权

《安全生产法》第五十三条规定，生产经营单位的从业人员有权了解其作业场所和工作岗位存在的危险因素、防范措施及事故应急措施，有权对本单位的安全生产工作提出建议。

安全生产知情权是指从业人员对自身所处的工作环境中的安全风险和相关信息有知晓的权利，而相关义务人有及时通知及披露的义务。生产经营单位通常存在一些对从业人员生命和健康有影响的危险有害因素，这些危险有害因素往往是导致生产安全事故的直接原因，从而导致从业人员的伤亡，因此法律赋予从业人员获知危险有害因素、防范措施及事故应急措施的权利。

三、从业人员有安全生产批评、检举、控告及拒绝违章指挥和强令冒险作业权

《安全生产法》第五十四条规定，从业人员有权对本单位安全生产工作中存在的问题提出批评、检举、控告；有权拒绝违章指挥和强令冒险作业。

生产经营单位不得因从业人员对本单位安全生产工作提出批评、检举、控告或者拒绝违章指挥、强令冒险作业而降低其工资、福利等待遇或者解除与其订立的劳动合同。

从业人员对安全生产情况是最了解、最熟悉的，只有依靠他们并且赋予其必要的相关权利，才能做到防患于未然。

强令冒险作业是指不做好防护措施，或者不排除危险有害因素，罔顾他人生命安

全，强行命令他人违章冒险作业，可能导致重大伤亡或重大经济损失，危害公共安全的行为。在生产经营活动中经常出现管理人员违章指挥和强令从业人员冒险作业，从而导致生产安全事故，造成从业人员伤亡的案例。因此，法律赋予从业人员拒绝违章指挥和强令冒险作业的权利。

为了避免生产经营单位的相关负责人对批评、检举、控告安全生产问题的从业人员进行打击报复，《安全生产法》规定生产经营单位不得因此降低其待遇或解除与其订立的劳动合同。

四、从业人员有紧急撤离权

《安全生产法》第五十五条规定，从业人员发现直接危及人身安全的紧急情况时，有权停止作业或者在采取可能的应急措施后撤离作业场所。

生产经营单位不得因从业人员在前款紧急情况下停止作业或者采取紧急撤离措施而降低其工资、福利等待遇或者解除与其订立的劳动合同。

紧急撤离权是指当从业人员人身安全面临危险，而生产经营单位又未尽到保护义务时，从业人员享有停止作业、从作业场所紧急撤离的权利。在履行此项权利时，要注意不能滥用此权利而不认真工作，在确认紧急情况时，首先要采取可能的应急措施，在应急措施无效后再撤离，并根据规定及时报警。

五、从业人员有工伤保险权、救治权及损害赔偿权

《安全生产法》第五十六条规定，生产经营单位发生生产安全事故后，应当及时采取措施救治有关人员。

因生产安全事故受到损害的从业人员，除依法享有工伤保险外，依照有关民事法律尚有获得赔偿的权利的，有权提出赔偿要求。

从业人员在事故中受伤的，无论事故原因如何，生产经营单位首先要对受伤的从业人员进行救治。

从业人员依法在工伤后获得工伤保险补偿，其金额标准按有关法律、法规的规定执行。如果工伤保险补偿金不足以补偿受害者的人身损害及经济损失的，从业人员或其亲属有权要求生产经营单位给予赔偿，生产经营单位必须履行相应的赔偿义务。

六、从业人员有遵章守纪、服从管理的义务

《安全生产法》第五十七条规定，从业人员在作业过程中，应当严格落实岗位安全责任，遵守本单位的安全生产规章制度和操作规程，服从管理，正确佩戴和使用劳动防护用品。

安全责任是保证安全的基本义务，从业人员在作业过程中履行岗位安全责任，既是对自己的生命负责，也是对他人的生命负责。规章制度和操作规程是从业人员保障安全的具体规定，违反规章制度和操作规程是很多事故发生的直接原因。劳动防护用品是保障从业人员安全的最后屏障，不按规定佩戴或者不能正确佩戴和使用劳动防护用品引发的人身伤害事故时有发生，造成人员伤亡。

七、从业人员有接受安全生产教育和培训的义务

《安全生产法》第五十八条规定，从业人员应当接受安全生产教育和培训，掌握本职工作所需的安全生产知识，提高安全生产技能，增强事故预防和应急处理能力。

从业人员的安全生产知识、安全技能和安全意识的高低，直接关系生产经营活动是否能安全持续进行，而安全教育培训是从业人员快速获得安全知识和安全技能，提高安全意识的最好途径。有些企业不重视安全生产教育培训，从业人员也对安全生产教育培训不上心，教育培训形式化，因而生产安全事故时有发生。

八、从业人员有报告事故隐患的义务

《安全生产法》第五十九条规定，从业人员发现事故隐患或者其他不安全因素，应当立即向现场安全生产管理人员或者本单位负责人报告；接到报告的人员应当及时予以处理。

从业人员是生产经营的一线人员，直面各种事故隐患和不安全因素，也能最早发现各种事故隐患和不安全因素。一旦发生事故，他们也是最直接的受害人。如果他们能够在发现各种事故隐患和不安全因素时立即报告，并按规定及时处理，就可以在很大程度上避免各种事故和伤害的发生。

九、工会的安全生产权利义务

《安全生产法》第六十条规定，工会有权对建设项目的安全设施与主体工程同时设计、同时施工、同时投入生产和使用进行监督，提出意见。

工会对生产经营单位违反安全生产法律、法规，侵犯从业人员合法权益的行为，有权要求纠正；发现生产经营单位违章指挥、强令冒险作业或者发现事故隐患时，有权提出解决的建议，生产经营单位应当及时研究答复；发现危及从业人员生命安全的情况时，有权向生产经营单位建议组织从业人员撤离危险场所，生产经营单位必须立即作出处理。

工会有权依法参加事故调查，向有关部门提出处理意见，并要求追究有关人员的责任。

十、被派遣劳动者的安全生产权利义务

《**安全生产法**》第六十一条规定，生产经营单位使用被派遣劳动者的，被派遣劳动者享有本法规定的从业人员的权利，并应当履行本法规定的从业人员的义务。

《**安全生产法**》赋予了被派遣劳动者在用工单位享受从业人员同样的权利，同时也赋予了被派遣劳动者履行从业人员同样的义务。

第四节　安全生产的监督管理

一、负有安全生产的监督管理职责的部门的职权

1. 行政许可权

《**安全生产法**》第六十三条规定，负有安全生产监督管理职责的部门依照有关法律、法规的规定，对涉及安全生产的事项需要审查批准（包括批准、核准、许可、注册、认证、颁发证照等，下同）或者验收的，必须严格依照有关法律、法规和国家标准或者行业标准规定的安全生产条件和程序进行审查；不符合有关法律、法规和国家标准或者行业标准规定的安全生产条件的，不得批准或者验收通过。对未依法取得批准或者验收合格的单位擅自从事有关活动的，负责行政审批的部门发现或者接到举报后应当立即予以取缔，并依法予以处理。对已经依法取得批准的单位，负责行政审批的部门发现其不再具备安全生产条件的，应当撤销原批准。

通过行政许可进行事前监督，解决市场准入问题，对未经批准擅自从事生产经营活动的单位，属于"无证非法生产经营"的违法行为，予以取缔，并依法实施行政处罚；对于取得批准的生产经营单位，只能证明在取证时其达到了安全生产条件。生产经营活动是持续进行的，生产经营单位要保障安全生产，必须始终符合安全生产条件。一旦不再具备安全生产条件，应当撤销原批准，这属于事后监督。

《**安全生产法**》第六十四条规定，负有安全生产监督管理职责的部门对涉及安全生产的事项进行审查、验收，不得收取费用；不得要求接受审查、验收的单位购买其指定品牌或者指定生产、销售单位的安全设备、器材或者其他产品。

对安全生产事项实施行政许可是负有安全生产监督管理职责部门的一项重要权力，容易产生违法违纪行为，滋生腐败，因此有必要对行政许可中的不规范行为或者违法行为作出法律规定。

2. 监督检查权

《**安全生产法**》第六十五条规定，应急管理部门和其他负有安全生产监督管理职

责的部门依法开展安全生产行政执法工作,对生产经营单位执行有关安全生产的法律、法规和国家标准或者行业标准的情况进行监督检查,行使以下职权:

(一)进入生产经营单位进行检查,调阅有关资料,向有关单位和人员了解情况;

(二)对检查中发现的安全生产违法行为,当场予以纠正或者要求限期改正;对依法应当给予行政处罚的行为,依照本法和其他有关法律、行政法规的规定作出行政处罚决定;

(三)对检查中发现的事故隐患,应当责令立即排除;重大事故隐患排除前或者排除过程中无法保证安全的,应当责令从危险区域内撤出作业人员,责令暂时停产停业或者停止使用相关设施、设备;重大事故隐患排除后,经审查同意,方可恢复生产经营和使用;

(四)对有根据认为不符合保障安全生产的国家标准或者行业标准的设施、设备、器材以及违法生产、储存、使用、经营、运输的危险物品予以查封或者扣押,对违法生产、储存、使用、经营危险物品的作业场所予以查封,并依法作出处理决定。

监督检查不得影响被检查单位的正常生产经营活动。

负有安全生产监督管理职责的部门要做好日常的监督管理工作,必须具备必要的监督管理手段,本条规定的就是负有安全生产监督管理职责的部门在进行监督管理中可以依法行使的管理手段。为了避免负有安全生产监督管理职责的部门在监督检查过程中对生产经营单位的正常生产经营活动造成影响,明确规定了监督检查不能影响被检查单位的正常生产经营活动。

二、生产经营单位配合监督检查

《安全生产法》第六十六条规定,生产经营单位对负有安全生产监督管理职责的部门的监督检查人员(以下统称安全生产监督检查人员)依法履行监督检查职责,应当予以配合,不得拒绝、阻挠。

三、监督检查执法行为

《安全生产法》第六十七条规定,安全生产监督检查人员应当忠于职守,坚持原则,秉公执法。

安全生产监督检查人员执行监督检查任务时,必须出示有效的行政执法证件;对涉及被检查单位的技术秘密和业务秘密,应当为其保密。

行政执法证件是指行政机关或执法组织的执法人员开展执法活动时出示的有效身份证件。向相对人出示有效证件,一方面是被检查者享有辨认执法人员身份的权利,即被检查者有权确认对自己进行检查的人员是否具备法定资格;另一方面也证明了执法主体是合法的,可以防止不法分子招摇撞骗,扰乱生产经营企业正常的生产经营活动。可以说,要求出示有效的安全行政执法证件,是安全监督检查人员行使监督检查权时必不可少的程序规定,体现了执法活动的严肃性、规范性,可以避免安全监督检查的随意性。

《安全生产法》第六十八条规定,安全生产监督检查人员应当将检查的时间、地点、内容、发现的问题及其处理情况,作出书面记录,并由检查人员和被检查单位的负责人签字;被检查单位的负责人拒绝签字的,检查人员应当将情况记录在案,并向负有安全生产监督管理职责的部门报告。

安全生产检查必须做好记录,这是一项非常重要的工作,该记录是实施行政处罚的证据,也有可能在发生事故时作为事故调查及处理的依据。因此,必须客观、准确和及时地做好记录,做到有据可查。

《安全生产法》第六十九条规定,负有安全生产监督管理职责的部门在监督检查中,应当互相配合,实行联合检查;确需分别进行检查的,应当互通情况,发现存在的安全问题应当由其他有关部门进行处理的,应当及时移送其他有关部门并形成记录备查,接受移送的部门应当及时进行处理。

我国的监督管理部门较多,有综合监督管理的应急管理部门,也有"管行业必须管安全"的行业监督管理部门,为了避免重复监督检查和监督检查的漏洞,需要各部门在监督检查中互相配合,实行联合检查或者互通有无。

四、对存在重大事故隐患的生产经营单位采取行政强制措施

《安全生产法》第七十条规定,负有安全生产监督管理职责的部门依法对存在重大事故隐患的生产经营单位作出停产停业、停止施工、停止使用相关设施或者设备的决定,生产经营单位应当依法执行,及时消除事故隐患。生产经营单位拒不执行,有发生生产安全事故的现实危险的,在保证安全的前提下,经本部门主要负责人批准,负有安全生产监督管理职责的部门可以采取通知有关单位停止供电、停止供应民用爆炸物品等措施,强制生产经营单位履行决定。通知应当采用书面形式,有关单位应当予以配合。

负有安全生产监督管理职责的部门依照前款规定采取停止供电措施,除有危及生产安全的紧急情形外,应当提前二十四小时通知生产经营单位。生产经营单位依法履行行政决定、采取相应措施消除事故隐患的,负有安全生产监督管理职责的部门应当及时解除前款规定的措施。

行政强制措施是指行政机关在行政管理过程中,为制止违法行为、防止证据损毁、避免危害发生、控制危险扩大等情形,依法对公民的人身自由实施暂时性限制,或者

对公民、法人或者其他组织的财物实施暂时性控制的行为。由于没有采取果断的行政强制措施而导致事故发生的案例屡见不鲜，为了保障从业人员生命安全、预防事故发生，《安全生产法》规定了负有安全生产监督管理职责的部门在存在现实危险且生产经营单位拒不执行停产停业、停止施工、停止使用相关设施或者设备的决定时，可以采取停止供电、停止供应民用爆炸物品等措施，强制生产经营单位执行决定。

五、安全生产服务机构的责任

《安全生产法》第七十二条规定，承担安全评价、认证、检测、检验职责的机构应当具备国家规定的资质条件，并对其作出的安全评价、认证、检测、检验结果的合法性、真实性负责。资质条件由国务院应急管理部门会同国务院有关部门制定。

承担安全评价、认证、检测、检验职责的机构应当建立并实施服务公开和报告公开制度，不得租借资质、挂靠、出具虚假报告。

承担安全评价、认证、检测、检验等工作的机构是指向社会开放的，接受生产经营单位或者负有安全生产监督管理职责的部门等的委托，对有关的安全生产条件、安全产品、安全设备等进行技术性评价、技术性检验、安全认证等服务，并出具相关报告的机构。为了保证此类机构的专业性和技术性，《安全生产法》作了相关规定：首先要具备国家规定的相应资质条件，获得相关部门的批准方可从事相应的服务活动；其次，这些机构在从事服务活动过程中，要做到公开透明，租借资质、挂靠、出具虚假报告均是违法行为。

六、对事故隐患或者安全生产违法行为举报的规定

《安全生产法》第七十三条规定，负有安全生产监督管理职责的部门应当建立举报制度，公开举报电话、信箱或者电子邮件地址等网络举报平台，受理有关安全生产的举报；受理的举报事项经调查核实后，应当形成书面材料；需要落实整改措施的，报经有关负责人签字并督促落实。对不属于本部门职责，需要由其他有关部门进行调查处理的，转交其他有关部门处理。

涉及人员死亡的举报事项，应当由县级以上人民政府组织核查处理。

《安全生产法》第七十四条规定，任何单位或者个人对事故隐患或者安全生产违法行为，均有权向负有安全生产监督管理职责的部门报告或者举报。

因安全生产违法行为造成重大事故隐患或者导致重大事故，致使国家利益或者社会公共利益受到侵害的，人民检察院可以根据民事诉讼法、行政诉讼法的相关规定提起公益诉讼。

《安全生产法》第七十六条规定，县级以上各级人民政府及其有关部门对报告重大

事故隐患或者举报安全生产违法行为的有功人员，给予奖励。具体奖励办法由国务院应急管理部门会同国务院财政部门制定。

举报制度是我们国家公民的一项基本权利，在安全生产领域同样适用。由于我国安全生产监督管理部门人员数量的限制，很难做到对全部安全生产违法行为的查处，因此，社会监督就是一种必要的辅助方式，通过广大人民群众对各类违法行为的监督和举报，可以弥补监督管理部门监督管理上的短板，有助于社会的和谐发展。为了调动广大群众的积极性，相关监督管理部门要公布举报电话、信箱或者电子邮件地址等网络举报平台，并对举报事项认真进行调查核实，对有功人员进行必要的奖励。

公益诉讼是指单位或者个人发现污染环境、侵害众多消费者合法权益等损害国家利益或者社会公共利益时，向人民法院提起诉讼的行为。在安全生产领域，涉及安全生产的公益诉讼的起诉主体只能是人民检察院。

七、安全生产公益宣传教育和舆论监督

《安全生产法》第七十七条规定，新闻、出版、广播、电影、电视等单位有进行安全生产公益宣传教育的义务，有对违反安全生产法律、法规的行为进行舆论监督的权利。

第五节　生产安全事故的应急救援和调查处理

一、生产经营单位应急救援预案制定与演练

《安全生产法》第八十一条规定，生产经营单位应当制定本单位生产安全事故应急救援预案，与所在地县级以上地方人民政府组织制定的生产安全事故应急救援预案相衔接，并定期组织演练。

生产经营单位是安全生产的责任主体，一旦发生生产安全事故，生产经营单位应首先开展初期处置工作，减少事故损失和人员伤亡。为了提高生产经营单位应急工作的水平，防止事故扩大、减少事故人员伤亡和财产损失，生产经营单位必须制定应急预案。

生产经营单位制定的生产安全事故应急预案，应当与县级以上地方人民政府组织制定的本行政区域的生产安全事故应急预案相衔接，保证应急联动机制快速、有效。同时，为了提高从业人员的应急处置的能力，尤其是事故初期现场处置的能力，生产经营单位应当依照相关法律、法规的规定定期组织应急演练。

二、高危行业生产经营单位的应急救援义务

《安全生产法》第八十二条规定，危险物品的生产、经营、储存单位以及矿山、金属冶炼、城市轨道交通运营、建筑施工单位应当建立应急救援组织；生产经营规模较小的，可以不建立应急救援组织，但应当指定兼职的应急救援人员。

危险物品的生产、经营、储存、运输单位以及矿山、金属冶炼、城市轨道交通运营、建筑施工单位应当配备必要的应急救援器材、设备和物资，并进行经常性维护、保养，保证正常运转。

危险物品的生产、经营、储存单位以及矿山、金属冶炼、城市轨道交通运营、建筑施工单位属于高危行业的生产经营单位，由于其所从事的生产经营活动的危险性高、事故发生频率高、事故后果严重，为了保证事故发生第一时间能够快速有效地进行救援，最大程度减少人员伤亡和财产损失，要求这些单位应建立应急救援组织。对于规模小的高危行业的生产经营单位，如小型加油站、稀有金属的冶炼研发单位，其工作人员一般均在十人以下，建立应急救援组织对他们来说不现实，因此要求他们指定兼职的应急救援人员，负责本单位的应急准备和救援工作。

三、生产经营单位对生产安全事故报告和组织抢救的义务

《安全生产法》第八十三条规定，生产经营单位发生生产安全事故后，事故现场有关人员应当立即报告本单位负责人。

单位负责人接到事故报告后，应当迅速采取有效措施，组织抢救，防止事故扩大，减少人员伤亡和财产损失，并按照国家有关规定立即如实报告当地负有安全生产监督管理职责的部门，不得隐瞒不报、谎报或者迟报，不得故意破坏事故现场、毁灭有关证据。

事故报告是事故现场人员和主要负责人的义务，在《生产安全事故报告和调查处理条例》（国务院令第493号）中有更详细的规定。隐瞒不报、谎报或者迟报的含义，在《生产安全事故罚款处罚规定》中有明确的解释。

事故发生后，事发单位负责人要组织抢救，防止事故扩大，并保护好事故现场和有关证据，这是负责人的义务。这样做的目的是减少人员伤亡和财产损失，并在后续的事故调查中提供事故原因和责任的证据。

四、有关地方人民政府和负有安全生产监督管理职责的部门组织事故抢救的职责

《安全生产法》第八十五条规定，有关地方人民政府和负有安全生产监督管理职责

的部门的负责人接到生产安全事故报告后，应当按照生产安全事故应急救援预案的要求立即赶到事故现场，组织事故抢救。

参与事故抢救的部门和单位应当服从统一指挥，加强协同联动，采取有效的应急救援措施，并根据事故救援的需要采取警戒、疏散等措施，防止事故扩大和次生灾害的发生，减少人员伤亡和财产损失。

事故抢救过程中应当采取必要措施，避免或者减少对环境造成的危害。

任何单位和个人都应当支持、配合事故抢救，并提供一切便利条件。

有关地方人民政府和负有安全生产监督管理职责的部门的负责人接到生产安全事故报告后，有两项工作要做：一是救援。有关地方人民政府应当设立应急救援指挥部，并指定总指挥。参与救援的各部门应服从应急救援指挥部统一指挥，并在其指挥下加强协同联动，各负其责做好救援工作。二是上报事故。不同级别的事故如何上报，在《生产安全事故报告和调查处理条例》（国务院令第493号）中有更详细的规定。

五、事故调查处理

《安全生产法》第八十六条规定，事故调查处理应当按照科学严谨、依法依规、实事求是、注重实效的原则，及时、准确地查清事故原因，查明事故性质和责任，评估应急处置工作，总结事故教训，提出整改措施，并对事故责任单位和人员提出处理建议。事故调查报告应当依法及时向社会公布。事故调查和处理的具体办法由国务院制定。

事故发生单位应当及时全面落实整改措施，负有安全生产监督管理职责的部门应当加强监督检查。

负责事故调查处理的国务院有关部门和地方人民政府应当在批复事故调查报告后一年内，组织有关部门对事故整改和防范措施落实情况进行评估，并及时向社会公开评估结果；对不履行职责导致事故整改和防范措施没有落实的有关单位和人员，应当按照有关规定追究责任。

科学严谨是指查清事故原因，查明事故性质和责任，评估应急处置工作，总结事故教训，提出整改措施，对事故责任者提出处理建议要建立在科学的基础上，认真仔细，严肃谨慎。依法依规是指在事故调查处理过程中坚持以事实为根据，以法律为准绳，按照法定程序，依法严格规范地秉公处理。实事求是是指在事故调查处理过程中，全面听取意见，一切从实际出发，探求事故的内部联系及其发展的规律性，认识事故的本质，客观公正地调查处理事故，不得凭空想象，不得感情用事，不得弄虚作假。注重实效是指事故调查处理应当严格按照"四不放过"原则，即事故原因不查清不放过，防范措施不落实不放过，职工群众未受到教育不放过，事故责任者未受到处理不放过。及时、准确地查清事故经过、事故原因和事故损失,查明事故性质,认定事故责任,总结事故教训,提出整改措施,并对事故责任者依法追究责任。其他事故调查的相关规定,在《生产安全事故报告和调查处理条例》中有明确要求。而对于煤矿、特种设备、电力行业等特殊行业的事故调查,分别在《煤矿安全生产条例》《特种设备安全监察条例》和《电力安全事故应急处置和调查处理条例》等中有特殊规定。

六、事故责任追究

《安全生产法》第八十七条规定,生产经营单位发生生产安全事故,经调查确定为责任事故的,除了应当查明事故单位的责任并依法予以追究外,还应当查明对安全生产的有关事项负有审查批准和监督职责的行政部门的责任,对有失职、渎职行为的,依照本法第九十条的规定追究法律责任。

七、配合事故调查处理

《安全生产法》第八十八条规定,任何单位和个人不得阻挠和干涉对事故的依法调查处理。

生产经营单位及个人积极配合事故调查处理是其法定义务,不得拒绝、隐瞒或提供虚假证据或资料。

第六节　违法行为及法律责任

一、安全生产服务机构及其直接责任人员的法律责任

《安全生产法》第九十二条规定,承担安全评价、认证、检测、检验职责的机构出具失实报告的,责令停业整顿,并处三万元以上十万元以下的罚款;给他人造成损害的,依法承担赔偿责任。

承担安全评价、认证、检测、检验职责的机构租借资质、挂靠、出具虚假报告的,没收违法所得;违法所得在十万元以上的,并处违法所得二倍以上五倍以下的罚款,没有违法所得或者违法所得不足十万元的,单处或者并处十万元以上二十万元以下的罚款;对其直接负责的主管人员和其他直接责任人员处五万元以上十万元以下的罚款;给他人造成损害的,与生产经营单位承担连带赔偿责任;构成犯罪的,依照刑法有关规定追究刑事责任。

对有前款违法行为的机构及其直接责任人员,吊销其相应资质和资格,五年内不得从事安全评价、认证、检测、检验等工作;情节严重的,实行终身行业和职业禁入。

出具失实报告是指出具的报告认证结论或数据与实际不符，但不存在主观故意行为。出具虚假报告是指出具的报告认证结论或数据与实际不符，存在主观故意行为。

没收违法所得是指行政机关或司法机关运用国家法律、法规赋予的强制措施，依法将违法行为人取得的违法所得财物的所有权予以强制性剥夺的处罚方式。

行业和职业禁入是指依法禁止违法行为人在一定期限内从事某些生产经营活动或担任相关职务的监督管理措施。

二、生产经营单位未保证安全生产资金投入的法律责任

《安全生产法》第九十三条规定，生产经营单位的决策机构、主要负责人或者个人经营的投资人不依照本法规定保证安全生产所必需的资金投入，致使生产经营单位不具备安全生产条件的，责令限期改正，提供必需的资金；逾期未改正的，责令生产经营单位停产停业整顿。

有前款违法行为，导致发生生产安全事故的，对生产经营单位的主要负责人给予撤职处分，对个人经营的投资人处二万元以上二十万元以下的罚款；构成犯罪的，依照刑法有关规定追究刑事责任。

责令停产停业是指行政机关要求从事违法生产经营活动的公民、法人或其他组织停止生产、停止经营的处罚形式。

三、生产经营单位主要负责人未履行安全生产管理职责的法律责任

《安全生产法》第九十四条规定，生产经营单位的主要负责人未履行本法规定的安全生产管理职责的，责令限期改正，处二万元以上五万元以下的罚款；逾期未改正的，处五万元以上十万元以下的罚款，责令生产经营单位停产停业整顿。

生产经营单位的主要负责人有前款违法行为，导致发生生产安全事故的，给予撤职处分；构成犯罪的，依照刑法有关规定追究刑事责任。

生产经营单位的主要负责人依照前款规定受刑事处罚或者撤职处分的，自刑罚执行完毕或者受处分之日起，五年内不得担任任何生产经营单位的主要负责人；对重大、特别重大生产安全事故负有责任的，终身不得担任本行业生产经营单位的主要负责人。

刑罚执行完毕是指判决书确定的刑期执行完毕。

四、发生生产安全事故时，对生产经营单位主要负责人罚款的规定

《安全生产法》第九十五条规定，生产经营单位的主要负责人未履行本法规定的安全生产管理职责，导致发生生产安全事故的，由应急管理部门依照下列规定处以罚款：

（一）发生一般事故的，处上一年年收入百分之四十的罚款；

（二）发生较大事故的，处上一年年收入百分之六十的罚款；

（三）发生重大事故的，处上一年年收入百分之八十的罚款；

（四）发生特别重大事故的，处上一年年收入百分之一百的罚款。

上一年年收入，属于国有生产经营单位的，是指该单位上级主管部门所确定的上一年年收入总额；属于非国有生产经营单位的，是指财务、税务部门核定的上一年年收入总额。

生产经营单位提供虚假资料或者由于财务、税务部门无法核定等原因致使有关人员的上一年年收入难以确定的，按照下列办法确定：

（1）主要负责人的上一年年收入，按照本省、自治区、直辖市上一年度职工平均工资的5倍以上10倍以下计算；

（2）直接负责的主管人员和其他直接责任人员的上一年年收入，按照本省、自治区、直辖市上一年度职工平均工资的1倍以上5倍以下计算。

五、生产经营单位其他负责人和安全生产管理人员未履行安全生产管理职责的法律责任

《安全生产法》第九十六条规定，生产经营单位的其他负责人和安全生产管理人员未履行本法规定的安全生产管理职责的，责令限期改正，处一万元以上三万元以下的罚款；导致发生生产安全事故的，暂停或者吊销其与安全生产有关的资格，并处上一年年收入百分之二十以上百分之五十以下的罚款；构成犯罪的，依照刑法有关规定追究刑事责任。

六、生产经营单位及相关人员未履行安全生产主体责任的法律责任

《安全生产法》第九十七条规定，生产经营单位有下列行为之一的，责令限期改正，处十万元以下的罚款；逾期未改正的，责令停产停业整顿，并处十万元以上二十万元以下的罚款，对其直接负责的主管人员和其他直接责任人员处二万元以上五万元以下的罚款：

（一）未按照规定设置安全生产管理机构或者配备安全生产管理人员、注册安全工程师的；

（二）危险物品的生产、经营、储存、装卸单位以及矿山、金属冶炼、建筑施工、运输单位的主要负责人和安全生产管理人员未按照规定经考核合格的；

（三）未按照规定对从业人员、被派遣劳动者、实习学生进行安全生产教育和培训，或者未按照规定如实告知有关的安全生产事项的；

（四）未如实记录安全生产教育和培训情况的；

（五）未将事故隐患排查治理情况如实记录或者未向从业人员通报的；

（六）未按照规定制定生产安全事故应急救援预案或者未定期组织演练的；

（七）特种作业人员未按照规定经专门的安全作业培训并取得相应资格，上岗作业的。

七、生产经营单位未执行建设项目有关规定的法律责任

《安全生产法》第九十八条规定，生产经营单位有下列行为之一的，责令停止建设或者停产停业整顿，限期改正，并处十万元以上五十万元以下的罚款，对其直接负责的主管人员和其他直接责任人员处二万元以上五万元以下的罚款；逾期未改正的，处五十万元以上一百万元以下的罚款，对其直接负责的主管人员和其他直接责任人员处五万元以上十万元以下的罚款；构成犯罪的，依照刑法有关规定追究刑事责任：

（一）未按照规定对矿山、金属冶炼建设项目或者用于生产、储存、装卸危险物品的建设项目进行安全评价的；

（二）矿山、金属冶炼建设项目或者用于生产、储存、装卸危险物品的建设项目没有安全设施设计或者安全设施设计未按照规定报经有关部门审查同意的；

（三）矿山、金属冶炼建设项目或者用于生产、储存、装卸危险物品的建设项目的施工单位未按照批准的安全设施设计施工的；

（四）矿山、金属冶炼建设项目或者用于生产、储存、装卸危险物品的建设项目竣工投入生产或者使用前，安全设施未经验收合格的。

八、生产经营单位未执行设备设施有关规定的法律责任

《安全生产法》第九十九条规定，生产经营单位有下列行为之一的，责令限期改正，处五万元以下的罚款；逾期未改正的，处五万元以上二十万元以下的罚款，对其直接负责的主管人员和其他直接责任人员处一万元以上二万元以下的罚款；情节严重的，责令停产停业整顿；构成犯罪的，依照刑法有关规定追究刑事责任：

（一）未在有较大危险因素的生产经营场所和有关设施、设备上设置明显的安全警示标志的；

（二）安全设备的安装、使用、检测、改造和报废不符合国家标准或者行业标准的；

（三）未对安全设备进行经常性维护、保养和定期检测的；

（四）关闭、破坏直接关系生产安全的监控、报警、防护、救生设备、设施，或者篡改、隐瞒、销毁其相关数据、信息的；

（五）未为从业人员提供符合国家标准或者行业标准的劳动防护用品的；

（六）危险物品的容器、运输工具，以及涉及人身安全、危险性较大的海洋石油开采特种设备和矿山井下特种设备未经具有专业资质的机构检测、检验合格，取得安全使用证或者安全标志，投入使用的；

（七）使用应当淘汰的危及生产安全的工艺、设备的；

（八）餐饮等行业的生产经营单位使用燃气未安装可燃气体报警装置的。

九、生产经营未执行危险物品报批规定的法律责任

《安全生产法》第一百条规定，未经依法批准，擅自生产、经营、运输、储存、使用危险物品或者处置废弃危险物品的，依照有关危险物品安全管理的法律、行政法规的规定予以处罚；构成犯罪的，依照刑法有关规定追究刑事责任。

十、生产经营单位未执行安全生产管理职责的法律责任

《安全生产法》第一百零一条规定，生产经营单位有下列行为之一的，责令限期改正，处十万元以下的罚款；逾期未改正的，责令停产停业整顿，并处十万元以上二十万元以下的罚款，对其直接负责的主管人员和其他直接责任人员处二万元以上五万元以下的罚款；构成犯罪的，依照刑法有关规定追究刑事责任：

（一）生产、经营、运输、储存、使用危险物品或者处置废弃危险物品，未建立专门安全管理制度、未采取可靠的安全措施的；

（二）对重大危险源未登记建档，未进行定期检测、评估、监控，未制定应急预案，或者未告知应急措施的；

（三）进行爆破、吊装、动火、临时用电以及国务院应急管理部门会同国务院有关部门规定的其他危险作业，未安排专门人员进行现场安全管理的；

（四）未建立安全风险分级管控制度或者未按照安全风险分级采取相应管控措施的；

（五）未建立事故隐患排查治理制度，或者重大事故隐患排查治理情况未按照规定报告的。

十一、生产经营单位未消除事故隐患的法律责任

《安全生产法》第一百零二条规定，生产经营单位未采取措施消除事故隐患的，责令立即消除或者限期消除，处五万元以下的罚款；生产经营单位拒不执行的，责令停产停业整顿，对其直接负责的主管人员和其他直接责任人员处五万元以上十万元以下的罚款；构成犯罪的，依照刑法有关规定追究刑事责任。

构成犯罪的，依照刑法有关规定追究刑事责任，是指生产经营单位拒不执行消除

事故隐患指令，有发生重大伤亡事故现实危险的情形，涉嫌构成危险作业罪。

十二、生产经营单位未执行发包、出租规定的法律责任

《安全生产法》第一百零三条规定，生产经营单位将生产经营项目、场所、设备发包或者出租给不具备安全生产条件或者相应资质的单位或者个人的，责令限期改正，没收违法所得；违法所得十万元以上的，并处违法所得二倍以上五倍以下的罚款；没有违法所得或者违法所得不足十万元的，单处或者并处十万元以上二十万元以下的罚款；对其直接负责的主管人员和其他直接责任人员处一万元以上二万元以下的罚款；导致发生生产安全事故给他人造成损害的，与承包方、承租方承担连带赔偿责任。

生产经营单位未与承包单位、承租单位签订专门的安全生产管理协议或者未在承包合同、租赁合同中明确各自的安全生产管理职责，或者未对承包单位、承租单位的安全生产统一协调、管理的，责令限期改正，处五万元以下的罚款，对其直接负责的主管人员和其他直接责任人员处一万元以下的罚款；逾期未改正的，责令停产停业整顿。

矿山、金属冶炼建设项目和用于生产、储存、装卸危险物品的建设项目的施工单位未按照规定对施工项目进行安全管理的，责令限期改正，处十万元以下的罚款，对其直接负责的主管人员和其他直接责任人员处二万元以下的罚款；逾期未改正的，责令停产停业整顿。以上施工单位倒卖、出租、出借、挂靠或者以其他形式非法转让施工资质的，责令停产停业整顿，吊销资质证书，没收违法所得；违法所得十万元以上的，并处违法所得二倍以上五倍以下的罚款，没有违法所得或者违法所得不足十万元的，单处或者并处十万元以上二十万元以下的罚款；对其直接负责的主管人员和其他直接责任人员处五万元以上十万元以下的罚款；构成犯罪的，依照刑法有关规定追究刑事责任。

违法发包、出租是导致事故发生的重要原因之一，因此，行为人必须承担相应的法律责任。

十三、生产经营单位未执行交叉作业规定的法律责任

《安全生产法》第一百零四条规定，两个以上生产经营单位在同一作业区域内进行可能危及对方安全生产的生产经营活动，未签订安全生产管理协议或者未指定专职安全生产管理人员进行安全检查与协调的，责令限期改正，处五万元以下的罚款，对其直接负责的主管人员和其他直接责任人员处一万元以下的罚款；逾期未改正的，责令停产停业。

十四、生产经营单位未执行危险物品场所、员工宿舍有关规定的法律责任

《安全生产法》第一百零五条规定，生产经营单位有下列行为之一的，责令限期改正，处五万元以下的罚款，对其直接负责的主管人员和其他直接责任人员处一万元以下的罚款；逾期未改正的，责令停产停业整顿；构成犯罪的，依照刑法有关规定追究刑事责任：

（一）生产、经营、储存、使用危险物品的车间、商店、仓库与员工宿舍在同一座建筑内，或者与员工宿舍的距离不符合安全要求的；

（二）生产经营场所和员工宿舍未设有符合紧急疏散需要、标志明显、保持畅通的出口、疏散通道，或者占用、锁闭、封堵生产经营场所或者员工宿舍出口、疏散通道的。

十五、生产经营单位订立安全生产免责协议的法律责任

《安全生产法》第一百零六条规定，生产经营单位与从业人员订立协议，免除或者减轻其对从业人员因生产安全事故伤亡依法应承担的责任的，该协议无效；对生产经营单位的主要负责人、个人经营的投资人处二万元以上十万元以下的罚款。

无效劳动合同是指对当事人不发生法律约束力的劳动合同。《中华人民共和国劳动合同法》第二十六条规定，无效或者部分无效的劳动合同是指以欺诈、胁迫的手段或者乘人之危，使对方在违背真实意思的情况下订立或者变更劳动合同的；用人单位免除自己的法定责任、排除劳动者权利的；违反法律、行政法规强制性规定的。

无效劳动合同，无论是否订立都没有法律约束力，如果给对方造成了损害，应依照法律规定承担赔偿责任。

十六、从业人员违法违规的法律责任

《安全生产法》第一百零七条规定，生产经营单位的从业人员不落实岗位安全责任，不服从管理，违反安全生产规章制度或者操作规程的，由生产经营单位给予批评教育，依照有关规章制度给予处分；构成犯罪的，依照刑法有关规定追究刑事责任。

从业人员在生产作业过程中，应严格遵守本单位的安全生产规章制度和操作规程，服从管理，落实岗位安全责任。

十七、生产经营单位拒绝、阻碍安全生产监督检查的法律责任

《安全生产法》第一百零八条规定，违反本法规定，生产经营单位拒绝、阻碍负有

安全生产监督管理职责的部门依法实施监督检查的，责令改正；拒不改正的，处二万元以上二十万元以下的罚款；对其直接负责的主管人员和其他直接责任人员处一万元以上二万元以下的罚款；构成犯罪的，依照刑法有关规定追究刑事责任。

妨碍执行公务是指以暴力、威胁或者其他方法，故意阻碍执法工作人员依法履行职责的行为。

十八、高危行业、领域的生产经营单位未投保安全生产责任保险的法律责任

《安全生产法》第一百零九条规定，高危行业、领域的生产经营单位未按照国家规定投保安全生产责任保险的，责令限期改正，处五万元以上十万元以下的罚款；逾期未改正的，处十万元以上二十万元以下的罚款。

未按照规定投保安全生产责任保险的情况包括：生产经营单位应当投保安全生产责任保险，但未按规定投保或续保的；生产经营单位将保费以各种形式摊派给从业人员个人的；生产经营单位对保险机构开展事故预防服务不予配合的，对发现的事故隐患和问题拒不整改的。

十九、生产经营单位主要负责人未履行事故抢救及报告职责的法律责任

《安全生产法》第一百一十条规定，生产经营单位的主要负责人在本单位发生生产安全事故时，不立即组织抢救或者在事故调查处理期间擅离职守或者逃匿的，给予降级、撤职的处分，并由应急管理部门处上一年年收入百分之六十至百分之一百的罚款；对逃匿的处十五日以下拘留；构成犯罪的，依照刑法有关规定追究刑事责任。

生产经营单位的主要负责人对生产安全事故隐瞒不报、谎报或者迟报的，依照前款规定处罚。

不立即组织抢救是指客观上能够组织抢救而不立即组织抢救的行为，不包括客观上不能立即组织抢救的情形。

擅离职守是指未经许可擅自离开自己的工作岗位，不能恪尽职守的行为。

二十、生产经营单位拒不改正违法行为的法律责任

《安全生产法》第一百一十二条规定，生产经营单位违反本法规定，被责令改正且受到罚款处罚，拒不改正的，负有安全生产监督管理职责的部门可以自作出责令改正之日的次日起，按照原处罚数额按日连续处罚。

按日连续处罚时计罚日数自责令改正违法行为决定书送达之日的次日起计算，至主管部门复查发现违法行为之日止。再次复查仍拒不改正的，计罚日数累计执行。

按日连续处罚次数不受限制。按日连续处罚每日的罚款数额，为原处罚决定书确定的罚款数额。按照按日连续处罚规则决定的罚款数额，为原处罚决定书确定的罚款数额乘以计罚日数。

二十一、生产经营单位严重恶意违法的法律责任

《安全生产法》第一百一十三条规定，生产经营单位存在下列情形之一的，负有安全生产监督管理职责的部门应当提请地方人民政府予以关闭，有关部门应当依法吊销其有关证照。生产经营单位主要负责人五年内不得担任任何生产经营单位的主要负责人；情节严重的，终身不得担任本行业生产经营单位的主要负责人：

（一）存在重大事故隐患，一百八十日内三次或者一年内四次受到本法规定的行政处罚的；

（二）经停产停业整顿，仍不具备法律、行政法规和国家标准或者行业标准规定的安全生产条件的；

（三）不具备法律、行政法规和国家标准或者行业标准规定的安全生产条件，导致发生重大、特别重大生产安全事故的；

（四）拒不执行负有安全生产监督管理职责的部门作出的停产停业整顿决定的。

关闭是指政府部门依法强制生产经营单位永久停止生产经营活动的处罚措施。

吊销有关证照是指吊销营业执照、生产许可证等所有行政许可证照。

二十二、生产经营单位发生生产安全事故的法律责任

《安全生产法》第一百一十四条规定，发生生产安全事故，对负有责任的生产经营单位除要求其依法承担相应的赔偿等责任外，由应急管理部门依照下列规定处以罚款：

（一）发生一般事故的，处三十万元以上一百万元以下的罚款；

（二）发生较大事故的，处一百万元以上二百万元以下的罚款；

（三）发生重大事故的，处二百万元以上一千万元以下的罚款；

（四）发生特别重大事故的，处一千万元以上二千万元以下的罚款。

发生生产安全事故，情节特别严重、影响特别恶劣的，应急管理部门可以按照前款罚款数额的二倍以上五倍以下对负有责任的生产经营单位处以罚款。

负有责任的生产经营单位是指因没有履行安全生产义务，导致发生生产安全事故，依法应承担相应法律责任的生产经营单位。

二十三、行政处罚权

《安全生产法》第一百一十五条规定，本法规定的行政处罚，由应急管理部门和其

他负有安全生产监督管理职责的部门按照职责分工决定；其中，根据本法第九十五条、第一百一十条、第一百一十四条的规定应当给予民航、铁路、电力行业的生产经营单位及其主要负责人行政处罚的，也可以由主管的负有安全生产监督管理职责的部门进行处罚。予以关闭的行政处罚，由负有安全生产监督管理职责的部门报请县级以上人民政府按照国务院规定的权限决定；给予拘留的行政处罚，由公安机关依照治安管理处罚的规定决定。

行政处罚是指行政机关依法对违反行政管理秩序的公民、法人或者其他组织，以减损权益或者增加义务的方式予以惩戒的行为。包括：①警告、通报批评；②罚款、没收违法所得、没收非法财物；③暂扣许可证件、降低资质等级、吊销许可证件；④限制开展生产经营活动、责令停产停业、责令关闭、限制从业；⑤行政拘留；⑥法律、行政法规规定的其他行政处罚。

二十四、事故赔偿

《安全生产法》第一百一十六条规定，生产经营单位发生生产安全事故造成人员伤亡、他人财产损失的，应当依法承担赔偿责任；拒不承担或者其负责人逃匿的，由人民法院依法强制执行。

生产安全事故的责任人未依法承担赔偿责任，经人民法院依法采取执行措施后，仍不能对受害人给予足额赔偿的，应当继续履行赔偿义务；受害人发现责任人有其他财产的，可以随时请求人民法院执行。

第三章

安全生产单行法律

第一节 《中华人民共和国矿山安全法》

（1992年11月7日第七届全国人民代表大会常务委员会第二十八次会议通过 根据2009年8月27日第十一届全国人民代表大会常务委员会第十次会议《关于修改部分法律的决定》修正）

《中华人民共和国矿山安全法》（以下简称《矿山安全法》）的立法目的是保障矿山生产安全，防止矿山事故，保护矿山职工人身安全，促进采矿业的发展。

一、矿山建设的安全保障

1. 矿山建设工程安全设施"三同时"

《矿山安全法》第七条规定，矿山建设工程的安全设施必须和主体工程同时设计、同时施工、同时投入生产和使用。

2. 矿山建设工程设计文件

《矿山安全法》第八条规定，矿山建设工程的设计文件，必须符合矿山安全规程和行业技术规范，并按照国家规定经管理矿山企业的主管部门批准；不符合矿山安全规程和行业技术规范的，不得批准。

矿山建设工程安全设施的设计必须有劳动行政主管部门参加审查。

矿山安全规程和行业技术规范，由国务院管理矿山企业的主管部门制定。

矿山安全设施是指矿山企业为了预防生产安全事故而设置的设备、设施、装置、构（建）筑物和其他技术措施的总称，是为矿山生产服务、保障安全生产的保护性设施。矿山建设项目安全设施分为基本安全设施和专用安全设施两部分。矿山行业危险性比较高，矿山建设工程安全设施的设计必须经相关部门审查批准。由于《矿山安全法》发布时间较早，又很久没有修订，与现阶段政府机构的名称不一致，此条款中

"劳动行政主管部门"的职责在现阶段是由应急管理部门负责。本法后续提到"劳动行政主管部门"同样是指应急管理部门。

3. 矿山设计项目

《矿山安全法》第九条规定，矿山设计下列项目必须符合矿山安全规程和行业技术规范：

（一）矿井的通风系统和供风量、风质、风速；

（二）露天矿的边坡角和台阶的宽度、高度；

（三）供电系统；

（四）提升、运输系统；

（五）防水、排水系统和防火、灭火系统；

（六）防瓦斯系统和防尘系统；

（七）有关矿山安全的其他项目。

4. 矿井安全出口

《矿山安全法》第十条规定，每个矿井必须有两个以上能行人的安全出口，出口之间的直线水平距离必须符合矿山安全规程和行业技术规范。

矿井安全出口是用于矿山开采和矿山事故发生时紧急撤离的必经的安全通道，其数量、空间和距离应当满足安全要求。

5. 矿山运输和通信设施

《矿山安全法》第十一条规定，矿山必须有与外界相通的、符合安全要求的运输和通讯设施。

6. 矿山建设工程施工与验收

《矿山安全法》第十二条规定，矿山建设工程必须按照管理矿山企业的主管部门批准的设计文件施工。

矿山建设工程安全设施竣工后，由管理矿山企业的主管部门验收，并须有劳动行政主管部门参加；不符合矿山安全规程和行业技术规范的，不得验收，不得投入生产。

矿山行业危险性比较高，为了保障安全，矿山建设工程竣工后，其安全设施的验收工作不是由建设单位进行，而是由主管部门和应急管理部门负责。

二、矿山开采的安全保障

1. 矿山开采的基本要求

《矿山安全法》第十三条、第十四条规定，矿山开采必须具备保障安全生产的条件，执行开采不同矿种的矿山安全规程和行业技术规范。

矿山设计规定保留的矿柱、岩柱，在规定的期限内，应当予以保护，不得开采或者毁坏。

矿柱、岩柱相当于建筑中的承重柱、承重墙，是保障安全开采的重要设施，必须做好保护，违法开采和毁坏有可能导致冒顶等严重的事故发生。

2. 矿山设备的使用要求

《矿山安全法》第十五条、第十六条规定，矿山使用的有特殊安全要求的设备、器材、防护用品和安全检测仪器，必须符合国家安全标准或者行业安全标准；不符合国家安全标准或者行业安全标准的，不得使用。

矿山企业必须对机电设备及其防护装置、安全检测仪器，定期检查、维修，保证使用安全。

3. 矿山开采的安全保障

《矿山安全法》第十七条至第十九条规定，矿山企业必须对作业场所中的有毒有害物质和井下空气含氧量进行检测，保证符合安全要求。

矿山企业必须对下列危害安全的事故隐患采取预防措施：

（一）冒顶、片帮、边坡滑落和地表塌陷；

（二）瓦斯爆炸、煤尘爆炸；

（三）冲击地压、瓦斯突出、井喷；

（四）地面和井下的火灾、水害；

（五）爆破器材和爆破作业发生的危害；

（六）粉尘、有毒有害气体、放射性物质和其他有害物质引起的危害；

（七）其他危害。

矿山企业对使用机械、电气设备，排土场、矸石山、尾矿库与矿山闭坑后可能引起的危害，应当采取预防措施。

三、矿山企业的安全管理

1. 安全生产责任制

《矿山安全法》第二十条规定，矿山企业必须建立、健全安全生产责任制。矿长对本企业的安全生产工作负责。

2. 职工及工会的监督管理

《矿山安全法》第二十二条至第二十五条规定，矿山企业职工必须遵守有关矿山安全的法律、法规和企业规章制度。矿山企业职工有权对危害安全的行为，提出批评、检举和控告。

矿山企业工会依法维护职工生产安全的合法权益，组织职工对矿山安全工作进行监督。

矿山企业违反有关安全的法律、法规，工会有权要求企业行政方面或者有关部门认真处理。

矿山企业召开讨论有关安全生产的会议，应当有工会代表参加，工会有权提出意见和建议。

矿山企业工会发现企业行政方面违章指挥、强令工人冒险作业或者生产过程中发现明显重大事故隐患和职业危害，有权提出解决的建议；发现危及职工生命安全的情况时，有权向矿山企业行政方面建议组织职工撤离危险现场，矿山企业行政方面必须及时作出处理决定。

3. 安全生产教育培训及劳动防护

《矿山安全法》第二十六条至第二十八条规定，矿山企业必须对职工进行安全教育、培训；未经安全教育、培训的，不得上岗作业。

矿山企业安全生产的特种作业人员必须接受专门培训，经考核合格取得操作资格证书的，方可上岗作业。

矿长必须经过考核，具备安全专业知识，具有领导安全生产和处理矿山事故的能力。

矿山企业安全工作人员必须具备必要的安全专业知识和矿山安全工作经验。

矿山企业必须向职工发放保障安全生产所需的劳动防护用品。

4. 对未成年人及女职工的保护

《矿山安全法》第二十九条规定，矿山企业不得录用未成年人从事矿山井下劳动。

矿山企业对女职工按照国家规定实行特殊劳动保护，不得分配女职工从事矿山井下劳动。

未成年人的身体尚未完全发育完成，心智尚未完全成熟，有些危险性高、对身体有害的作业不应当安排他们去做，《矿山安全法》和《中华人民共和国职业病防治法》里都为此作出了规定。

女职工属于就业人群中的特殊群体，因为她们的生理特殊性，有些工作对她们的身心危害很大，甚至会影响后代的发育，因此《矿山安全法》及《女职工劳动保护特别规定》都对女职工禁止的工作作出了规定。尤其是《女职工劳动保护特别规定》详细规定了女职工在不同时期不得从事的工作。

5. 矿山事故防范与救护

《矿山安全法》第三十条、第三十一条规定，矿山企业必须制定矿山事故防范措施，并组织落实。

矿山企业应当建立由专职或者兼职人员组成的救护和医疗急救组织，配备必要的装备、器材和药物。

由于矿山一般都在比较偏远的地方，发生事故后，受伤人员难以快速送医，这就要求矿山企业自备相应医疗装备、器材和药物，并有相应的医疗救护人员。

6. 安全技术措施专项费用

《矿山安全法》第三十二条规定，矿山企业必须从矿产品销售额中按照国家规定提取安全技术措施专项费用。安全技术措施专项费用必须全部用于改善矿山安全生产条件，不得挪作他用。

四、违法行为及法律责任

《矿山安全法》第四十条至第四十八条规定矿山建设工程、矿山企业及相关人员、矿山安全监督人员和安全管理人员违反《矿山安全法》应承担的法律责任。

第二节 《中华人民共和国消防法》

（1998年4月29日第九届全国人民代表大会常务委员会第二次会议通过 2008年10月28日第十一届全国人民代表大会常务委员会第五次会议修订 根据2019年4月23日第十三届全国人民代表大会常务委员会第十次会议《关于修改〈中华人民共和国建筑法〉等八部法律的决定》第一次修正 根据2021年4月29日第十三届全国人民代表大会常务委员会第二十八次会议《关于修改〈中华人民共和国道路交通安全法〉等八部法律的决定》第二次修正）

《中华人民共和国消防法》（以下简称《消防法》）的立法目的是预防火灾和减少火灾危害，加强应急救援工作，保护人身、财产安全，维护公共安全。

一、火灾预防

1. 建设工程消防安全

（1）建设工程消防设计审查验收

《消防法》第九条、第十条规定，建设工程的消防设计、施工必须符合国家工程建设消防技术标准。建设、设计、施工、工程监理等单位依法对建设工程的消防设计、施工质量负责。

对按照国家工程建设消防技术标准需要进行消防设计的建设工程，实行建设工程消防设计审查验收制度。

《消防法》第十三条规定，国务院住房和城乡建设主管部门规定应当申请消防验收的建设工程竣工，建设单位应当向住房和城乡建设主管部门申请消防验收。

前款规定以外的其他建设工程，建设单位在验收后应当报住房和城乡建设主管部门备案，住房和城乡建设主管部门应当进行抽查。

依法应当进行消防验收的建设工程，未经消防验收或者消防验收不合格的，禁止投入使用；其他建设工程经依法抽查不合格的，应当停止使用。

《消防法》第十四条规定，建设工程消防设计审查、消防验收、备案和抽查的具体办法，由国务院住房和城乡建设主管部门规定。

（2）特殊建设工程的消防设计要求

《消防法》第十一条规定，国务院住房和城乡建设主管部门规定的特殊建设工程，建设单位应当将消防设计文件报送住房和城乡建设主管部门审查，住房和城乡建设主管部门依法对审查的结果负责。

前款规定以外的其他建设工程，建设单位申请领取施工许可证或者申请批准开工报告时应当提供满足施工需要的消防设计图纸及技术资料。

《消防法》第十二条规定，特殊建设工程未经消防设计审查或者审查不合格的，建设单位、施工单位不得施工；其他建设工程，建设单位未提供满足施工需要的消防设计图纸及技术资料的，有关部门不得发放施工许可证或者批准开工报告。

特殊建设工程的消防危险性较高，对特殊建设工程的消防安全要求也高一些，在设计阶段，要求消防设计文件必须经住房和城乡建设主管部门审查合格方可进行施工。

（3）建筑材料消防要求

《消防法》第二十六条规定，建筑构件、建筑材料和室内装修、装饰材料的防火性能必须符合国家标准；没有国家标准的，必须符合行业标准。

人员密集场所室内装修、装饰，应当按照消防技术标准的要求，使用不燃、难燃材料。

2. 公众聚集场所的消防安全

《消防法》第十五条规定，公众聚集场所投入使用、营业前消防安全检查实行告知承诺管理。公众聚集场所在投入使用、营业前，建设单位或者使用单位应当向场所所在地的县级以上地方人民政府消防救援机构申请消防安全检查，作出场所符合消防技术标准和管理规定的承诺，提交规定的材料，并对其承诺和材料的真实性负责。

消防救援机构对申请人提交的材料进行审查；申请材料齐全、符合法定形式的，应当予以许可。消防救援机构应当根据消防技术标准和管理规定，及时对作出承诺的公众聚集场所进行核查。

申请人选择不采用告知承诺方式办理的，消防救援机构应当自受理申请之日起十个工作日内，根据消防技术标准和管理规定，对该场所进行检查。经检查符合消防安全要求的，应当予以许可。

公众聚集场所未经消防救援机构许可的，不得投入使用、营业。消防安全检查的具体办法，由国务院应急管理部门制定。

公众聚集场所在营业过程中一旦发生火灾，会造成重大的人员伤亡和财产损失。《消防法》专门针对公众聚集场所投入使用、营业前消防安全检查作出了具体规定，以保证公众聚集场所在营业前达到消防安全的基本条件，同时体现《安全生产法》关于企业承担安全生产主体责任的规定。

3. 一般单位的消防安全职责

《消防法》第十六条规定，机关、团体、企业、事业等单位应当履行下列消防安全职责：

（一）落实消防安全责任制，制定本单位的消防安全制度、消防安全操作规程，制定灭火和应急疏散预案；

（二）按照国家标准、行业标准配置消防设施、器材，设置消防安全标志，并定期组织检验、维修，确保完好有效；

（三）对建筑消防设施每年至少进行一次全面检测，确保完好有效，检测记录应当完整准确，存档备查；

（四）保障疏散通道、安全出口、消防车通道畅通，保证防火防烟分区、防火间距符合消防技术标准；

（五）组织防火检查，及时消除火灾隐患；

（六）组织进行有针对性的消防演练；

（七）法律、法规规定的其他消防安全职责。

单位的主要负责人是本单位的消防安全责任人。

4. 消防安全重点单位的消防安全职责

《消防法》第十七条规定，县级以上地方人民政府消防救援机构应当将发生火灾可能性较大以及发生火灾可能造成重大的人身伤亡或者财产损失的单位，确定为本行政区域内的消防安全重点单位，并由应急管理部门报本级人民政府备案。

消防安全重点单位除应当履行本法第十六条规定的职责外，还应当履行下列消防安全职责：

（一）确定消防安全管理人，组织实施本单位的消防安全管理工作；

（二）建立消防档案，确定消防安全重点部位，设置防火标志，实行严格管理；

（三）实行每日防火巡查，并建立巡查记录；

（四）对职工进行岗前消防安全培训，定期组织消防安全培训和消防演练。

5. 消防安全出口、疏散通道

《消防法》第十八条规定，同一建筑物由两个以上单位管理或者使用的，应当明确各方的消防安全责任，并确定责任人对共用的疏散通道、安全出口、建筑消防设施和消防车通道进行统一管理。

住宅区的物业服务企业应当对管理区域内的共用消防设施进行维护管理，提供消防安全防范服务。

6. 大型群众性活动消防安全

《消防法》第二十条规定，举办大型群众性活动，承办人应当依法向公安机关申请安全许可，制定灭火和应急疏散预案并组织演练，明确消防安全责任分工，确定消防安全管理人员，保持消防设施和消防器材配置齐全、完好有效，保证疏散通道、安全出口、疏散指示标志、应急照明和消防车通道符合消防技术标准和管理规定。

大型群众活动人员密集，各类安全风险都很高，活动期间各种电器的高频使用等更容易导致火灾发生。《消防法》及《大型群众性活动安全管理条例》均明确规定了举办大型群众性活动需经公安机关许可，还明确规定了举办单位要做好一系列的消防安全工作。

7. 动火作业消防安全

《消防法》第二十一条规定，禁止在具有火灾、爆炸危险的场所吸烟、使用明火。因施工等特殊情况需要使用明火作业的，应当按照规定事先办理审批手续，采取相应的消防安全措施；作业人员应当遵守消防安全规定。

进行电焊、气焊等具有火灾危险作业的人员和自动消防系统的操作人员，必须持证上岗，并遵守消防安全操作规程。

动火作业的火灾危险性比较大，尤其是在有火灾、爆炸危险的场所进行动火作业，火灾危险性更高。对于动火作业，《消防法》和相关法律、法规均要求按规定事先办理审批手续，采取消防安全措施，并要求作业人员和自动消防系统操作人员持证上岗。

8. 易燃易爆危险品消防安全

《消防法》第十九条规定，生产、储存、经营易燃易爆危险品的场所不得与居住场所设置在同一建筑物内，并应当与居住场所保持安全距离。

生产、储存、经营其他物品的场所与居住场所设置在同一建筑物内的，应当符合国家工程建设消防技术标准。

《消防法》第二十二条规定，生产、储存、装卸易燃易爆危险品的工厂、仓库和专用车站、码头的设置，应当符合消防技术标准。易燃易爆气体和液体的充装站、供应站、调压站，应当设置在符合消防安全要求的位置，并符合防火防爆要求。

已经设置的生产、储存、装卸易燃易爆危险品的工厂、仓库和专用车站、码头，易燃易爆气体和液体的充装站、供应站、调压站，不再符合前款规定的，地方人民政府应当组织、协调有关部门、单位限期解决，消除安全隐患。

《消防法》第二十三条规定，生产、储存、运输、销售、使用、销毁易燃易爆危险品，必须执行消防技术标准和管理规定。

进入生产、储存易燃易爆危险品的场所，必须执行消防安全规定。禁止非法携带易燃易爆危险品进入公共场所或者乘坐公共交通工具。

储存可燃物资仓库的管理，必须执行消防技术标准和管理规定。

生产、储存、运输、销售、使用、销毁易燃易爆危险品的单位火灾危险性很高，发生火灾、爆炸事故后果严重，有些生产、储存、运输、销售、使用、销毁易燃易爆危险品的单位发生火灾、爆炸事故后，影响的不仅仅是自己单位，还会对周边的单位和居民产生巨大的影响。《消防法》根据易燃易爆危险品的特点，对其选址、生产、储存、运输、销售、使用、销毁等建设和作业行为进行了规定，并制定了一系列的消防技术标准和消防安全管理规定，要求这些单位必须执行。

9. 消防产品

《消防法》第二十四条规定，消防产品必须符合国家标准；没有国家标准的，必须符合行业标准。禁止生产、销售或者使用不合格的消防产品以及国家明令淘汰的消防产品。

依法实行强制性产品认证的消防产品，由具有法定资质的认证机构按照国家标准、行业标准的强制性要求认证合格后，方可生产、销售、使用。实行强制性产品认证的消防产品目录，由国务院产品质量监督部门会同国务院应急管理部门制定并公布。

新研制的尚未制定国家标准、行业标准的消防产品，应当按照国务院产品质量监督部门会同国务院应急管理部门规定的办法，经技术鉴定符合消防安全要求的，方可生产、销售、使用。

依照本条规定经强制性产品认证合格或者技术鉴定合格的消防产品，国务院应急管理部门应当予以公布。

10. 电器产品、燃气用具

《消防法》第二十七条规定，电器产品、燃气用具的产品标准，应当符合消防安全的要求。

电器产品、燃气用具的安装、使用及其线路、管路的设计、敷设、维护保养、检测，必须符合消防技术标准和管理规定。

根据我国历年来的火灾统计数据，电器火灾在我国每年的火灾中占比最大，由于燃气用具及其使用不符合消防安全要求而导致的火灾、爆炸事故频繁发生且事故数量有上升的趋势，《消防法》根据现状，对电器产品、燃气用具在消防方面的安全提出了要求。

11. 消防设施

《消防法》第二十八条规定，任何单位、个人不得损坏、挪用或者擅自拆除、停用消防设施、器材，不得埋压、圈占、遮挡消火栓或者占用防火间距，不得占用、堵塞、封闭疏散通道、安全出口、消防车通道。人员密集场所的门窗不得设置影响逃生和灭火救援的障碍物。

《消防法》第二十九条规定，负责公共消防设施维护管理的单位，应当保持消防供水、消防通信、消防车通道等公共消防设施的完好有效。在修建道路以及停电、停水、截断通信线路时有可能影响消防队灭火救援的，有关单位必须事先通知当地消防救援机构。

《消防法》第三十四条规定，消防设施维护保养检测、消防安全评估等消防技术服务机构应当符合从业条件，执业人员应当依法获得相应的资格；依照法律、行政法规、国家标准、行业标准和执业准则，接受委托提供消防技术服务，并对服务质量负责。

火灾发生后，消防设施可以起到报警、阻止火势蔓延和扑救火灾等作用，对人员疏散、初期火灾的扑救非常有效。保证消防设施的完好有效，意义重大。

二、消防组织建设

1. 各级人民政府消防组织建设

《消防法》第三十五条至第三十八条规定，各级人民政府应当加强消防组织建设，根据经济社会发展的需要，建立多种形式的消防组织，加强消防技术人才培养，增强火灾预防、扑救和应急救援的能力。

县级以上地方人民政府应当按照国家规定建立国家综合性消防救援队、专职消防队，并按照国家标准配备消防装备，承担火灾扑救工作。

乡镇人民政府应当根据当地经济发展和消防工作的需要，建立专职消防队、志愿消防队，承担火灾扑救工作。

国家综合性消防救援队、专职消防队按照国家规定承担重大灾害事故和其他以抢救人员生命为主的应急救援工作。

国家综合性消防救援队、专职消防队应当充分发挥火灾扑救和应急救援专业力量的骨干作用；按照国家规定，组织实施专业技能训练，配备并维护保养装备器材，提高火灾扑救和应急救援的能力。

2. 建立专职消防队的单位

《消防法》第三十九条规定，下列单位应当建立单位专职消防队，承担本单位的火灾扑救工作：

（一）大型核设施单位、大型发电厂、民用机场、主要港口；

（二）生产、储存易燃易爆危险品的大型企业；

（三）储备可燃的重要物资的大型仓库、基地；

（四）第一项、第二项、第三项规定以外的火灾危险性较大、距离国家综合性消防救援队较远的其他大型企业；

（五）距离国家综合性消防救援队较远、被列为全国重点文物保护单位的古建筑群的管理单位。

《消防法》第四十条规定，专职消防队的建立，应当符合国家有关规定，并报当地消防救援机构验收。

专职消防队的队员依法享受社会保险和福利待遇。

3. 消防组织的建立

《消防法》第四十一条、第四十二条规定，机关、团体、企业、事业等单位以及村民委员会、居民委员会根据需要，建立志愿消防队等多种形式的消防组织，开展群众性自防自救工作。

消防救援机构应当对专职消防队、志愿消防队等消防组织进行业务指导；根据扑救火灾的需要，可以调动指挥专职消防队参加火灾扑救工作。

三、灭火救援

1. 火灾报警及救援

《消防法》第四十四条规定，任何人发现火灾都应当立即报警。任何单位、个人都应当无偿为报警提供便利，不得阻拦报警。严禁谎报火警。

人员密集场所发生火灾，该场所的现场工作人员应当立即组织、引导在场人员疏散。

任何单位发生火灾，必须立即组织力量扑救。邻近单位应当给予支援。

消防队接到火警，必须立即赶赴火灾现场，救助遇险人员，排除险情，扑灭火灾。

2. 火灾现场总指挥的权利

《消防法》第四十五条规定，消防救援机构统一组织和指挥火灾现场扑救，应当优先保障遇险人员的生命安全。

火灾现场总指挥根据扑救火灾的需要，有权决定下列事项：

（一）使用各种水源；

（二）截断电力、可燃气体和可燃液体的输送，限制用火用电；

（三）划定警戒区，实行局部交通管制；

（四）利用临近建筑物和有关设施；

（五）为了抢救人员和重要物资，防止火势蔓延，拆除或者破损毗邻火灾现场的建筑物、构筑物或者设施等；

（六）调动供水、供电、供气、通信、医疗救护、交通运输、环境保护等有关单位协助灭火救援。

根据扑救火灾的紧急需要，有关地方人民政府应当组织人员、调集所需物资支援灭火。

3. 救援队、消防队救援规定

《消防法》第四十六条规定，国家综合性消防救援队、专职消防队参加火灾以外的其他重大灾害事故的应急救援工作，由县级以上人民政府统一领导。

《消防法》第四十九条规定，国家综合性消防救援队、专职消防队扑救火灾、应急救援，不得收取任何费用。

单位专职消防队、志愿消防队参加扑救外单位火灾所损耗的燃料、灭火剂和器材、装备等，由火灾发生地的人民政府给予补偿。

《消防法》规定消防救援工作不收取被救援单位和个人的费用，所需费用由当地人民政府给予补偿。这样的规定可避免发生火灾事故单位和个人为了考虑救援费用而耽误报警时间，延误救援最佳时机。

4. 消防车、消防艇特别规定

《消防法》第四十七条规定，消防车、消防艇前往执行火灾扑救或者应急救援任务，在确保安全的前提下，不受行驶速度、行驶路线、行驶方向和指挥信号的限制，其他车辆、船舶以及行人应当让行，不得穿插超越；收费公路、桥梁免收车辆通行费。交通管理指挥人员应当保证消防车、消防艇迅速通行。

赶赴火灾现场或者应急救援现场的消防人员和调集的消防装备、物资，需要铁路、水路或者航空运输的，有关单位应当优先运输。

此条款的规定有助于消防车、消防艇在前往救援时节省通行时间，尽快到达救援地点，及时扑灭火灾。

《消防法》第四十八条规定，消防车、消防艇以及消防器材、装备和设施，不得用于与消防和应急救援工作无关的事项。

消防队要时刻保持高度的戒备，随时准备奔赴火场，如果把消防车、消防艇以及消防器材、装备和设施挪作他用，万一此时发生火灾，救援人员无救援设备设施可用，无法扑灭火灾，后果难以想象，因此《消防法》规定了消防器材、装备和设施的专门用途。

5. 事后处理

《消防法》第五十一条规定，消防救援机构有权根据需要封闭火灾现场，负责调查火灾原因，统计火灾损失。

火灾扑灭后，发生火灾的单位和相关人员应当按照消防救援机构的要求保护现场，接受事故调查，如实提供与火灾有关的情况。

消防救援机构根据火灾现场勘验、调查情况和有关的检验、鉴定意见，及时制作火灾事故认定书，作为处理火灾事故的证据。

四、违法行为及法律责任

《消防法》第五十八条至第七十二条规定了建设工程建设单位、设计单位、施工企业和工程监理单位，一般生产经营单位，生产、储存、经营易燃易爆危险品的生产经营单位，消防产品的生产、销售单位，消防技术服务机构及相关人员违反消防法律的行为和法律责任。

第三节 《中华人民共和国道路交通安全法》

（2003年10月28日第十届全国人民代表大会常务委员会第五次会议通过 根据2007年12月29日第十届全国人民代表大会常务委员会第三十一次会议《关于修改〈中华人民共和国道路交通安全法〉的决定》第一次修正 根据2011年4月22日第十一届全国人民代表大会常务委员会第二十次会议《关于修改〈中华人民共和国道路交通安全法〉的决定》第二次修正 根据2021年4月29日第十三届全国人民代表大会常务委员会第二十八次会议《关于修改〈中华人民共和国道路交通安全法〉等八部法律的决定》第三次修正）

《中华人民共和国道路交通安全法》（以下简称《道路交通安全法》）的立法目的是维护道路交通秩序，预防和减少交通事故，保护人身安全，保护公民、法人和其他组织的财产安全及其他合法权益，提高通行效率。

一、车辆和驾驶人

1. 机动车、非机动车

（1）机动车登记

《道路交通安全法》第八条规定，国家对机动车实行登记制度。机动车经公安机关交通管理部门登记后，方可上道路行驶。尚未登记的机动车，需要临时上道路行驶的，应当取得临时通行牌证。

《道路交通安全法》第九条规定，申请机动车登记，应当提交以下证明、凭证：

（一）机动车所有人的身份证明；

（二）机动车来历证明；

（三）机动车整车出厂合格证明或者进口机动车进口凭证；

（四）车辆购置税的完税证明或者免税凭证；

（五）法律、行政法规规定应当在机动车登记时提交的其他证明、凭证。

公安机关交通管理部门应当自受理申请之日起五个工作日内完成机动车登记审查工作，对符合前款规定条件的，应当发放机动车登记证书、号牌和行驶证；对不符合前款规定条件的，应当向申请人说明不予登记的理由。

公安机关交通管理部门以外的任何单位或者个人不得发放机动车号牌或者要求机动车悬挂其他号牌，本法另有规定的除外。

机动车登记证书、号牌、行驶证的式样由国务院公安部门规定并监制。

《道路交通安全法》第十二条规定，有下列情形之一的，应当办理相应的登记：

（一）机动车所有权发生转移的；

（二）机动车登记内容变更的；

（三）机动车用作抵押的；

（四）机动车报废的。

机动车的登记证书相当于其"身份证"，是车辆所有权的法律证明，此后办理转籍、过户等任何车辆登记时都要求出具登记证书，并在上面记录车辆的相关情况。与之同时发放的机动车号牌和行驶证形成证明车辆身份的整套资料。为了更规范、便捷、信息化管理，公安部于2022年5月1日起实施的《机动车登记规定》（公安部令第164号）对机动车登记进行了修订，进一步修改完善了机动车登记制度，推出更多便民利企新措施；进一步健全重点车辆安全准入机制，规范交通管理执法监督制度。

（2）机动车安全技术检验

《道路交通安全法》第十条规定，准予登记的机动车应当符合机动车国家安全技术标准。申请机动车登记时，应当接受对该机动车的安全技术检验。但是，经国家机动车产品主管部门依据机动车国家安全技术标准认定的企业生产的机动车型，该车型的新车在出厂时经检验符合机动车国家安全技术标准，获得检验合格证的，免予安全技术检验。

《道路交通安全法》第十三条规定，对登记后上道路行驶的机动车，应当依照法律、行政法规的规定，根据车辆用途、载客载货数量、使用年限等不同情况，定期进行安全技术检验。对提供机动车行驶证和机动车第三者责任强制保险单的，机动车安全技术检验机构应当予以检验，任何单位不得附加其他条件。对符合机动车国家安全技术标准的，公安机关交通管理部门应当发给检验合格标志。

对机动车的安全技术检验实行社会化。具体办法由国务院规定。

机动车安全技术检验实行社会化的地方，任何单位不得要求机动车到指定的场所进行检验。

公安机关交通管理部门、机动车安全技术检验机构不得要求机动车到指定的场所进行维修、保养。

机动车安全技术检验机构对机动车检验收取费用,应当严格执行国务院价格主管部门核定的收费标准。

机动车安全技术检验的主要目的是检查车辆的各项性能参数,确定行驶车辆的工作能力和技术状态,在不拆卸机动车的情况下,找出故障或隐患的部位和原因,及时消除车辆的安全隐患,减少事故发生,对维修车辆实施质量监督,建立质量监控体系,确保车辆具有良好的安全性、可靠性、动力性等。

（3）机动车上道路行驶条件

《道路交通安全法》第十一条规定,驾驶机动车上道路行驶,应当悬挂机动车号牌,放置检验合格标志、保险标志,并随车携带机动车行驶证。

机动车号牌应当按照规定悬挂并保持清晰、完整,不得故意遮挡、污损。

任何单位和个人不得收缴、扣留机动车号牌。

（4）特殊车辆

《道路交通安全法》第十五条规定,警车、消防车、救护车、工程救险车应当按照规定喷涂标志图案,安装警报器、标志灯具。其他机动车不得喷涂、安装、使用上述车辆专用的或者与其相类似的标志图案、警报器或者标志灯具。

警车、消防车、救护车、工程救险车应当严格按照规定的用途和条件使用。

公路监督检查的专用车辆,应当依照公路法的规定,设置统一的标志和示警灯。

（5）机动车保险

《道路交通安全法》第十七条规定,国家实行机动车第三者责任强制保险制度,设立道路交通事故社会救助基金。具体办法由国务院规定。

实行机动车第三者责任强制保险,同时建立道路交通事故社会救助基金,用于支付交通事故受伤人员的抢救费用,对于尽力挽救伤者生命,体现社会对生命权的尊重,减少社会矛盾,有着重要的意义;同时,机动车第三者责任强制保险由于与机动车行车安全实绩挂钩,实行费率上下浮动,利用经济杠杆控制交通安全通行,有利于交通事故的预防,促进道路交通安全。为此,《道路交通安全法》第七十五条规定,医疗机构对交通事故中的受伤人员应当及时抢救,不得因抢救费用未及时支付而拖延救治。肇事车辆参加机动车第三者责任强制保险的,由保险公司在责任限额范围内支付抢救费用;抢救费用超过责任限额的,未参加机动车第三者责任强制保险或者肇事后逃逸的,由道路交通事故社会救助基金先行垫付部分或者全部抢救费用,道路交通事故社会救助基金管理机构有权向交通事故责任人追偿。

（6）机动车报废

《道路交通安全法》第十四条规定,国家实行机动车强制报废制度,根据机动车的安全技术状况和不同用途，规定不同的报废标准。

应当报废的机动车必须及时办理注销登记。

达到报废标准的机动车不得上道路行驶。报废的大型客、货车及其他营运车辆应当在公安机关交通管理部门的监督下解体。

强制报废制度是指机动车达到了一定年限或条件，零件老化问题严重，已经不能保障交通安全，这时，由国家强制性回收拆解，防止重新组装上路，其目的是防止报废车对交通安全带来的隐患。

（7）禁止行为

《道路交通安全法》第十六条规定，任何单位或者个人不得有下列行为：

（一）拼装机动车或者擅自改变机动车已登记的结构、构造或者特征；

（二）改变机动车型号、发动机号、车架号或者车辆识别代号；

（三）伪造、变造或者使用伪造、变造的机动车登记证书、号牌、行驶证、检验合格标志、保险标志；

（四）使用其他机动车的登记证书、号牌、行驶证、检验合格标志、保险标志。

（8）非机动车登记

《道路交通安全法》第十八条规定，依法应当登记的非机动车，经公安机关交通管理部门登记后，方可上道路行驶。

依法应当登记的非机动车的种类，由省、自治区、直辖市人民政府根据当地实际情况规定。

非机动车的外形尺寸、质量、制动器、车铃和夜间反光装置，应当符合非机动车安全技术标准。

2. 机动车驾驶人

（1）机动车驾驶证

《道路交通安全法》第十九条规定，驾驶机动车，应当依法取得机动车驾驶证。

申请机动车驾驶证，应当符合国务院公安部门规定的驾驶许可条件；经考试合格后，由公安机关交通管理部门发给相应类别的机动车驾驶证。

持有境外机动车驾驶证的人，符合国务院公安部门规定的驾驶许可条件，经公安机关交通管理部门考核合格的，可以发给中国的机动车驾驶证。

驾驶人应当按照驾驶证载明的准驾车型驾驶机动车；驾驶机动车时，应当随身携带机动车驾驶证。

公安机关交通管理部门以外的任何单位或者个人，不得收缴、扣留机动车驾驶证。

机动车驾驶证是指依法允许学习驾驶机动车的人员，经过学习，掌握了交通法规知识和驾驶技术后，经管理部门考试合格，核发许可驾驶某类机动车的法律凭证。持有机动车驾驶证的人员，具有了相应的安全驾驶知识和技术，能够遵守道路安全行驶的相关法律、法规，减少交通事故的发生。《机动车驾驶证申领和使用规定》对申请机动车驾驶证的人作出了具体的规定。

（2）上道路行驶

《道路交通安全法》第二十一条规定，驾驶人驾驶机动车上道路行驶前，应当对机动车的安全技术性能进行认真检查；不得驾驶安全设施不全或者机件不符合技术标准等具有安全隐患的机动车。

《道路交通安全法》第二十二条规定，机动车驾驶人应当遵守道路交通安全法律、法规的规定，按照操作规范安全驾驶、文明驾驶。

饮酒、服用国家管制的精神药品或者麻醉药品，或者患有妨碍安全驾驶机动车的疾病，或者过度疲劳影响安全驾驶的，不得驾驶机动车。

任何人不得强迫、指使、纵容驾驶人违反道路交通安全法律、法规和机动车安全驾驶要求驾驶机动车。

（3）累积记分制度

《道路交通安全法》第二十四条规定，公安机关交通管理部门对机动车驾驶人违反道路交通安全法律、法规的行为，除依法给予行政处罚外，实行累积记分制度。公安机关交通管理部门对累积记分达到规定分值的机动车驾驶人，扣留机动车驾驶证，对其进行道路交通安全法律、法规教育，重新考试；考试合格的，发还其机动车驾驶证。

对遵守道路交通安全法律、法规，在一年内无累积记分的机动车驾驶人，可以延长机动车驾驶证的审验期。具体办法由国务院公安部门规定。

二、道路通行条件

1. 交通信号

《道路交通安全法》第二十五条规定，全国实行统一的道路交通信号。

交通信号包括交通信号灯、交通标志、交通标线和交通警察的指挥。

交通信号灯、交通标志、交通标线的设置应当符合道路交通安全、畅通的要求和国家标准，并保持清晰、醒目、准确、完好。

根据通行需要，应当及时增设、调换、更新道路交通信号。增设、调换、更新限制性的道路交通信号，应当提前向社会公告，广泛进行宣传。

《道路交通安全法》第二十六条规定，交通信号灯由红灯、绿灯、黄灯组成。红灯表示禁止通行，绿灯表示准许通行，黄灯表示警示。

《道路交通安全法》第二十七条规定，铁路与道路平面交叉的道口，应当设置警示灯、警示标志或者安全防护设施。无人看守的铁路道口，应当在距道口一定距离处设置警示标志。

《道路交通安全法》第二十八条规定，任何单位和个人不得擅自设置、移动、占用、损毁交通信号灯、交通标志、交通标线。

道路两侧及隔离带上种植的树木或者其他植物，设置的广告牌、管线等，应当与交通设施保持必要的距离，不得遮挡路灯、交通信号灯、交通标志，不得妨碍安全视距，不得影响通行。

《道路交通安全法》第三十条规定，道路出现坍塌、坑漕、水毁、隆起等损毁或者交通信号灯、交通标志、交通标线等交通设施损毁、灭失的，道路、交通设施的养护部门或者管理部门应当设置警示标志并及时修复。

公安机关交通管理部门发现前款情形，危及交通安全，尚未设置警示标志的，应当及时采取安全措施，疏导交通，并通知道路、交通设施的养护部门或者管理部门。

交通信号的作用是科学分配道路上车辆、行人的通行权，使之有序、安全、顺利通行，提高通行效率，避免交通拥堵和事故发生。在道路通行中，交通信号起到至关重要的作用。

2. 占道施工

《道路交通安全法》第三十一条规定，未经许可，任何单位和个人不得占用道路从事非交通活动。

《道路交通安全法》第三十二条规定，因工程建设需要占用、挖掘道路，或者跨越、穿越道路架设、增设管线设施，应当事先征得道路主管部门的同意；影响交通安全的，还应当征得公安机关交通管理部门的同意。

施工作业单位应当在经批准的路段和时间内施工作业，并在距离施工作业地点来车方向安全距离处设置明显的安全警示标志，采取防护措施；施工作业完毕，应当迅速清除道路上的障碍物，消除安全隐患，经道路主管部门和公安机关交通管理部门验收合格，符合通行要求后，方可恢复通行。

对未中断交通的施工作业道路，公安机关交通管理部门应当加强交通安全监督检查，维护道路交通秩序。

对于占道施工，如果施工不影响交通安全，应事先征得道路主管部门同意方可施工；如果施工影响交通安全，事先不仅要征得道路主管部门同意，还要征得公安机关交通管理部门同意方可施工。在施工过程中要保障交通安全，有相应的防护措施和警示标志。施工完成后也不可立即恢复道路通行，须经道路主管部门和公安机关交通管理部门验收合格。

3. 停车泊位

《道路交通安全法》第三十三条规定，新建、改建、扩建的公共建筑、商业街区、居住区、大（中）型建筑等，应当配建、增建停车场；停车泊位不足的，应当及时改建或者扩建；投入使用的停车场不得擅自停止使用或者改作他用。

在城市道路范围内，在不影响行人、车辆通行的情况下，政府有关部门可以施划停车泊位。

4. 人行横道和盲道

《道路交通安全法》第三十四条规定，学校、幼儿园、医院、养老院门前的道路没有行人过街设施的，应当施划人行横道线，设置提示标志。

城市主要道路的人行道，应当按照规划设置盲道。盲道的设置应当符合国家标准。

三、道路通行规定

1. 一般规定

《道路交通安全法》第三十五条至第三十八条规定，机动车、非机动车实行右侧通行。

根据道路条件和通行需要，道路划分为机动车道、非机动车道和人行道的，机动车、非机动车、行人实行分道通行。没有划分机动车道、非机动车道和人行道的，机动车在道路中间通行，非机动车和行人在道路两侧通行。

道路划设专用车道的，在专用车道内，只准许规定的车辆通行，其他车辆不得进入专用车道内行驶。

车辆、行人应当按照交通信号通行；遇有交通警察现场指挥时，应当按照交通警察的指挥通行；在没有交通信号的道路上，应当在确保安全、畅通的原则下通行。

《道路交通安全法》第四十条规定，遇有自然灾害、恶劣气象条件或者重大交通事故等严重影响交通安全的情形，采取其他措施难以保证交通安全时，公安机关交通管理部门可以实行交通管制。

2. 机动车通行规定

（1）同车道行驶

《道路交通安全法》第四十三条规定，同车道行驶的机动车，后车应当与前车保持足以采取紧急制动措施的安全距离。有下列情形之一的，不得超车：

（一）前车正在左转弯、掉头、超车的；

（二）与对面来车有会车可能的；

（三）前车为执行紧急任务的警车、消防车、救护车、工程救险车的；

（四）行经铁路道口、交叉路口、窄桥、弯道、陡坡、隧道、人行横道、市区交通流量大的路段等没有超车条件的。

《道路交通安全法》第四十五条第一款规定，机动车遇有前方车辆停车排队等候或者缓慢行驶时，不得借道超车或者占用对面车道，不得穿插等候的车辆。

（2）交叉路口行驶

《道路交通安全法》第四十四条规定，机动车通过交叉路口，应当按照交通信号灯、交通标志、交通标线或者交通警察的指挥通过；通过没有交通信号灯、交通标志、交通标线或者交通警察指挥的交叉路口时，应当减速慢行，并让行人和优先通行的车辆先行。

《道路交通安全法》第四十五条第二款规定，在车道减少的路段、路口，或者在没有交通信号灯、交通标志、交通标线或者交通警察指挥的交叉路口遇到停车排队等候或者缓慢行驶时，机动车应当依次交替通行。

《道路交通安全法》第四十六条规定，机动车通过铁路道口时，应当按照交通信号或者管理人员的指挥通行；没有交通信号或者管理人员的，应当减速或者停车，在确认安全后通过。

《道路交通安全法》第四十七条规定，机动车行经人行横道时，应当减速行驶；遇行人正在通过人行横道，应当停车让行。

机动车行经没有交通信号的道路时，遇行人横过道路，应当避让。

（3）机动车载物

《道路交通安全法》第四十八条规定，机动车载物应当符合核定的载质量，严禁超载；载物的长、宽、高不得违反装载要求，不得遗洒、飘散载运物。

机动车运载超限的不可解体的物品，影响交通安全的，应当按照公安机关交通管理部门指定的时间、路线、速度行驶，悬挂明显标志。在公路上运载超限的不可解体的物品，并应当依照公路法的规定执行。

机动车载运爆炸物品、易燃易爆化学物品以及剧毒、放射性等危险物品，应当经公安机关批准后，按指定的时间、路线、速度行驶，悬挂警示标志并采取必要的安全措施。

《道路交通安全法》第四十九条规定，机动车载人不得超过核定的人数，客运机动车不得违反规定载货。

（4）机动车载人

《道路交通安全法》第五十条规定，禁止货运机动车载客。

货运机动车需要附载作业人员的，应当设置保护作业人员的安全措施。

《道路交通安全法》第五十一条规定，机动车行驶时，驾驶人、乘坐人员应当按规定使用安全带，摩托车驾驶人及乘坐人员应当按规定戴安全头盔。

（5）机动车在道路上发生故障

《道路交通安全法》第五十二条规定，机动车在道路上发生故障，需要停车排除故障时，驾驶人应当立即开启危险报警闪光灯，将机动车移至不妨碍交通的地方停放；难以移动的，应当持续开启危险报警闪光灯，并在来车方向设置警告标志等措施扩大示警距离，必要时迅速报警。

（6）特殊车辆和工程车辆通行

《道路交通安全法》第五十三条规定，警车、消防车、救护车、工程救险车执行紧急任务时，可以使用警报器、标志灯具；在确保安全的前提下，不受行驶路线、行驶方向、行驶速度和信号灯的限制，其他车辆和行人应当让行。

警车、消防车、救护车、工程救险车非执行紧急任务时，不得使用警报器、标志灯具，不享有前款规定的道路优先通行权。

《道路交通安全法》第五十四条规定，道路养护车辆、工程作业车进行作业时，在不影响过往车辆通行的前提下，其行驶路线和方向不受交通标志、标线限制，过往车辆和人员应当注意避让。

洒水车、清扫车等机动车应当按照安全作业标准作业；在不影响其他车辆通行的情况下，可以不受车辆分道行驶的限制，但是不得逆向行驶。

（7）拖拉机通行

《道路交通安全法》第五十五条规定，高速公路、大中城市中心城区内的道路，禁止拖拉机通行。其他禁止拖拉机通行的道路，由省、自治区、直辖市人民政府根据当地实际情况规定。

在允许拖拉机通行的道路上，拖拉机可以从事货运，但是不得用于载人。

（8）机动车停车

《道路交通安全法》第五十六条规定，机动车应当在规定地点停放。禁止在人行道上停放机动车；但是，依照本法第三十三条规定施划的停车泊位除外。

在道路上临时停车的，不得妨碍其他车辆和行人通行。

3. 非机动车通行规定

《道路交通安全法》第五十七条至第六十条规定，驾驶非机动车在道路上行驶应当遵守有关交通安全的规定。非机动车应当在非机动车道内行驶；在没有非机动车道的道路上，应当靠车行道的右侧行驶。

残疾人机动轮椅车、电动自行车在非机动车道内行驶时，最高时速不得超过十五公里。

非机动车应当在规定地点停放。未设停放地点的，非机动车停放不得妨碍其他车辆和行人通行。

驾驭畜力车，应当使用驯服的牲畜；驾驭畜力车横过道路时，驾驭人应当下车牵引牲畜；驾驭人离开车辆时，应当拴系牲畜。

4. 行人和乘车人通行规定

《道路交通安全法》第六十一条至第六十三条规定，行人应当在人行道内行走，没有人行道的靠路边行走。

行人通过路口或者横过道路，应当走人行横道或者过街设施；通过有交通信号灯的人行横道，应当按照交通信号灯指示通行；通过没有交通信号灯、人行横道的路口，或者在没有过街设施的路段横过道路，应当在确认安全后通过。

行人不得跨越、倚坐道路隔离设施，不得扒车、强行拦车或者实施妨碍道路交通安全的其他行为。

《道路交通安全法》第六十四条第二款规定，盲人在道路上通行，应当使用盲杖或者采取其他导盲手段，车辆应当避让盲人。

《道路交通安全法》第六十五条、第六十六条规定，行人通过铁路道口时，应当按照交通信号或者管理人员的指挥通行；没有交通信号和管理人员的，应当在确认无火车驶临后，迅速通过。

乘车人不得携带易燃易爆等危险物品，不得向车外抛洒物品，不得有影响驾驶人安全驾驶的行为。

5. 高速公路的特别规定

《道路交通安全法》第六十七条规定，行人、非机动车、拖拉机、轮式专用机械车、铰接式客车、全挂拖斗车以及其他设计最高时速低于七十公里的机动车，不得进入高速公路。高速公路限速标志标明的最高时速不得超过一百二十公里。

《道路交通安全法》第六十八条规定，机动车在高速公路上发生故障时，应当依照本法第五十二条的有关规定办理；但是，警告标志应当设置在故障车来车方向一百五十米以外，车上人员应当迅速转移到右侧路肩上或者应急车道内，并且迅速报警。

机动车在高速公路上发生故障或者交通事故，无法正常行驶的，应当由救援车、清障车拖曳、牵引。

《道路交通安全法》第六十九条规定，任何单位、个人不得在高速公路上拦截检查行驶的车辆，公安机关的人民警察依法执行紧急公务除外。

四、道路交通事故处理

《道路交通安全法》第七十条规定，在道路上发生交通事故，车辆驾驶人应当立即停车，保护现场；造成人身伤亡的，车辆驾驶人应当立即抢救受伤人员，并迅速报告执勤的交通警察或者公安机关交通管理部门。因抢救受伤人员变动现场的，应当标明位置。乘车人、过往车辆驾驶人、过往行人应当予以协助。

在道路上发生交通事故，未造成人身伤亡，当事人对事实及成因无争议的，可以即行撤离现场，恢复交通，自行协商处理损害赔偿事宜；不即行撤离现场的，应当迅速报告执勤的交通警察或者公安机关交通管理部门。

在道路上发生交通事故，仅造成轻微财产损失，并且基本事实清楚的，当事人应当先撤离现场再进行协商处理。

《道路交通安全法》第七十一条规定，车辆发生交通事故后逃逸的，事故现场目击人员和其他知情人员应当向公安机关交通管理部门或者交通警察举报。举报属实的，公安机关交通管理部门应当给予奖励。

《道路交通安全法》第七十四条规定，对交通事故损害赔偿的争议，当事人可以请求公安机关交通管理部门调解，也可以直接向人民法院提起民事诉讼。

经公安机关交通管理部门调解，当事人未达成协议或者调解书生效后不履行的，当事人可以向人民法院提起民事诉讼。

《道路交通安全法》第七十六条规定，机动车发生交通事故造成人身伤亡、财产损失的，由保险公司在机动车第三者责任强制保险责任限额范围内予以赔偿；不足的部分，按照下列规定承担赔偿责任：

（一）机动车之间发生交通事故的，由有过错的一方承担赔偿责任；双方都有过错的，按照各自过错的比例分担责任。

（二）机动车与非机动车驾驶人、行人之间发生交通事故，非机动车驾驶人、行人没有过错的，由机动车一方承担赔偿责任；有证据证明非机动车驾驶人、行人有过错的，根据过错程度适当减轻机动车一方的赔偿责任；机动车一方没有过错的，承担不超过百分之十的赔偿责任。

交通事故的损失是由非机动车驾驶人、行人故意碰撞机动车造成的，机动车一方不承担赔偿责任。

五、违法行为及法律责任

《道路交通安全法》第八十八条至第一百一十三条规定了行人、乘车人、非机动车驾驶人，机动车驾驶、停车，技术检验机构，机动车号牌、标志和证件使用，警报器、标志灯具安装，第三者责任强制保险，拼装或报废机动车驾驶，专业运输单位，交通事故后逃逸，机动车生产、销售，道路施工或者从事其他影响道路交通安全活动，路灯、交通信号灯、交通标志等道路交通违法行为的法律责任。

第四节 《中华人民共和国特种设备安全法》

（2013年6月29日第十二届全国人民代表大会常务委员会第三次会议通过）

《中华人民共和国特种设备安全法》（以下简称《特种设备安全法》）的立法目的是加强特种设备安全工作，预防特种设备事故，保障人身和财产安全，促进经济社会发展。

一、特种设备生产、经营、使用

1. 一般规定

《特种设备安全法》第十三条规定，特种设备生产、经营、使用单位及其主要负责人对其生产、经营、使用的特种设备安全负责。

特种设备生产、经营、使用单位应当按照国家有关规定配备特种设备安全管理人员、检测人员和作业人员，并对其进行必要的安全教育和技能培训。

《特种设备安全法》第十四条规定，特种设备安全管理人员、检测人员和作业人员应当按照国家有关规定取得相应资格，方可从事相关工作。特种设备安全管理人员、检测人员和作业人员应当严格执行安全技术规范和管理制度，保证特种设备安全。

特种设备检测人员包括各单位从事无损检测、理化检测等工作的人员。作业人员包括焊接人员和各类设备的安装、改造、修理、维护保养和操作人员等。

《特种设备安全法》第十五条规定，特种设备生产、经营、使用单位对其生产、经营、使用的特种设备应当进行自行检测和维护保养，对国家规定实行检验的特种设备应当及时申报并接受检验。

对特种设备进行检验是国家为保障特种设备安全设立的一项基本规定，法律规定的检验具有强制性，生产、经营、使用特种设备的单位必须依法进行申报并接受检验。

《特种设备安全法》第十六条规定，特种设备采用新材料、新技术、新工艺，与安全技术规范的要求不一致，或者安全技术规范未作要求、可能对安全性能有重大影响的，应当向国务院负责特种设备安全监督管理的部门申报，由国务院负责特种设备安全监督管理的部门及时委托安全技术咨询机构或者相关专业机构进行技术评审，评审结果经国务院负责特种设备安全监督管理的部门批准，方可投入生产、使用。

国务院负责特种设备安全监督管理的部门应当将允许使用的新材料、新技术、新工艺的有关技术要求，及时纳入安全技术规范。

2. 特种设备的生产

（1）生产许可

《特种设备安全法》第十八条规定，国家按照分类监督管理的原则对特种设备生产实行许可制度。特种设备生产单位应当具备下列条件，并经负责特种设备安全监督管理的部门许可，方可从事生产活动：

（一）有与生产相适应的专业技术人员；

（二）有与生产相适应的设备、设施和工作场所；

（三）有健全的质量保证、安全管理和岗位责任等制度。

《特种设备安全法》第十九条规定，特种设备生产单位应当保证特种设备生产符合安全技术规范及相关标准的要求，对其生产的特种设备的安全性能负责。不得生产不符合安全性能要求和能效指标以及国家明令淘汰的特种设备。

特种设备生产许可是保障特种设备安全的一项重要的市场准入制度，国家按照分类监督管理的原则对特种设备生产实行许可，要求特种设备生产单位具备相应的法定条件，保障生产的特种设备符合安全要求，并对生产的特种设备的安全性能负责。

（2）鉴定和型式试验

《特种设备安全法》第二十条规定，锅炉、气瓶、氧舱、客运索道、大型游乐设施的设计文件，应当经负责特种设备安全监督管理的部门核准的检验机构鉴定，方可用于制造。

特种设备产品、部件或者试制的特种设备新产品、新部件以及特种设备采用的新材料，按照安全技术规范的要求需要通过型式试验进行安全性验证的，应当经负责特种设备安全监督管理的部门核准的检验机构进行型式试验。

（3）出厂配备

《特种设备安全法》第二十一条规定，特种设备出厂时，应当随附安全技术规范要求的设计文件、产品质量合格证明、安装及使用维护保养说明、监督检验证明等相关技术资料和文件，并在特种设备显著位置设置产品铭牌、安全警示标志及其说明。

特种设备的安全性能与质量是否符合要求完全依靠相关技术资料判断，因此特种设备出厂时，不仅要随附一般设备出厂时的产品质量合格证明、安装及使用维护保养说明，还要随附设计文件和监督检验证明，确保出厂的特种设备达到安全性能的要求。铭牌可以向用户、检验机构等提供生产单位信息、产品基本技术参数、产品生产信息等内容。

（4）制造、安装、改造、修理

《特种设备安全法》第二十二条规定，电梯的安装、改造、修理，必须由电梯制造单位或者其委托的依照本法取得相应许可的单位进行。电梯制造单位委托其他单位进行电梯安装、改造、修理的，应当对其安装、改造、修理进行安全指导和监控，并按照安全技术规范的要求进行校验和调试。电梯制造单位对电梯安全性能负责。

电梯是一种特殊的特种设备，需要安装完成之后才能使用，安装实际上是制造的继续。电梯的安装、改造和修理质量直接影响电梯的安全运行，需要熟悉电梯的结构和特性的人员负责。电梯的制造、安装、改造、修理由同一家单位负责或者由制造单位委托有资质的单位负责，有利于保障电梯安全，有利于明确责任。

《特种设备安全法》第二十三条规定，特种设备安装、改造、修理的施工单位应当在施工前将拟进行的特种设备安装、改造、修理情况书面告知直辖市或者设区的市级人民政府负责特种设备安全监督管理的部门。

《特种设备安全法》第二十四条规定，特种设备安装、改造、修理竣工后，安装、改造、修理的施工单位应当在验收后三十日内将相关技术资料和文件移交特种设备使用单位。特种设备使用单位应当将其存入该特种设备的安全技术档案。

施工单位尽快将出厂技术资料和文件移交使用单位，便于使用单位根据技术资料和文件正确使用特种设备，也便于使用单位开展特种设备的档案管理工作。

《特种设备安全法》第二十五条规定，锅炉、压力容器、压力管道元件等特种设备的制造过程和锅炉、压力容器、压力管道、电梯、起重机械、客运索道、大型游乐设施的安装、改造、重大修理过程，应当经特种设备检验机构按照安全技术规范的要求进行监督检验；未经监督检验或者监督检验不合格的，不得出厂或者交付使用。

3. 特种设备的经营

（1）特种设备销售

《特种设备安全法》第二十七条规定，特种设备销售单位销售的特种设备，应当符合安全技术规范及相关标准的要求，其设计文件、产品质量合格证明、安装及使用维护保养说明、监督检验证明等相关技术资料和文件应当齐全。

特种设备销售单位应当建立特种设备检查验收和销售记录制度。

禁止销售未取得许可生产的特种设备，未经检验和检验不合格的特种设备，或者国家明令淘汰和已经报废的特种设备。

（2）特种设备出租

《特种设备安全法》第二十八条、第二十九条规定，特种设备出租单位不得出租未取得许可生产的特种设备或者国家明令淘汰和已经报废的特种设备，以及未按照安全技术规范的要求进行维护保养和未经检验或者检验不合格的特种设备。

特种设备在出租期间的使用管理和维护保养义务由特种设备出租单位承担，法律另有规定或者当事人另有约定的除外。

出租单位一般是特种设备产权单位，应提供给承租单位合格安全的特种设备，在未另有约定的情况下，应承担出租的特种设备的使用管理和维护保养责任。

（3）特种设备进口

《特种设备安全法》第三十条规定，进口的特种设备应当符合我国安全技术规范的要求,并经检验合格;需要取得我国特种设备生产许可的,应当取得许可。

进口特种设备随附的技术资料和文件应当符合本法第二十一条的规定,其安装及使用维护保养说明、产品铭牌、安全警示标志及其说明应当采用中文。

特种设备的进出口检验,应当遵守有关进出口商品检验的法律、行政法规。

《特种设备安全法》第三十一条规定,进口特种设备,应当向进口地负责特种设备安全监督管理的部门履行提前告知义务。

在我国使用的进口的特种设备,要符合我国安全技术规范的要求,并根据我国的相关法律、法规规定进行检验和许可,同时随附中文安装及使用维护保养说明、产品铭牌、安全警示标志及其说明,便于我国使用单位能正确、安全使用。

4.特种设备的使用

(1)特种设备使用管理

《特种设备安全法》第三十二条规定,特种设备使用单位应当使用取得许可生产并经检验合格的特种设备。

禁止使用国家明令淘汰和已经报废的特种设备。

《特种设备安全法》第三十三条规定,特种设备使用单位应当在特种设备投入使用前或者投入使用后三十日内,向负责特种设备安全监督管理的部门办理使用登记,取得使用登记证书。登记标志应当置于该特种设备的显著位置。

使用登记证书一般存入特种设备档案,而登记标志应置于设备的显著位置,便于使用单位和监督检查单位了解特种设备的登记情况。

《特种设备安全法》第三十四条规定,特种设备使用单位应当建立岗位责任、隐患治理、应急救援等安全管理制度,制定操作规程,保证特种设备安全运行。

《特种设备安全法》第三十五条规定,特种设备使用单位应当建立特种设备安全技术档案。安全技术档案应当包括以下内容:

(一)特种设备的设计文件、产品质量合格证明、安装及使用维护保养说明、监督检验证明等相关技术资料和文件;

(二)特种设备的定期检验和定期自行检查记录;

(三)特种设备的日常使用状况记录;

(四)特种设备及其附属仪器仪表的维护保养记录;

(五)特种设备的运行故障和事故记录。

特种设备在使用过程中,需要不断进行维护保养、修理,定期进行检验,部分特种设备还可能需要改造。此过程中的相关资料以及特种设备出厂的原始文件资料都应当存入特种设备安全技术档案。

《特种设备安全法》第三十六条规定,电梯、客运索道、大型游乐设施等为公众提供服务的特种设备的运营使用单位，应当对特种设备的使用安全负责，设置特种设备安全管理机构或者配备专职的特种设备安全管理人员；其他特种设备使用单位，应当根据情况设置特种设备安全管理机构或者配备专职、兼职的特种设备安全管理人员。

电梯、客运索道、大型游乐设施为公众提供服务的，面对的是不特定人群，一旦发生事故，造成人员伤亡，社会影响较大。《特种设备安全法》对电梯、客运索道、大型游乐设施的使用管理提出了特殊要求。

《特种设备安全法》第三十八条规定，特种设备属于共有的，共有人可以委托物业服务单位或者其他管理人管理特种设备，受托人履行本法规定的特种设备使用单位的义务，承担相应责任。共有人未委托的，由共有人或者实际管理人履行管理义务，承担相应责任。

（2）维护保养与定期检验

《特种设备安全法》第三十九条规定，特种设备使用单位应当对其使用的特种设备进行经常性维护保养和定期自行检查，并作出记录。

特种设备使用单位应当对其使用的特种设备的安全附件、安全保护装置进行定期校验、检修，并作出记录。

特种设备在使用过程中，会出现各种各样的问题，需要经常维护保养，及时发现并处理一些问题，保障设备安全运行。这里的维护保养责任在使用单位，并不是要求使用单位自己做维护保养，而是要求使用单位委托有维护保养资质的单位去做，如果使用单位没有委托有维护保养资质的单位对本单位使用的特种设备进行维护保养，责任在使用单位。

《特种设备安全法》第四十条规定，特种设备使用单位应当按照安全技术规范的要求，在检验合格有效期届满前一个月向特种设备检验机构提出定期检验要求。

特种设备检验机构接到定期检验要求后，应当按照安全技术规范的要求及时进行安全性能检验。特种设备使用单位应当将定期检验标志置于该特种设备的显著位置。

未经定期检验或者检验不合格的特种设备，不得继续使用。

特种设备的定期检验是法定要求，由专业的检验检测机构定期检验，是及时发现特种设备的缺陷和存在的问题最重要、最专业的手段。通过定期检验发现问题和缺陷，采取相应措施消除隐患，避免事故发生。

《特种设备安全法》第四十三条规定，客运索道、大型游乐设施在每日投入使用前，其运营使用单位应当进行试运行和例行安全检查，并对安全附件和安全保护装置进行检查确认。

电梯、客运索道、大型游乐设施的运营使用单位应当将电梯、客运索道、大型游乐设施的安全使用说明、安全注意事项和警示标志置于易于为乘客注意的显著位置。

公众乘坐或者操作电梯、客运索道、大型游乐设施,应当遵守安全使用说明和安全注意事项的要求,服从有关工作人员的管理和指挥;遇有运行不正常时,应当按照安全指引,有序撤离。

《特种设备安全法》第四十四条规定,锅炉使用单位应当按照安全技术规范的要求进行锅炉水(介)质处理,并接受特种设备检验机构的定期检验。

从事锅炉清洗,应当按照安全技术规范的要求进行,并接受特种设备检验机构的监督检验。

《特种设备安全法》第四十五条第一款和第二款规定,电梯的维护保养应当由电梯制造单位或者依照本法取得许可的安装、改造、修理单位进行。

电梯的维护保养单位应当在维护保养中严格执行安全技术规范的要求,保证其维护保养的电梯的安全性能,并负责落实现场安全防护措施,保证施工安全。

(3)隐患排查与故障处理

《特种设备安全法》第四十一条规定,特种设备安全管理人员应当对特种设备使用状况进行经常性检查,发现问题应当立即处理;情况紧急时,可以决定停止使用特种设备并及时报告本单位有关负责人。

特种设备作业人员在作业过程中发现事故隐患或者其他不安全因素,应当立即向特种设备安全管理人员和单位有关负责人报告;特种设备运行不正常时,特种设备作业人员应当按照操作规程采取有效措施保证安全。

特种设备安全管理人员的职责与《安全生产法》中安全管理人员的职责相匹配。

《特种设备安全法》第四十二条规定,特种设备出现故障或者发生异常情况,特种设备使用单位应当对其进行全面检查,消除事故隐患,方可继续使用。

《特种设备安全法》第四十五条第三款规定,电梯的维护保养单位应当对其维护保养的电梯的安全性能负责;接到故障通知后,应当立即赶赴现场,并采取必要的应急救援措施。

《特种设备安全法》第四十六条规定,电梯投入使用后,电梯制造单位应当对其制造的电梯的安全运行情况进行跟踪调查和了解,对电梯的维护保养单位或者使用单位在维护保养和安全运行方面存在的问题,提出改进建议,并提供必要的技术帮助;发现电梯存在严重事故隐患时,应当及时告知电梯使用单位,并向负责特种设备安全监督管理的部门报告。电梯制造单位对调查和了解的情况,应当作出记录。

(4)报废与变更登记

《特种设备安全法》第四十七条规定,特种设备进行改造、修理,按照规定需要变更使用登记的,应当办理变更登记,方可继续使用。

特种设备使用过程中如进行了改造和修理,其性能参数、技术指标等发生变化,导致原使用登记中的信息发生变化，需要使用单位及时提供改造和修理相关材料，到原使用登记的负责特种设备安全监督管理的部门办理变更登记手续。

《特种设备安全法》第四十八条规定，特种设备存在严重事故隐患，无改造、修理价值，或者达到安全技术规范规定的其他报废条件的，特种设备使用单位应当依法履行报废义务，采取必要措施消除该特种设备的使用功能，并向原登记的负责特种设备安全监督管理的部门办理使用登记证书注销手续。

前款规定报废条件以外的特种设备，达到设计使用年限可以继续使用的，应当按照安全技术规范的要求通过检验或者安全评估，并办理使用登记证书变更，方可继续使用。允许继续使用的，应当采取加强检验、检测和维护保养等措施，确保使用安全。

特种设备在使用过程中会发生磨损、腐蚀、裂纹、重要部件失效等情况，从而丧失全部或部分功能，影响设备安全使用。特种设备一旦达到报废条件，必须进行报废。为防止报废的特种设备再次流入使用环节，特种设备报废必须消除使用功能，并办理注销手续。这些工作均由使用单位负责。

特种设备的使用年限是由制造单位根据技术参数设计的能安全使用的理论使用年限，与实际情况不完全一致，有些达到设计使用年限、但仍保持良好的安全运行状态、使用单位希望继续使用的特种设备，就要请有资质的专业机构按照安全技术规范的要求进行检验或者安全评估，出具可以继续使用的评估报告，然后到原使用登记的部门办理使用登记证书变更，方可继续使用。同时原制造企业不再承担相应的安全责任。

（5）移动式压力容器与气瓶充装

《特种设备安全法》第四十九条规定，移动式压力容器、气瓶充装单位，应当具备下列条件，并经负责特种设备安全监督管理的部门许可，方可从事充装活动：

（一）有与充装和管理相适应的管理人员和技术人员；

（二）有与充装和管理相适应的充装设备、检测手段、场地厂房、器具、安全设施；

（三）有健全的充装管理制度、责任制度、处理措施。

充装单位应当建立充装前后的检查、记录制度，禁止对不符合安全技术规范要求的移动式压力容器和气瓶进行充装。

气瓶充装单位应当向气体使用者提供符合安全技术规范要求的气瓶，对气体使用者进行气瓶安全使用指导，并按照安全技术规范的要求办理气瓶使用登记，及时申报定期检验。

移动式压力容器与气瓶充装属于危险性较大的作业活动，首先要具备相应的条件，取得许可才能从事充装作业。在作业过程中要保障充装作业使用的设备设施、装置符合安全要求，并做好安全管理工作，为气体使用者提供符合技术规范、经检验合格的移动式压力容器和气瓶。

二、特种设备的检验、检测

1. 检验、检测机构和检验、检测人员资格

《特种设备安全法》第五十条规定，从事本法规定的监督检验、定期检验的特种设备检验机构，以及为特种设备生产、经营、使用提供检测服务的特种设备检测机构，应当具备下列条件，并经负责特种设备安全监督管理的部门核准，方可从事检验、检测工作：

（一）有与检验、检测工作相适应的检验、检测人员；

（二）有与检验、检测工作相适应的检验、检测仪器和设备；

（三）有健全的检验、检测管理制度和责任制度。

《特种设备安全法》第五十一条规定，特种设备检验、检测机构的检验、检测人员应当经考核，取得检验、检测人员资格，方可从事检验、检测工作。

特种设备检验、检测机构的检验、检测人员不得同时在两个以上检验、检测机构中执业；变更执业机构的，应当依法办理变更手续。

2. 检验、检测的要求

《特种设备安全法》第五十二条规定，特种设备检验、检测工作应当遵守法律、行政法规的规定，并按照安全技术规范的要求进行。

特种设备检验、检测机构及其检验、检测人员应当依法为特种设备生产、经营、使用单位提供安全、可靠、便捷、诚信的检验、检测服务。

《特种设备安全法》第五十三条规定，特种设备检验、检测机构及其检验、检测人员应当客观、公正、及时地出具检验、检测报告，并对检验、检测结果和鉴定结论负责。

特种设备检验、检测机构及其检验、检测人员在检验、检测中发现特种设备存在严重事故隐患时，应当及时告知相关单位，并立即向负责特种设备安全监督管理的部门报告。

负责特种设备安全监督管理的部门应当组织对特种设备检验、检测机构的检验、检测结果和鉴定结论进行监督抽查，但应当防止重复抽查。监督抽查结果应当向社会公布。

《特种设备安全法》第五十五条规定，特种设备检验、检测机构及其检验、检测人员对检验、检测过程中知悉的商业秘密，负有保密义务。

特种设备检验、检测机构及其检验、检测人员不得从事有关特种设备的生产、经

营活动，不得推荐或者监制、监销特种设备。

3. 特种设备生产、经营、使用单位的义务

《特种设备安全法》第五十四条规定，特种设备生产、经营、使用单位应当按照安全技术规范的要求向特种设备检验、检测机构及其检验、检测人员提供特种设备相关资料和必要的检验、检测条件，并对资料的真实性负责。

4. 投诉监督

《特种设备安全法》第五十六条规定，特种设备检验机构及其检验人员利用检验工作故意刁难特种设备生产、经营、使用单位的，特种设备生产、经营、使用单位有权向负责特种设备安全监督管理的部门投诉，接到投诉的部门应当及时进行调查处理。

三、特种设备的监督管理

1. 安全监督检查

《特种设备安全法》第五十七条规定，负责特种设备安全监督管理的部门依照本法规定，对特种设备生产、经营、使用单位和检验、检测机构实施监督检查。

负责特种设备安全监督管理的部门应当对学校、幼儿园以及医院、车站、客运码头、商场、体育场馆、展览馆、公园等公众聚集场所的特种设备，实施重点安全监督检查。

2. 行政审批和行政许可

《特种设备安全法》第五十八条规定，负责特种设备安全监督管理的部门实施本法规定的许可工作，应当依照本法和其他有关法律、行政法规规定的条件和程序以及安全技术规范的要求进行审查；不符合规定的，不得许可。

《特种设备安全法》第五十九条规定，负责特种设备安全监督管理的部门在办理本法规定的许可时，其受理、审查、许可的程序必须公开，并应当自受理申请之日起三十日内，作出许可或者不予许可的决定；不予许可的，应当书面向申请人说明理由。

《特种设备安全法》第六十四条规定，地方各级人民政府负责特种设备安全监督管理的部门不得要求已经依照本法规定在其他地方取得许可的特种设备生产单位重复取得许可，不得要求对已经依照本法规定在其他地方检验合格的特种设备重复进行检验。

3. 监督检查职权

《特种设备安全法》第六十一条规定，负责特种设备安全监督管理的部门在依法履行监督检查职责时，可以行使下列职权：

（一）进入现场进行检查，向特种设备生产、经营、使用单位和检验、检测机构的主要负责人和其他有关人员调查、了解有关情况；

（二）根据举报或者取得的涉嫌违法证据，查阅、复制特种设备生产、经营、使用

单位和检验、检测机构的有关合同、发票、账簿以及其他有关资料；

（三）对有证据表明不符合安全技术规范要求或者存在严重事故隐患的特种设备实施查封、扣押；

（四）对流入市场的达到报废条件或者已经报废的特种设备实施查封、扣押；

（五）对违反本法规定的行为作出行政处罚决定。

4. 事故隐患处理

《特种设备安全法》第六十二条规定，负责特种设备安全监督管理的部门在依法履行职责过程中，发现违反本法规定和安全技术规范要求的行为或者特种设备存在事故隐患时，应当以书面形式发出特种设备安全监察指令，责令有关单位及时采取措施予以改正或者消除事故隐患。紧急情况下要求有关单位采取紧急处置措施的，应当随后补发特种设备安全监察指令。

《特种设备安全法》第六十三条规定，负责特种设备安全监督管理的部门在依法履行职责过程中，发现重大违法行为或者特种设备存在严重事故隐患时，应当责令有关单位立即停止违法行为、采取措施消除事故隐患，并及时向上级负责特种设备安全监督管理的部门报告。接到报告的负责特种设备安全监督管理的部门应当采取必要措施，及时予以处理。

对违法行为、严重事故隐患的处理需要当地人民政府和有关部门的支持、配合时，负责特种设备安全监督管理的部门应当报告当地人民政府，并通知其他有关部门。当地人民政府和其他有关部门应当采取必要措施，及时予以处理。

5. 监督检查要求

《特种设备安全法》第六十五条规定，负责特种设备安全监督管理的部门的安全监察人员应当熟悉相关法律、法规，具有相应的专业知识和工作经验，取得特种设备安全行政执法证件。

特种设备安全监察人员应当忠于职守、坚持原则、秉公执法。

负责特种设备安全监督管理的部门实施安全监督检查时，应当有二名以上特种设备安全监察人员参加，并出示有效的特种设备安全行政执法证件。

特种设备安全监察是一项专业性极强的工作，从事此项工作的人员应当熟悉相关法律、法规，具有相应的专业知识和工作经验，并取得特种设备安全行政执法证件。

《特种设备安全法》第六十六条、第六十七条规定，负责特种设备安全监督管理的部门对特种设备生产、经营、使用单位和检验、检测机构实施监督检查，应当对每次监督检查的内容、发现的问题及处理情况作出记录，并由参加监督检查的特种设备安全监察人员和被检查单位的有关负责人签字后归档。被检查单位的有关负责人拒绝签字的，特种设备安全监察人员应当将情况记录在案。

负责特种设备安全监督管理的部门及其工作人员不得推荐或者监制、监销特种设备；对履行职责过程中知悉的商业秘密负有保密义务。

6. 监督管理档案

《特种设备安全法》第六十条规定，负责特种设备安全监督管理的部门对依法办理使用登记的特种设备应当建立完整的监督管理档案和信息查询系统；对达到报废条件的特种设备，应当及时督促特种设备使用单位依法履行报废义务。

四、事故应急救援与调查处理

《特种设备安全法》第七十条规定，特种设备发生事故后，事故发生单位应当按照应急预案采取措施，组织抢救，防止事故扩大，减少人员伤亡和财产损失，保护事故现场和有关证据，并及时向事故发生地县级以上人民政府负责特种设备安全监督管理的部门和有关部门报告。

县级以上人民政府负责特种设备安全监督管理的部门接到事故报告，应当尽快核实情况，立即向本级人民政府报告，并按照规定逐级上报。必要时，负责特种设备安全监督管理的部门可以越级上报事故情况。对特别重大事故、重大事故，国务院负责特种设备安全监督管理的部门应当立即报告国务院并通报国务院安全生产监督管理部门等有关部门。

与事故相关的单位和人员不得迟报、谎报或者瞒报事故情况，不得隐匿、毁灭有关证据或者故意破坏事故现场。

《特种设备安全法》第七十一条规定，事故发生地人民政府接到事故报告，应当依法启动应急预案，采取应急处置措施，组织应急救援。

《特种设备安全法》第七十二条规定，特种设备发生特别重大事故，由国务院或者国务院授权有关部门组织事故调查组进行调查。

发生重大事故，由国务院负责特种设备安全监督管理的部门会同有关部门组织事故调查组进行调查。

发生较大事故，由省、自治区、直辖市人民政府负责特种设备安全监督管理的部门会同有关部门组织事故调查组进行调查。

发生一般事故，由设区的市级人民政府负责特种设备安全监督管理的部门会同有关部门组织事故调查组进行调查。

事故调查组应当依法、独立、公正开展调查，提出事故调查报告。

特种设备发生特别重大事故的调查主体有别于其他等级事故的调查主体，与《生产安全事故报告和调查处理条例》规定一致。但特别重大事故以下等级的特种设备事故调查由特种设备安全监督管理部门组织，与《生产安全事故报告和调查处理条例》

规定不一致，主要是考虑到特种设备的特殊性，作为特种设备的安全监督管理部门，拥有管理和技术资源，由该部门组织进行特种设备事故调查，有利于调查的准确性、权威性和事故的预防性。

《特种设备安全法》第七十三条规定，组织事故调查的部门应当将事故调查报告报本级人民政府，并报上一级人民政府负责特种设备安全监督管理的部门备案。有关部门和单位应当依照法律、行政法规的规定，追究事故责任单位和人员的责任。

事故责任单位应当依法落实整改措施，预防同类事故发生。事故造成损害的，事故责任单位应当依法承担赔偿责任。

五、违法行为及法律责任

《特种设备安全法》第七十四条至第九十八条规定了特种设备生产、使用单位不履行法定义务、违反禁止性规定，特种设备检验、检测机构和检验、检测人员出具虚假检验检测结果、违反禁止性规定，特种设备安全监督管理部门及其工作人员不依法履行本法规定的行政许可和安全监察职权等违法行为所应承担的法律责任。

第四章

安全生产相关法律

第一节 《中华人民共和国刑法》

〔1979年7月1日第五届全国人民代表大会第二次会议通过 1997年3月14日第八届全国人民代表大会第五次会议修订 根据1998年12月29日第九届全国人民代表大会常务委员会第六次会议通过的《全国人民代表大会常务委员会关于惩治骗购外汇、逃汇和非法买卖外汇犯罪的决定》、1999年12月25日第九届全国人民代表大会常务委员会第十三次会议通过的《中华人民共和国刑法修正案》、2001年8月31日第九届全国人民代表大会常务委员会第二十三次会议通过的《中华人民共和国刑法修正案（二）》、2001年12月29日第九届全国人民代表大会常务委员会第二十五次会议通过的《中华人民共和国刑法修正案（三）》、2002年12月28日第九届全国人民代表大会常务委员会第三十一次会议通过的《中华人民共和国刑法修正案（四）》、2005年2月28日第十届全国人民代表大会常务委员会第十四次会议通过的《中华人民共和国刑法修正案（五）》、2006年6月29日第十届全国人民代表大会常务委员会第二十二次会议通过的《中华人民共和国刑法修正案（六）》、2009年2月28日第十一届全国人民代表大会常务委员会第七次会议通过的《中华人民共和国刑法修正案（七）》、2009年8月27日第十一届全国人民代表大会常务委员会第十次会议通过的《全国人民代表大会常务委员会关于修改部分法律的决定》、2011年2月25日第十一届全国人民代表大会常务委员会第十九次会议通过的《中华人民共和国刑法修正案（八）》、2015年8月29日第十二届全国人民代表大会常务委员会第十六次会议通过的《中华人民共和国刑法修正案（九）》、2017年11月4日第十二届全国人民代表大会常务委员会第三十次会议通过的《中华人民共和国刑法修正案（十）》、2020年12月26日第十三届全国人民代表大会常务委员会第二十四次会议通过的《中华人民共和国刑法修正案（十一）》和2023年12月29日第十四届全国人民代表大会常务委员会第七次会议通过的《中华

人民共和国刑法修正案（十二）》修正，自 2024 年 3 月 1 日起施行]

《中华人民共和国刑法》（以下简称《刑法》）是为了惩罚犯罪，保护人民，根据宪法，结合我国同犯罪作斗争的具体经验及实际情况而制定。

一、重大责任事故罪

《刑法》第一百三十四条第一款规定，在生产、作业中违反有关安全管理的规定，因而发生重大伤亡事故或者造成其他严重后果的，处三年以下有期徒刑或者拘役；情节特别恶劣的，处三年以上七年以下有期徒刑。

重大责任事故罪犯罪主体，包括对生产、作业负有组织、指挥或者管理职责的负责人、管理人员、实际控制人、投资人等人员，以及直接从事生产、作业的人员。

二、强令、组织他人违章冒险作业罪

《刑法》第一百三十四条第二款规定，强令他人违章冒险作业，或者明知存在重大事故隐患而不排除，仍冒险组织作业，因而发生重大伤亡事故或者造成其他严重后果的，处五年以下有期徒刑或者拘役；情节特别恶劣的，处五年以上有期徒刑。

强令、组织他人违章冒险作业罪犯罪主体包括对生产、作业负有组织、指挥或者管理职责的负责人、管理人员、实际控制人、投资人等人员。

三、重大劳动安全事故罪

《刑法》第一百三十五条规定，安全生产设施或者安全生产条件不符合国家规定，因而发生重大伤亡事故或者造成其他严重后果的，对直接负责的主管人员和其他直接责任人员，处三年以下有期徒刑或者拘役；情节特别恶劣的，处三年以上七年以下有期徒刑。

重大劳动安全事故罪犯罪主体包括对发生重大伤亡事故或者造成其他严重后果负有责任的事故发生单位的主管人员和其他直接责任人员。

直接负责的主管人员和其他直接责任人员是指对安全生产设施或者安全生产条件不符合国家规定负有直接责任的生产经营单位负责人、管理人员、实际控制人、投资人，以及其他对安全生产设施或者安全生产条件负有管理、维护职责的人员。

四、危险作业罪

《刑法》第一百三十四条之一规定，在生产、作业中违反有关安全管理的规定，有下列情形之一，具有发生重大伤亡事故或者其他严重后果的现实危险的，处一年以下有期徒刑、拘役或者管制：

（一）关闭、破坏直接关系生产安全的监控、报警、防护、救生设备、设施，或者篡改、隐瞒、销毁其相关数据、信息的；

（二）因存在重大事故隐患被依法责令停产停业、停止施工、停止使用有关设备、设施、场所或者立即采取排除危险的整改措施，而拒不执行的；

（三）涉及安全生产的事项未经依法批准或者许可，擅自从事矿山开采、金属冶炼、建筑施工，以及危险物品生产、经营、储存等高度危险的生产作业活动的。

危险作业罪是指在生产作业中违反有关安全管理的规定，具有发生重大伤亡事故或者其他严重后果的现实危险的犯罪行为。其犯罪主体为从事生产作业的人员。

五、大型群众性活动重大安全事故罪

《刑法》第一百三十五条之一规定，举办大型群众性活动违反安全管理规定，因而发生重大伤亡事故或者造成其他严重后果的，对直接负责的主管人员和其他直接责任人员，处三年以下有期徒刑或者拘役；情节特别恶劣的，处三年以上七年以下有期徒刑。

大型群众性活动重大安全事故罪犯罪主体是指对发生大型群众性活动重大安全事故"直接负责的主管人员和其他直接责任人员"。

直接负责的主管人员是指大型群众活动的策划者、组织者和举办者。

其他直接责任人员是指对大型活动的安全举行、紧急预案负有具体落实和执行职责的人员。

六、不报、谎报安全事故罪

《刑法》第一百三十九条之一规定，在安全事故发生后，负有报告职责的人员不报或者谎报事故情况，贻误事故抢救，情节严重的，处三年以下有期徒刑或者拘役；情节特别严重的，处三年以上七年以下有期徒刑。

不报、谎报安全事故罪犯罪主体是指对安全事故"负有报告职责的人员"。

负有报告职责的人员是指负有组织、指挥或者管理职责的负责人、管理人员、实际控制人、投资人，以及其他负有报告职责的人员。

七、危险物品肇事罪

《刑法》第一百三十六条规定，违反爆炸性、易燃性、放射性、毒害性、腐蚀性物品的管理规定，在生产、储存、运输、使用中发生重大事故，造成严重后果的，处三年以下有期徒刑或者拘役；后果特别严重的，处三年以上七年以下有期徒刑。

危险物品肇事罪犯罪主体是指违反爆炸性、易燃性、放射性、毒害性、腐蚀性物品的管理规定的人员。

八、量刑情节的规定

1. 重大责任事故罪、重大劳动安全事故罪、大型群众性活动重大安全事故罪、危险物品肇事罪量刑标准

（1）处三年以下有期徒刑或者拘役的情况

《最高人民法院　最高人民检察院关于办理危害生产安全刑事案件适用法律若干问题的解释》（以下简称《若干问题的解释》）第六条第一款规定，实施刑法第一百三十二条、第一百三十四条第一款、第一百三十五条、第一百三十五条之一、第一百三十六条、第一百三十九条规定的行为，因而发生安全事故，具有下列情形之一的，应当认定为"造成严重后果"或者"发生重大伤亡事故或者造成其他严重后果"，对相关责任人员，处三年以下有期徒刑或者拘役：

（一）造成死亡一人以上，或者重伤三人以上的；

（二）造成直接经济损失一百万元以上的；

（三）其他造成严重后果或者重大安全事故的情形。

（2）处三年以上七年以下有期徒刑的情况

"国家法律法规数据库"《若干问题的解释》第七条第一款规定，实施刑法第一百三十二条、第一百三十四条第一款、第一百三十五条、第一百三十五条之一、第一百三十六条、第一百三十九条规定的行为，因而发生安全事故，具有下列情形之一的，对相关责任人员，处三年以上七年以下有期徒刑：

（一）造成死亡三人以上或者重伤十人以上，负事故主要责任的；

（二）造成直接经济损失五百万元以上，负事故主要责任的；

（三）其他造成特别严重后果、情节特别恶劣或者后果特别严重的情形。

2. 强令、组织他人违章冒险作业罪量刑标准

（1）处五年以下有期徒刑或者拘役的情况

《若干问题的解释》第六条第二款规定，实施刑法第一百三十四条第二款规定的行为，因而发生安全事故，具有本条第一款规定情形的，应当认定为"发生重大伤亡事故或者造成其他严重后果"，对相关责任人员，处五年以下有期徒刑或者拘役。

（2）处五年以上有期徒刑的情况

《若干问题的解释》第七条第二款规定，实施刑法第一百三十四条第二款规定的行为，因而发生安全事故，具有本条第一款规定情形的，对相关责任人员，处五年以上有期徒刑。

3. 不报、谎报安全事故罪量刑标准

（1）处三年以下有期徒刑或者拘役的情况

《若干问题的解释》第八条第一款规定，在安全事故发生后，负有报告职责的人员不报或者谎报事故情况，贻误事故抢救，具有下列情形之一的，应当认定为刑法第一百三十九条之一规定的"情节严重"：

（一）导致事故后果扩大，增加死亡一人以上，或者增加重伤三人以上，或者增加直接经济损失一百万元以上的；

（二）实施下列行为之一，致使不能及时有效开展事故抢救的：

1. 决定不报、迟报、谎报事故情况或者指使、串通有关人员不报、迟报、谎报事故情况的；

2. 在事故抢救期间擅离职守或者逃匿的；

3. 伪造、破坏事故现场，或者转移、藏匿、毁灭遇难人员尸体，或者转移、藏匿受伤人员的；

4. 毁灭、伪造、隐匿与事故有关的图纸、记录、计算机数据等资料以及其他证据的；

（三）其他情节严重的情形。

（2）处三年以上七年以下有期徒刑的情况

《若干问题的解释》第八条第二款规定，具有下列情形之一的，应当认定为刑法第一百三十九条之一规定的"情节特别严重"：

（一）导致事故后果扩大，增加死亡三人以上，或者增加重伤十人以上，或者增加直接经济损失五百万元以上的；

（二）采用暴力、胁迫、命令等方式阻止他人报告事故情况，导致事故后果扩大的；

（三）其他情节特别严重的情形。

第二节 《中华人民共和国劳动法》

（1994年7月5日第八届全国人民代表大会常务委员会第八次会议通过 根据2009年8月27日第十一届全国人民代表大会常务委员会第十次会议《关于修改部分法律的决定》第一次修正 根据2018年12月29日第十三届全国人民代表大会常务委员会第七次会议《关于修改〈中华人民共和国劳动法〉等七部法律的决定》第二次修正）

《中华人民共和国劳动法》（以下简称《劳动法》）的立法目的是保护劳动者的合法

权益，调整劳动关系，建立和维护适应社会主义市场经济的劳动制度，促进经济发展和社会进步。

一、劳动安全卫生的基本要求

1. 用人单位的权利义务

《劳动法》第五十二条规定，用人单位必须建立、健全劳动安全卫生制度，严格执行国家劳动安全卫生规程和标准，对劳动者进行劳动安全卫生教育，防止劳动过程中的事故，减少职业危害。

《劳动法》第五十三条规定，劳动安全卫生设施必须符合国家规定的标准。

新建、改建、扩建工程的劳动安全卫生设施必须与主体工程同时设计、同时施工、同时投入生产和使用。

《劳动法》第五十四条规定，用人单位必须为劳动者提供符合国家规定的劳动安全卫生条件和必要的劳动防护用品，对从事有职业危害作业的劳动者应当定期进行健康检查。

2. 劳动者的权利义务

《劳动法》第三条规定，劳动者享有平等就业和选择职业的权利、取得劳动报酬的权利、休息休假的权利、获得劳动安全卫生保护的权利、接受职业技能培训的权利、享受社会保险和福利的权利、提请劳动争议处理的权利以及法律规定的其他劳动权利。

劳动者应当完成劳动任务，提高职业技能，执行劳动安全卫生规程，遵守劳动纪律和职业道德。

《劳动法》第五十五条、第五十六条规定，从事特种作业的劳动者必须经过专门培训并取得特种作业资格。

劳动者在劳动过程中必须严格遵守安全操作规程。

劳动者对用人单位管理人员违章指挥、强令冒险作业，有权拒绝执行；对危害生命安全和身体健康的行为，有权提出批评、检举和控告。

二、女职工和未成年工特殊保护

1. 国家对女职工的特殊劳动保护

《劳动法》第五十八条第一款规定，国家对女职工和未成年工实行特殊劳动保护。

《劳动法》第五十九条至第六十三条规定，禁止安排女职工从事矿山井下、国家规定的第四级体力劳动强度的劳动和其他禁忌从事的劳动。

不得安排女职工在经期从事高处、低温、冷水作业和国家规定的第三级体力劳动强度的劳动。

不得安排女职工在怀孕期间从事国家规定的第三级体力劳动强度的劳动和孕期禁忌从事的劳动。对怀孕七个月以上的女职工，不得安排其延长工作时间和夜班劳动。

女职工生育享受不少于九十天的产假。

不得安排女职工在哺乳未满一周岁的婴儿期间从事国家规定的第三级体力劳动强度的劳动和哺乳期禁忌从事的其他劳动，不得安排其延长工作时间和夜班劳动。

2. 国家对未成年工的特殊劳动保护

《劳动法》第五十八条第二款规定，未成年工是指年满十六周岁未满十八周岁的劳动者。

《劳动法》第六十四条、第六十五条规定，不得安排未成年工从事矿山井下、有毒有害、国家规定的第四级体力劳动强度的劳动和其他禁忌从事的劳动。

用人单位应当对未成年工定期进行健康检查。

三、社会保险和福利

《劳动法》第七十条规定，国家发展社会保险事业，建立社会保险制度，设立社会保险基金，使劳动者在年老、患病、工伤、失业、生育等情况下获得帮助和补偿。

《劳动法》第七十二条规定，社会保险基金按照保险类型确定资金来源，逐步实行社会统筹。用人单位和劳动者必须依法参加社会保险，缴纳社会保险费。

《劳动法》第七十三条规定，劳动者在下列情形下，依法享受社会保险待遇：

（一）退休；

（二）患病、负伤；

（三）因工伤残或者患职业病；

（四）失业；

（五）生育。

劳动者死亡后，其遗属依法享受遗属津贴。

劳动者享受社会保险待遇的条件和标准由法律、法规规定。

劳动者享受的社会保险金必须按时足额支付。

《劳动法》第七十四条第四款规定，任何组织和个人不得挪用社会保险基金。

《劳动法》第七十五条规定，国家鼓励用人单位根据本单位实际情况为劳动者建立补充保险。

国家提倡劳动者个人进行储蓄性保险。

《劳动法》第七十六条第二款规定，用人单位应当创造条件，改善集体福利，提高劳动者的福利待遇。

四、劳动安全卫生监督检查

1. 劳动行政部门的监督检查

《劳动法》第八十五条规定，县级以上各级人民政府劳动行政部门依法对用人单位遵守劳动法律、法规的情况进行监督检查，对违反劳动法律、法规的行为有权制止，并责令改正。

《劳动法》第八十六条规定，县级以上各级人民政府劳动行政部门监督检查人员执行公务，有权进入用人单位了解执行劳动法律、法规的情况，查阅必要的资料，并对劳动场所进行检查。

县级以上各级人民政府劳动行政部门监督检查人员执行公务，必须出示证件，秉公执法并遵守有关规定。

2. 有关部门的监督

《劳动法》第八十七条规定，县级以上各级人民政府有关部门在各自职责范围内，对用人单位遵守劳动法律、法规的情况进行监督。

3. 工会的监督

《劳动法》第八十八条规定，各级工会依法维护劳动者的合法权益，对用人单位遵守劳动法律、法规的情况进行监督。

任何组织和个人对于违反劳动法律、法规的行为有权检举和控告。

五、违法行为及法律责任

《劳动法》第八十九条至第一百零五条规定了用人单位、劳动者和劳动行政部门或者有关部门的工作人员不依法履行本法规定的违法行为所应承担的法律责任。

第三节 《中华人民共和国劳动合同法》

（2007年6月29日第十届全国人民代表大会常务委员会第二十八次会议通过　根据2012年12月28日第十一届全国人民代表大会常务委员会第三十次会议《关于修改〈中华人民共和国劳动合同法〉的决定》修正）

《中华人民共和国劳动合同法》（以下简称《劳动合同法》）的立法目的是完善劳动合同制度，明确劳动合同双方当事人的权利和义务，保护劳动者的合法权益，构建和发展和谐稳定的劳动关系。

一、劳动合同的订立

1. 劳动关系的建立

《劳动合同法》第七条规定，用人单位自用工之日起即与劳动者建立劳动关系。用人单位应当建立职工名册备查。

劳动关系是指劳动者与用人单位在实现劳动过程中建立的社会关系。《劳动合同法》将实际用工作为建立劳动关系的标准，有利于保护劳动者的合法权益。

《劳动合同法》第八条规定，用人单位招用劳动者时，应当如实告知劳动者工作内容、工作条件、工作地点、职业危害、安全生产状况、劳动报酬，以及劳动者要求了解的其他情况；用人单位有权了解劳动者与劳动合同直接相关的基本情况，劳动者应当如实说明。

《劳动合同法》第九条规定，用人单位招用劳动者，不得扣押劳动者的居民身份证和其他证件，不得要求劳动者提供担保或者以其他名义向劳动者收取财物。

2. 劳动合同的订立

《劳动合同法》第十条规定，建立劳动关系，应当订立书面劳动合同。

已建立劳动关系，未同时订立书面劳动合同的，应当自用工之日起一个月内订立书面劳动合同。

用人单位与劳动者在用工前订立劳动合同的，劳动关系自用工之日起建立。

《劳动合同法》第十二条规定，劳动合同分为固定期限劳动合同、无固定期限劳动合同和以完成一定工作任务为期限的劳动合同。

《劳动合同法》第十三条规定，固定期限劳动合同，是指用人单位与劳动者约定合同终止时间的劳动合同。

用人单位与劳动者协商一致，可以订立固定期限劳动合同。

《劳动合同法》第十四条规定，无固定期限劳动合同，是指用人单位与劳动者约定无确定终止时间的劳动合同。

用人单位与劳动者协商一致，可以订立无固定期限劳动合同。有下列情形之一，劳动者提出或者同意续订、订立劳动合同的，除劳动者提出订立固定期限劳动合同外，应当订立无固定期限劳动合同：

（一）劳动者在该用人单位连续工作满十年的；

（二）用人单位初次实行劳动合同制度或者国有企业改制重新订立劳动合同时，劳动者在该用人单位连续工作满十年且距法定退休年龄不足十年的；

（三）连续订立二次固定期限劳动合同，且劳动者没有本法第三十九条和第四十条第一项、第二项规定的情形，续订劳动合同的。

用人单位自用工之日起满一年不与劳动者订立书面劳动合同的,视为用人单位与劳动者已订立无固定期限劳动合同。

《劳动合同法》第十五条规定,以完成一定工作任务为期限的劳动合同,是指用人单位与劳动者约定以某项工作的完成为合同期限的劳动合同。

用人单位与劳动者协商一致,可以订立以完成一定工作任务为期限的劳动合同。

《劳动合同法》第十六条规定,劳动合同由用人单位与劳动者协商一致,并经用人单位与劳动者在劳动合同文本上签字或者盖章生效。

劳动合同文本由用人单位和劳动者各执一份。

劳动合同的签订是证明存在劳动关系最有利的证据,也是对用人单位和劳动者之间权利义务的最好规范。

3. 劳动合同的内容

《劳动合同法》第十七条规定,劳动合同应当具备以下条款:

(一)用人单位的名称、住所和法定代表人或者主要负责人;

(二)劳动者的姓名、住址和居民身份证或者其他有效身份证件号码;

(三)劳动合同期限;

(四)工作内容和工作地点;

(五)工作时间和休息休假;

(六)劳动报酬;

(七)社会保险;

(八)劳动保护、劳动条件和职业危害防护;

(九)法律、法规规定应当纳入劳动合同的其他事项。

劳动合同除前款规定的必备条款外,用人单位与劳动者可以约定试用期、培训、保守秘密、补充保险和福利待遇等其他事项。

4. 试用期

《劳动合同法》第十九条规定,劳动合同期限三个月以上不满一年的,试用期不得超过一个月;劳动合同期限一年以上不满三年的,试用期不得超过二个月;三年以上固定期限和无固定期限的劳动合同,试用期不得超过六个月。

同一用人单位与同一劳动者只能约定一次试用期。

以完成一定工作任务为期限的劳动合同或者劳动合同期限不满三个月的,不得约定试用期。

试用期包含在劳动合同期限内。劳动合同仅约定试用期的,试用期不成立,该期限为劳动合同期限。

《劳动合同法》第二十条、第二十一条规定,劳动者在试用期的工资不得低于本单位相同岗位最低档工资或者劳动合同约定工资的百分之八十，并不得低于用人单位所在地的最低工资标准。

在试用期中，除劳动者有本法第三十九条和第四十条第一项、第二项规定的情形外，用人单位不得解除劳动合同。用人单位在试用期解除劳动合同的，应当向劳动者说明理由。

试用期是用人单位通过约定一定时间的试用来检验劳动者是否符合本单位特定工作岗位工作要求的制度，是国际劳动合同制度的普遍做法。为了防止有些用人单位滥用试用期，《劳动合同法》约定了试用期限。

5. 服务期

《劳动合同法》第二十二条规定，用人单位为劳动者提供专项培训费用，对其进行专业技术培训的，可以与该劳动者订立协议，约定服务期。

劳动者违反服务期约定的，应当按照约定向用人单位支付违约金。违约金的数额不得超过用人单位提供的培训费用。用人单位要求劳动者支付的违约金不得超过服务期尚未履行部分所应分摊的培训费用。

用人单位与劳动者约定服务期的，不影响按照正常的工资调整机制提高劳动者在服务期期间的劳动报酬。

用人单位为提升员工的专业技能，投入专项培训费用为他们提供深度专业技术培训。这样的举措不仅可以增强员工的竞争力，还可以提高他们的工作效率，为公司创造更多的价值。为了保障用人单位的合法权利，防止劳动者通过专门培训获得专业知识和技能后"跳槽"，使用人单位的期待利益受损，《劳动合同法》规定用人单位可以与接受培训的劳动者订立协议，约定服务期。

6. 保密义务和竞业限制

《劳动合同法》第二十三条规定，用人单位与劳动者可以在劳动合同中约定保守用人单位的商业秘密和与知识产权相关的保密事项。

对负有保密义务的劳动者，用人单位可以在劳动合同或者保密协议中与劳动者约定竞业限制条款，并约定在解除或者终止劳动合同后，在竞业限制期限内按月给予劳动者经济补偿。劳动者违反竞业限制约定的，应当按照约定向用人单位支付违约金。

《劳动合同法》第二十四条规定，竞业限制的人员限于用人单位的高级管理人员、高级技术人员和其他负有保密义务的人员。竞业限制的范围、地域、期限由用人单位与劳动者约定，竞业限制的约定不得违反法律、法规的规定。

在解除或者终止劳动合同后，前款规定的人员到与本单位生产或者经营同类产品、从事同类业务的有竞争关系的其他用人单位，或者自己开业生产或者经营同类产品、从事同类业务的竞业限制期限，不得超过二年。

竞业限制规则的根本目的在于保护用人单位的商业秘密,通过竞业限制约定,可以有效限制劳动者离职后的泄密行为,利于用人单位在市场竞争中保持优势地位,同时兼顾劳动者的正当合法利益。竞业限制限制劳动者在一段时间内为竞争对手服务,可以在一定程度上防止竞争对手通过抢夺人才等方式来取得竞争优势,从而保障市场经济主体间的公平竞争,稳定竞争秩序,维持市场经济的良性循环。

7. 劳动合同的无效

《劳动合同法》第二十六条规定,下列劳动合同无效或者部分无效:

(一)以欺诈、胁迫的手段或者乘人之危,使对方在违背真实意思的情况下订立或者变更劳动合同的;

(二)用人单位免除自己的法定责任、排除劳动者权利的;

(三)违反法律、行政法规强制性规定的。

对劳动合同的无效或者部分无效有争议的,由劳动争议仲裁机构或者人民法院确认。

《劳动合同法》第二十七条规定,劳动合同部分无效,不影响其他部分效力的,其他部分仍然有效。

《劳动合同法》第二十八条规定,劳动合同被确认无效,劳动者已付出劳动的,用人单位应当向劳动者支付劳动报酬。劳动报酬的数额,参照本单位相同或者相近岗位劳动者的劳动报酬确定。

二、劳动合同的履行和变更

《劳动合同法》第二十九条规定,用人单位与劳动者应当按照劳动合同的约定,全面履行各自的义务。

《劳动合同法》第三十二条规定,劳动者拒绝用人单位管理人员违章指挥、强令冒险作业的,不视为违反劳动合同。

劳动者对危害生命安全和身体健康的劳动条件,有权对用人单位提出批评、检举和控告。

《劳动合同法》第三十五条规定,用人单位与劳动者协商一致,可以变更劳动合同约定的内容。变更劳动合同,应当采用书面形式。

变更后的劳动合同文本由用人单位和劳动者各执一份。

三、劳动合同的解除和终止

1. 协商解除劳动合同

《劳动合同法》第三十六条规定,用人单位与劳动者协商一致,可以解除劳动合同。

2. 劳动者解除劳动合同

《劳动合同法》第三十七条规定，劳动者提前三十日以书面形式通知用人单位，可以解除劳动合同。劳动者在试用期内提前三日通知用人单位，可以解除劳动合同。

《劳动合同法》第三十八条规定，用人单位有下列情形之一的，劳动者可以解除劳动合同：

（一）未按照劳动合同约定提供劳动保护或者劳动条件的；

（二）未及时足额支付劳动报酬的；

（三）未依法为劳动者缴纳社会保险费的；

（四）用人单位的规章制度违反法律、法规的规定，损害劳动者权益的；

（五）因本法第二十六条第一款规定的情形致使劳动合同无效的；

（六）法律、行政法规规定劳动者可以解除劳动合同的其他情形。

用人单位以暴力、威胁或者非法限制人身自由的手段强迫劳动者劳动的，或者用人单位违章指挥、强令冒险作业危及劳动者人身安全的，劳动者可以立即解除劳动合同，不需事先告知用人单位。

在单位和劳动者的劳动关系中，劳动者属于弱势一方，为了保障劳动者权益，使劳动者享有自由选择职业的权利，保障劳动者根据其能力、特长、兴趣爱好来选择职业，充分发挥劳动者潜能，《劳动合同法》赋予劳动者依法解除劳动合同的权利。

3. 用人单位解除劳动合同

《劳动合同法》第三十九条规定，劳动者有下列情形之一的，用人单位可以解除劳动合同：

（一）在试用期间被证明不符合录用条件的；

（二）严重违反用人单位的规章制度的；

（三）严重失职，营私舞弊，给用人单位造成重大损害的；

（四）劳动者同时与其他用人单位建立劳动关系，对完成本单位的工作任务造成严重影响，或者经用人单位提出，拒不改正的；

（五）因本法第二十六条第一款第一项规定的情形致使劳动合同无效的；

（六）被依法追究刑事责任的。

《劳动合同法》赋予了用人单位在劳动者劳动过程中有过失，对单位造成不良影响或损害的情况下解除劳动合同的权利。

《劳动合同法》第四十条规定，有下列情形之一的，用人单位提前三十日以书面形式通知劳动者本人或者额外支付劳动者一个月工资后，可以解除劳动合同：

（一）劳动者患病或者非因工负伤，在规定的医疗期满后不能从事原工作，也不能从事由用人单位另行安排的工作的；

（二）劳动者不能胜任工作，经过培训或者调整工作岗位，仍不能胜任工作的；

（三）劳动合同订立时所依据的客观情况发生重大变化，致使劳动合同无法履行，经用人单位与劳动者协商，未能就变更劳动合同内容达成协议的。

这种解除劳动合同的方式称为无过失性辞退，有助于用人单位调整人员结构、提高用工效率，同时也保障了劳动者的一定权益。

《劳动合同法》第四十一条规定，有下列情形之一，需要裁减人员二十人以上或者裁减不足二十人但占企业职工总数百分之十以上的，用人单位提前三十日向工会或者全体职工说明情况，听取工会或者职工的意见后，裁减人员方案经向劳动行政部门报告，可以裁减人员：

（一）依照企业破产法规定进行重整的；

（二）生产经营发生严重困难的；

（三）企业转产、重大技术革新或者经营方式调整，经变更劳动合同后，仍需裁减人员的；

（四）其他因劳动合同订立时所依据的客观经济情况发生重大变化，致使劳动合同无法履行的。

裁减人员时，应当优先留用下列人员：

（一）与本单位订立较长期限的固定期限劳动合同的；

（二）与本单位订立无固定期限劳动合同的；

（三）家庭无其他就业人员，有需要扶养的老人或者未成年人的。

用人单位依照本条第一款规定裁减人员，在六个月内重新招用人员的，应当通知被裁减的人员，并在同等条件下优先招用被裁减的人员。

4. 用人单位不得解除劳动合同的情形

《劳动合同法》第四十二条规定，劳动者有下列情形之一的，用人单位不得依照本法第四十条、第四十一条的规定解除劳动合同：

（一）从事接触职业病危害作业的劳动者未进行离岗前职业健康检查，或者疑似职业病病人在诊断或者医学观察期间的；

（二）在本单位患职业病或者因工负伤并被确认丧失或者部分丧失劳动能力的；

（三）患病或者非因工负伤，在规定的医疗期内的；

（四）女职工在孕期、产期、哺乳期的；

（五）在本单位连续工作满十五年，且距法定退休年龄不足五年的；

（六）法律、行政法规规定的其他情形。

5. 劳动合同的终止

《劳动合同法》第四十四条规定，有下列情形之一的，劳动合同终止：

（一）劳动合同期满的；
（二）劳动者开始依法享受基本养老保险待遇的；
（三）劳动者死亡，或者被人民法院宣告死亡或者宣告失踪的；
（四）用人单位被依法宣告破产的；
（五）用人单位被吊销营业执照、责令关闭、撤销或者用人单位决定提前解散的；
（六）法律、行政法规规定的其他情形。

《劳动合同法》第四十五条规定，劳动合同期满，有本法第四十二条规定情形之一的，劳动合同应当续延至相应的情形消失时终止。但是，本法第四十二条第二项规定丧失或者部分丧失劳动能力劳动者的劳动合同的终止，按照国家有关工伤保险的规定执行。

四、违法行为及法律责任

《劳动合同法》第八十条至第九十五条规定了用人单位、劳动者、劳务派遣单位、劳动行政部门和其他有关主管部门及其工作人员不依法履行本法规定劳动合同订立、劳动侵权、解除劳动合同等违法行为所应承担的法律责任。

第四节 《中华人民共和国职业病防治法》

（2001年10月27日第九届全国人民代表大会常务委员会第二十四次会议通过　根据2011年12月31日第十一届全国人民代表大会常务委员会第二十四次会议《关于修改〈中华人民共和国职业病防治法〉的决定》第一次修正　根据2016年7月2日第十二届全国人民代表大会常务委员会第二十一次会议《关于修改〈中华人民共和国节约能源法〉等六部法律的决定》第二次修正　根据2017年11月4日第十二届全国人民代表大会常务委员会第三十次会议《关于修改〈中华人民共和国会计法〉等十一部法律的决定》第三次修正　根据2018年12月29日第十三届全国人民代表大会常务委员会第七次会议《关于修改〈中华人民共和国劳动法〉等七部法律的决定》第四次修正）

《中华人民共和国职业病防治法》（以下简称《职业病防治法》）的立法目的是预防、控制和消除职业病危害，防治职业病，保护劳动者健康及其相关权益，促进经济社会发展。

一、职业病危害因素预防

《职业病防治法》第十四条规定，用人单位应当依照法律、法规要求，严格遵守国家职业卫生标准，落实职业病预防措施，从源头上控制和消除职业病危害。

1. 工作场所的职业卫生要求

《职业病防治法》第十五条规定，产生职业病危害的用人单位的设立除应当符合法律、行政法规规定的设立条件外，其工作场所还应当符合下列职业卫生要求：

（一）职业病危害因素的强度或者浓度符合国家职业卫生标准；

（二）有与职业病危害防护相适应的设施；

（三）生产布局合理，符合有害与无害作业分开的原则；

（四）有配套的更衣间、洗浴间、孕妇休息间等卫生设施；

（五）设备、工具、用具等设施符合保护劳动者生理、心理健康的要求；

（六）法律、行政法规和国务院卫生行政部门关于保护劳动者健康的其他要求。

2. 职业病危害项目申报

《职业病防治法》第十六条规定，国家建立职业病危害项目申报制度。

用人单位工作场所存在职业病目录所列职业病的危害因素的，应当及时、如实向所在地卫生行政部门申报危害项目，接受监督。

职业病危害因素分类目录由国务院卫生行政部门制定、调整并公布。职业病危害项目申报的具体办法由国务院卫生行政部门制定。

职业病危害项目申报是实现职业病危害风险分级分类监管的基本要求，有利于卫生行政部门了解职业病危害因素的分布情况，加强对企业的监督指导，降低职业病危害风险，从而保障劳动者的健康安全。也有助于企业掌握自身存在的职业病危害因素情况和劳动者职业健康监护状况，自觉做好预防工作，落实职业健康主体责任。

3. 建设项目职业病危害预评价

《职业病防治法》第十七条规定，新建、扩建、改建建设项目和技术改造、技术引进项目（以下统称建设项目）可能产生职业病危害的，建设单位在可行性论证阶段应当进行职业病危害预评价。

医疗机构建设项目可能产生放射性职业病危害的，建设单位应当向卫生行政部门提交放射性职业病危害预评价报告。卫生行政部门应当自收到预评价报告之日起三十日内，作出审核决定并书面通知建设单位。未提交预评价报告或者预评价报告未经卫生行政部门审核同意的，不得开工建设。

职业病危害预评价报告应当对建设项目可能产生的职业病危害因素及其对工作场所和劳动者健康的影响作出评价，确定危害类别和职业病防护措施。

建设项目职业病危害分类管理办法由国务院卫生行政部门制定。

在建设阶段的职业病危害预评价，从源头控制职业病危害，积极改善作业环境。

4. 职业病防护设施"三同时"

《职业病防治法》第十八条规定，建设项目的职业病防护设施所需费用应当纳入建设项目工程预算,并与主体工程同时设计,同时施工,同时投入生产和使用。

建设项目的职业病防护设施设计应当符合国家职业卫生标准和卫生要求;其中,医疗机构放射性职业病危害严重的建设项目的防护设施设计,应当经卫生行政部门审查同意后,方可施工。

建设项目在竣工验收前,建设单位应当进行职业病危害控制效果评价。

医疗机构可能产生放射性职业病危害的建设项目竣工验收时,其放射性职业病防护设施经卫生行政部门验收合格后,方可投入使用;其他建设项目的职业病防护设施应当由建设单位负责依法组织验收,验收合格后,方可投入生产和使用。卫生行政部门应当加强对建设单位组织的验收活动和验收结果的监督核查。

建设项目的职业病防护设施"三同时",旨在从源头上消除各类建设项目可能产生的职业危害因素,从根本上消除职业危害因素产生的根源,减轻事后治理所要付出的代价,把职业危害因素控制在劳动者能够承受的限度之内。

5. 特殊管理

《职业病防治法》第十九条规定,国家对从事放射性、高毒、高危粉尘等作业实行特殊管理。具体管理办法由国务院制定。

二、劳动过程中防护与管理

1. 用人单位职业病防治措施

《职业病防治法》第二十条规定,用人单位应当采取下列职业病防治管理措施:

(一)设置或者指定职业卫生管理机构或者组织,配备专职或者兼职的职业卫生管理人员,负责本单位的职业病防治工作;

(二)制定职业病防治计划和实施方案;

(三)建立、健全职业卫生管理制度和操作规程;

(四)建立、健全职业卫生档案和劳动者健康监护档案;

(五)建立、健全工作场所职业病危害因素监测及评价制度;

(六)建立、健全职业病危害事故应急救援预案。

职业病的防治是用人单位实施管理的必要措施,这种管理应当制度化,并强有力地加以推行。

2. 职业病防护资金投入

《职业病防治法》第二十一条规定,用人单位应当保障职业病防治所需的资金投入,不得挤占、挪用,并对因资金投入不足导致的后果承担责任。

《职业病防治法》第四十一条规定,用人单位按照职业病防治要求,用于预防和治理职业病危害、工作场所卫生检测、健康监护和职业卫生培训等费用,按照国家有关规定，在生产成本中据实列支。

3. 职业病防护设施和防护用品

《职业病防治法》第二十二条规定，用人单位必须采用有效的职业病防护设施，并为劳动者提供个人使用的职业病防护用品。

用人单位为劳动者个人提供的职业病防护用品必须符合防治职业病的要求；不符合要求的，不得使用。

用人单位采用有效的职业病防护设施的同时，还应当重视劳动者个人的防护，为避免出现用人单位为劳动者个人提供的防护用品质量差、数量少、起不到防护作用的情况，《职业病防治法》规定了"用人单位为劳动者个人提供的职业病防护用品必须符合防治职业病的要求"。

4. "四新"替代

《职业病防治法》第二十三条规定，用人单位应当优先采用有利于防治职业病和保护劳动者健康的新技术、新工艺、新设备、新材料，逐步替代职业病危害严重的技术、工艺、设备、材料。

5. 用人单位职业病管理

（1）职业危害公告和警示

《职业病防治法》第二十四条规定，产生职业病危害的用人单位，应当在醒目位置设置公告栏，公布有关职业病防治的规章制度、操作规程、职业病危害事故应急救援措施和工作场所职业病危害因素检测结果。

对产生严重职业病危害的作业岗位，应当在其醒目位置，设置警示标识和中文警示说明。警示说明应当载明产生职业病危害的种类、后果、预防以及应急救治措施等内容。

（2）职业病防护设备、应急救援设施和个人使用的职业病防护用品

《职业病防治法》第二十五条规定，对可能发生急性职业损伤的有毒、有害工作场所，用人单位应当设置报警装置，配置现场急救用品、冲洗设备、应急撤离通道和必要的泄险区。

对放射工作场所和放射性同位素的运输、贮存，用人单位必须配置防护设备和报警装置，保证接触放射线的工作人员佩戴个人剂量计。

对职业病防护设备、应急救援设施和个人使用的职业病防护用品，用人单位应当进行经常性的维护、检修，定期检测其性能和效果，确保其处于正常状态，不得擅自拆除或者停止使用。

（3）职业病危害因素的监测、检测、评价及治理

《职业病防治法》第二十六条规定，用人单位应当实施由专人负责的职业病危害因

素日常监测,并确保监测系统处于正常运行状态。

用人单位应当按照国务院卫生行政部门的规定,定期对工作场所进行职业病危害因素检测、评价。检测、评价结果存入用人单位职业卫生档案,定期向所在地卫生行政部门报告并向劳动者公布。

职业病危害因素检测、评价由依法设立的取得国务院卫生行政部门或者设区的市级以上地方人民政府卫生行政部门按照职责分工给予资质认可的职业卫生技术服务机构进行。职业卫生技术服务机构所作检测、评价应当客观、真实。

发现工作场所职业病危害因素不符合国家职业卫生标准和卫生要求时,用人单位应当立即采取相应治理措施,仍然达不到国家职业卫生标准和卫生要求的,必须停止存在职业病危害因素的作业;职业病危害因素经治理后,符合国家职业卫生标准和卫生要求的,方可重新作业。

《职业病防治法》第二十七条规定,职业卫生技术服务机构依法从事职业病危害因素检测、评价工作,接受卫生行政部门的监督检查。卫生行政部门应当依法履行监督职责。

由专门的职业卫生技术服务机构对职业病危害因素进行检测,对用人单位的总体布局、工艺流程与设备布局、职业病防护设施、劳动防护用品、应急救援设施、建筑卫生学、职业卫生管理等进行评价,提出相应的整改措施,能够为企业改进职业病防护措施提供依据,为职业健康检查提供技术参考,降低企业职业卫生风险、规范职业卫生管理工作,为卫生行政部门对企业实施日常监督管理提供依据。

(4)向用人单位提供可能产生职业病危害的设备的规定

《职业病防治法》第二十八条规定,向用人单位提供可能产生职业病危害的设备的,应当提供中文说明书,并在设备的醒目位置设置警示标识和中文警示说明。警示说明应当载明设备性能、可能产生的职业病危害、安全操作和维护注意事项、职业病防护以及应急救治措施等内容。

(5)向用人单位提供可能产生职业病危害的化学品、放射性同位素和含有放射性物质的材料的规定

《职业病防治法》第二十九条第一款规定,向用人单位提供可能产生职业病危害的化学品、放射性同位素和含有放射性物质的材料的,应当提供中文说明书。说明书应当载明产品特性、主要成份、存在的有害因素、可能产生的危害后果、安全使用注意事项、职业病防护以及应急救治措施等内容。产品包装应当有醒目的警示标识和中文警示说明。贮存上述材料的场所应当在规定的部位设置危险物品标识或者放射性警示标识。

(6)国内首次使用或者首次进口与职业病危害有关的化学材料的规定

《职业病防治法》第二十九条第二款、第三款规定,国内首次使用或者首次进口与

职业病危害有关的化学材料，使用单位或者进口单位按照国家规定经国务院有关部门批准后，应当向国务院卫生行政部门报送该化学材料的毒性鉴定以及经有关部门登记注册或者批准进口的文件等资料。

进口放射性同位素、射线装置和含有放射性物质的物品的，按照国家有关规定办理。

《职业病防治法》第三十条规定，任何单位和个人不得生产、经营、进口和使用国家明令禁止使用的可能产生职业病危害的设备或者材料。

（7）职业病危害的作业转移的规定

《职业病防治法》第三十一条规定，任何单位和个人不得将产生职业病危害的作业转移给不具备职业病防护条件的单位和个人。不具备职业病防护条件的单位和个人不得接受产生职业病危害的作业。

有些单位为了转移本单位职业病危害作业，降低本单位职业病危害风险，将一些有职业病危害的作业发包出去。但在发包过程中，要确保承包作业的单位和个人有相应的作业条件，否则也要承担相应的责任。

（8）职业病危害如实告知

《职业病防治法》第三十二条规定，用人单位对采用的技术、工艺、设备、材料，应当知悉其产生的职业病危害，对有职业病危害的技术、工艺、设备、材料隐瞒其危害而采用的，对所造成的职业病危害后果承担责任。

《职业病防治法》第三十三条规定，用人单位与劳动者订立劳动合同（含聘用合同，下同）时，应当将工作过程中可能产生的职业病危害及其后果、职业病防护措施和待遇等如实告知劳动者，并在劳动合同中写明，不得隐瞒或者欺骗。

劳动者在已订立劳动合同期间因工作岗位或者工作内容变更，从事与所订立劳动合同中未告知的存在职业病危害的作业时，用人单位应当依照前款规定，向劳动者履行如实告知的义务，并协商变更原劳动合同相关条款。

用人单位违反前两款规定的，劳动者有权拒绝从事存在职业病危害的作业，用人单位不得因此解除与劳动者所订立的劳动合同。

（9）职业卫生培训

《职业病防治法》第三十四条规定，用人单位的主要负责人和职业卫生管理人员应当接受职业卫生培训，遵守职业病防治法律、法规，依法组织本单位的职业病防治工作。

用人单位应当对劳动者进行上岗前的职业卫生培训和在岗期间的定期职业卫生培训，普及职业卫生知识，督促劳动者遵守职业病防治法律、法规、规章和操作规程，指导劳动者正确使用职业病防护设备和个人使用的职业病防护用品。

劳动者应当学习和掌握相关的职业卫生知识，增强职业病防范意识，遵守职业病防治法律、法规、规章和操作规程，正确使用、维护职业病防护设备和个人使用的职业病防护用品，发现职业病危害事故隐患应当及时报告。

劳动者不履行前款规定义务的，用人单位应当对其进行教育。

对劳动者进行职业卫生培训是用人单位的义务，目前，有些劳动者受到职业病伤害是因为其不懂相关知识，有的也是因为用人单位不愿让劳动者掌握有关知识，所以规定用人单位有进行培训的责任非常必要。接受职业卫生培训是劳动者的法定权利，也是劳动者应当履行的法定义务，劳动者只有通过学习，掌握了相关的职业卫生知识，遵守职业病防治法律、法规、规章和操作规程，正确使用、维护职业病防护设备和个人使用的职业病防护用品，才能保障自己的健康。

（10）职业健康检查

《职业病防治法》第三十五条规定，对从事接触职业病危害的作业的劳动者，用人单位应当按照国务院卫生行政部门的规定组织上岗前、在岗期间和离岗时的职业健康检查，并将检查结果书面告知劳动者。职业健康检查费用由用人单位承担。

用人单位不得安排未经上岗前职业健康检查的劳动者从事接触职业病危害的作业；不得安排有职业禁忌的劳动者从事其所禁忌的作业；对在职业健康检查中发现有与所从事的职业相关的健康损害的劳动者，应当调离原工作岗位，并妥善安置；对未进行离岗前职业健康检查的劳动者不得解除或者终止与其订立的劳动合同。

职业健康检查应当由取得《医疗机构执业许可证》的医疗卫生机构承担。卫生行政部门应当加强对职业健康检查工作的规范管理，具体管理办法由国务院卫生行政部门制定。

上岗期前职业健康检查的目的是判断劳动者是否适合从事某工种有职业病危害的作业，同时避免招收已患有职业病或职业禁忌证的劳动者。

在岗期间职业健康检查的目的是判断劳动者是否适合继续从事该工种的作业。职业健康检查可及时发现有职业禁忌证的劳动者，通过动态观察劳动者群体的健康变化，评价工作场所职业病危害因素的控制效果。

离岗时的职业健康检查的目的是了解和判断劳动者从事职业病危害作业若干时间后，目前的健康状况和变化是否与职业病危害因素有关，或是否已患职业病，为以后可能出现的职业病诊断提供重要依据，也为职业病诊断后确定责任单位、要求赔偿等提供重要线索。

（11）职业健康监护档案

《职业病防治法》第三十六条规定，用人单位应当为劳动者建立职业健康监护档案，并按照规定的期限妥善保存。

职业健康监护档案应当包括劳动者的职业史、职业病危害接触史、职业健康检查结果和职业病诊疗等有关个人健康资料。

劳动者离开用人单位时，有权索取本人职业健康监护档案复印件，用人单位应当如实、无偿提供，并在所提供的复印件上签章。

职业健康监护档案既是诊断职业病的重要依据，又是分析防治职业病的措施是否科学合理的原始资料。通过职业健康监护档案，可以客观地评价用人单位防治职业病的效果，也可以找出防治职业危害的规律。

（12）急性职业病危害的救治

《职业病防治法》第三十七条规定，发生或者可能发生急性职业病危害事故时，用人单位应当立即采取应急救援和控制措施，并及时报告所在地卫生行政部门和有关部门。卫生行政部门接到报告后，应当及时会同有关部门组织调查处理；必要时，可以采取临时控制措施。卫生行政部门应当组织做好医疗救治工作。

对遭受或者可能遭受急性职业病危害的劳动者，用人单位应当及时组织救治、进行健康检查和医学观察，所需费用由用人单位承担。

（13）对未成年工和女职工劳动保护

《职业病防治法》第三十八条规定，用人单位不得安排未成年工从事接触职业病危害的作业；不得安排孕期、哺乳期的女职工从事对本人和胎儿、婴儿有危害的作业。

6. 劳动者享有职业卫生保护权利

《职业病防治法》第三十九条规定，劳动者享有下列职业卫生保护权利：

（一）获得职业卫生教育、培训；

（二）获得职业健康检查、职业病诊疗、康复等职业病防治服务；

（三）了解工作场所产生或者可能产生的职业病危害因素、危害后果和应当采取的职业病防护措施；

（四）要求用人单位提供符合防治职业病要求的职业病防护设施和个人使用的职业病防护用品，改善工作条件；

（五）对违反职业病防治法律、法规以及危及生命健康的行为提出批评、检举和控告；

（六）拒绝违章指挥和强令进行没有职业病防护措施的作业；

（七）参与用人单位职业卫生工作的民主管理，对职业病防治工作提出意见和建议。

用人单位应当保障劳动者行使前款所列权利。因劳动者依法行使正当权利而降低其工资、福利等待遇或者解除、终止与其订立的劳动合同的，其行为无效。

三、违法行为及法律责任

《职业病防治法》第六十九条至第八十条规定了建设单位、用人单位、职业卫生技术服务机构、卫生行政部门等不遵守本法规定的行为应承担的法律责任。

第五节 《中华人民共和国突发事件应对法》

（2007年8月30日第十届全国人民代表大会常务委员会第二十九次会议通过 2024年6月28日第十四届全国人民代表大会常务委员会第十次会议修订）

《中华人民共和国突发事件应对法》（以下简称《突发事件应对法》）的立法目的是预防和减少突发事件的发生，控制、减轻和消除突发事件引起的严重社会危害，规范突发事件应对活动，保护人民生命财产安全，维护国家安全、公共安全、环境安全和社会秩序。

一、适用范围

《突发事件应对法》第二条第二款规定，突发事件的预防与应急准备、监测与预警、应急处置与救援、事后恢复与重建等应对活动，适用本法。

《中华人民共和国传染病防治法》等有关法律对突发公共卫生事件应对作出规定的，适用其规定。有关法律没有规定的，适用本法。

二、突发事件的分类分级

1. 突发事件的分类

《突发事件应对法》第二条第一款规定，本法所称突发事件，是指突然发生，造成或者可能造成严重社会危害，需要采取应急处置措施予以应对的自然灾害、事故灾难、公共卫生事件和社会安全事件。

2. 突发事件的分级

《突发事件应对法》第三条规定，按照社会危害程度、影响范围等因素，突发自然灾害、事故灾难、公共卫生事件分为特别重大、重大、较大和一般四级。法律、行政法规或者国务院另有规定的，从其规定。

三、管理与指挥体制

1. 突发事件的工作体系

《突发事件应对法》第十六条规定，国家建立统一指挥、专常兼备、反应灵敏、上下联动的应急管理体制和综合协调、分类管理、分级负责、属地管理为主的工作体系。

2. 职责分工

《突发事件应对法》第十七条规定，县级人民政府对本行政区域内突发事件的应对管理工作负责。突发事件发生后，发生地县级人民政府应当立即采取措施控制事态发展，组织开展应急救援和处置工作，并立即向上一级人民政府报告，必要时可以越级上报，具备条件的，应当进行网络直报或者自动速报。

突发事件发生地县级人民政府不能消除或者不能有效控制突发事件引起的严重社会危害的，应当及时向上级人民政府报告。上级人民政府应当及时采取措施，统一领导应急处置工作。

法律、行政法规规定由国务院有关部门对突发事件应对管理工作负责的，从其规定；地方人民政府应当积极配合并提供必要的支持。

《突发事件应对法》第十八条规定，突发事件涉及两个以上行政区域的，其应对管理工作由有关行政区域共同的上一级人民政府负责，或者由各有关行政区域的上一级人民政府共同负责。共同负责的人民政府应当按照国家有关规定，建立信息共享和协调配合机制。根据共同应对突发事件的需要，地方人民政府之间可以建立协同应对机制。

《突发事件应对法》第十九条规定，县级以上人民政府是突发事件应对管理工作的行政领导机关。

国务院在总理领导下研究、决定和部署特别重大突发事件的应对工作；根据实际需要，设立国家突发事件应急指挥机构，负责突发事件应对工作；必要时，国务院可以派出工作组指导有关工作。

县级以上地方人民政府设立由本级人民政府主要负责人、相关部门负责人、国家综合性消防救援队伍和驻当地中国人民解放军、中国人民武装警察部队有关负责人等组成的突发事件应急指挥机构，统一领导、协调本级人民政府各有关部门和下级人民政府开展突发事件应对工作；根据实际需要，设立相关类别突发事件应急指挥机构，组织、协调、指挥突发事件应对工作。

《突发事件应对法》第二十条规定，突发事件应急指挥机构在突发事件应对过程中可以依法发布有关突发事件应对的决定、命令、措施。突发事件应急指挥机构发布的决定、命令、措施与设立它的人民政府发布的决定、命令、措施具有同等效力，法律责任由设立它的人民政府承担。

《突发事件应对法》第二十一条规定，县级以上人民政府应急管理部门和卫生健康、公安等有关部门应当在各自职责范围内做好有关突发事件应对管理工作，并指导、协助下级人民政府及其相应部门做好有关突发事件的应对管理工作。

《突发事件应对法》第二十二条规定，乡级人民政府、街道办事处应当明确专门工作力量，负责突发事件应对有关工作。

居民委员会、村民委员会依法协助人民政府和有关部门做好突发事件应对工作。

《突发事件应对法》第二十三条规定，公民、法人和其他组织有义务参与突发事件应对工作。

《突发事件应对法》第二十四条规定，中国人民解放军、中国人民武装警察部队和民兵组织依照本法和其他有关法律、行政法规、军事法规的规定以及国务院、中央军事委员会的命令，参加突发事件的应急救援和处置工作。

《突发事件应对法》第二十五条规定，县级以上人民政府及其设立的突发事件应急指挥机构发布的有关突发事件应对的决定、命令、措施，应当及时报本级人民代表大会常务委员会备案；突发事件应急处置工作结束后，应当向本级人民代表大会常务委员会作出专项工作报告。

四、预防与应急准备

1. 国家应急预案体系

《突发事件应对法》第二十六条规定，国家建立健全突发事件应急预案体系。

国务院制定国家突发事件总体应急预案，组织制定国家突发事件专项应急预案；国务院有关部门根据各自的职责和国务院相关应急预案，制定国家突发事件部门应急预案并报国务院备案。

地方各级人民政府和县级以上地方人民政府有关部门根据有关法律、法规、规章、上级人民政府及其有关部门的应急预案以及本地区、本部门的实际情况，制定相应的突发事件应急预案并按国务院有关规定备案。

《突发事件应对法》规定国家建立健全突发事件应急预案体系。国家突发事件应急预案分为两个层次：一是国家级应急预案，包括突发事件总体应急预案、专项应急预案和部门应急预案；二是地方级应急预案，即地方各级人民政府和县级以上地方各级人民政府有关部门制定的突发事件应急预案。

《突发事件应对法》第二十七条规定，县级以上人民政府应急管理部门指导突发事件应急预案体系建设，综合协调应急预案衔接工作，增强有关应急预案的衔接性和实效性。

《突发事件应对法》第二十八条规定，应急预案应当根据本法和其他有关法律、法规的规定，针对突发事件的性质、特点和可能造成的社会危害，具体规定突发事件应对管理工作的组织指挥体系与职责和突发事件的预防与预警机制、处置程序、应急保障措施以及事后恢复与重建措施等内容。

应急预案制定机关应当广泛听取有关部门、单位、专家和社会各方面意见，增强应急预案的针对性和可操作性，并根据实际需要、情势变化、应急演练中发现的问题等及时对应急预案作出修订。

应急预案的制定、修订、备案等工作程序和管理办法由国务院规定。

2. 突发事件应急体系建设规划

《突发事件应对法》第二十九条规定，县级以上人民政府应当将突发事件应对工作纳入国民经济和社会发展规划。县级以上人民政府有关部门应当制定突发事件应急体系建设规划。

《突发事件应对法》第三十条规定，国土空间规划等规划应当符合预防、处置突发事件的需要，统筹安排突发事件应对工作所必需的设备和基础设施建设，合理确定应急避难、封闭隔离、紧急医疗救治等场所，实现日常使用和应急使用的相互转换。

《突发事件应对法》第三十一条规定，国务院应急管理部门会同卫生健康、自然资源、住房城乡建设等部门统筹、指导全国应急避难场所的建设和管理工作，建立健全应急避难场所标准体系。县级以上地方人民政府负责本行政区域内应急避难场所的规划、建设和管理工作。

3. 风险评估

《突发事件应对法》第三十二条规定，国家建立健全突发事件风险评估体系，对可能发生的突发事件进行综合性评估，有针对性地采取有效防范措施，减少突发事件的发生，最大限度减轻突发事件的影响。

《突发事件应对法》第三十三条规定，县级人民政府应当对本行政区域内容易引发自然灾害、事故灾难和公共卫生事件的危险源、危险区域进行调查、登记、风险评估，定期进行检查、监控，并责令有关单位采取安全防范措施。

省级和设区的市级人民政府应当对本行政区域内容易引发特别重大、重大突发事件的危险源、危险区域进行调查、登记、风险评估，组织进行检查、监控，并责令有关单位采取安全防范措施。

县级以上地方人民政府应当根据情况变化，及时调整危险源、危险区域的登记。登记的危险源、危险区域及其基础信息，应当按照国家有关规定接入突发事件信息系统，并及时向社会公布。

4. 单位预防与应对突发事件的义务

（1）所有单位预防突发事件的义务

《突发事件应对法》第三十五条规定，所有单位应当建立健全安全管理制度，定期开展危险源辨识评估，制定安全防范措施；定期检查本单位各项安全防范措施的落实情况，及时消除事故隐患；掌握并及时处理本单位存在的可能引发社会安全事件的问题，防止矛盾激化和事态扩大；对本单位可能发生的突发事件和采取安全防范措施的情况，应当按照规定及时向所在地人民政府或者有关部门报告。

（2）高危行业企业预防突发事件的义务

《突发事件应对法》第三十六条规定，矿山、金属冶炼、建筑施工单位和易燃易爆物品、危险化学品、放射性物品等危险物品的生产、经营、运输、储存、使用单位，应当制定具体应急预案，配备必要的应急救援器材、设备和物资，并对生产经营场所、有危险物品的建筑物、构筑物及周边环境开展隐患排查，及时采取措施管控风险和消除隐患，防止发生突发事件。

高危行业企业从事的生产经营活动危险性大，后果严重，一旦发生事故，将对人民群众生命财产安全造成严重损害。本条规定要求高危企业必须本着高度负责的态度，编制有针对性的应急预案，组织力量排查隐患，采取可靠的安全保障措施，保障生产经营活动的安全进行。

（3）公共交通工具、公共场所和人员密集场所经营单位预防突发事件的义务

《突发事件应对法》第三十七条规定，公共交通工具、公共场所和其他人员密集场所的经营单位或者管理单位应当制定具体应急预案，为交通工具和有关场所配备报警装置和必要的应急救援设备、设施，注明其使用方法，并显著标明安全撤离的通道、路线，保证安全通道、出口的畅通。

有关单位应当定期检测、维护其报警装置和应急救援设备、设施，使其处于良好状态，确保正常使用。

公共交通工具、公共场所和人员密集场所经营单位属于服务单位，有不特定人群参与其中，一旦发生事故，社会影响大，后果严重。本条规定要求这些单位做好相应的事故应急准备工作。

5. 应急能力建设

（1）应急培训

《突发事件应对法》第三十八条规定，县级以上人民政府应当建立健全突发事件应对管理培训制度，对人民政府及其有关部门负有突发事件应对管理职责的工作人员以及居民委员会、村民委员会有关人员定期进行培训。

（2）应急救援队伍

《突发事件应对法》第三十九条规定，国家综合性消防救援队伍是应急救援的综合性常备骨干力量，按照国家有关规定执行综合应急救援任务。县级以上人民政府有关部门可以根据实际需要设立专业应急救援队伍。

县级以上人民政府及其有关部门可以建立由成年志愿者组成的应急救援队伍。乡级人民政府、街道办事处和有条件的居民委员会、村民委员会可以建立基层应急救援

队伍，及时、就近开展应急救援。单位应当建立由本单位职工组成的专职或者兼职应急救援队伍。

国家鼓励和支持社会力量建立提供社会化应急救援服务的应急救援队伍。社会力量建立的应急救援队伍参与突发事件应对工作应当服从履行统一领导职责或者组织处置突发事件的人民政府、突发事件应急指挥机构的统一指挥。

县级以上人民政府应当推动专业应急救援队伍与非专业应急救援队伍联合培训、联合演练，提高合成应急、协同应急的能力。

《突发事件应对法》第四十条规定，地方各级人民政府、县级以上人民政府有关部门、有关单位应当为其组建的应急救援队伍购买人身意外伤害保险，配备必要的防护装备和器材，防范和减少应急救援人员的人身伤害风险。专业应急救援人员应当具备相应的身体条件、专业技能和心理素质，取得国家规定的应急救援职业资格，具体办法由国务院应急管理部门会同国务院有关部门制定。

《突发事件应对法》第四十一条规定，中国人民解放军、中国人民武装警察部队和民兵组织应当有计划地组织开展应急救援的专门训练。

应急救援队伍是应急救援的主力军，救援人员的救援水平高低决定了救援的成功与否，因此要对他们进行专门的训练，提升其救援能力和水平。救援人员要时常面对各种危险，属于高危职业，因此要为专业应急救援人员购买人身意外伤害保险。

（3）应急演练

《突发事件应对法》第四十二条规定，县级人民政府及其有关部门、乡级人民政府、街道办事处应当组织开展面向社会公众的应急知识宣传普及活动和必要的应急演练。居民委员会、村民委员会、企业事业单位、社会组织应当根据所在地人民政府的要求，结合各自的实际情况，开展面向居民、村民、职工等的应急知识宣传普及活动和必要的应急演练。

《突发事件应对法》第四十三条规定，各级各类学校应当把应急教育纳入教育教学计划，对学生及教职工开展应急知识教育和应急演练，培养安全意识，提高自救与互救能力。

教育主管部门应当对学校开展应急教育进行指导和监督，应急管理等部门应当给予支持。

通过应急演练，可以检验应急预案的可行性和有效性，发现其中存在的问题和不足，及时进行修订，还可以提高应急预案的可操作性和可靠性，确保应急预案能够在实际情况下迅速启动并发挥作用。应急演练还可以提高人们的应急意识和应急能力，让人们了解应急预案的内容和要求，掌握应急救援的基本技能和方法，确保人们在紧急情况下能够迅速、有效地应对，减少事故造成的损失和危害。

（4）应急保障

《突发事件应对法》第四十四条规定，各级人民政府应当将突发事件应对工作所需经费纳入本级预算，并加强资金管理，提高资金使用绩效。

《突发事件应对法》第四十五条规定，国家按照集中管理、统一调拨、平时服务、灾时应急、采储结合、节约高效的原则，建立健全应急物资储备保障制度，动态更新应急物资储备品种目录，完善重要应急物资的监管、生产、采购、储备、调拨和紧急配送体系，促进安全应急产业发展，优化产业布局。

国家储备物资品种目录、总体发展规划，由国务院发展改革部门会同国务院有关部门拟订。国务院应急管理等部门依据职责制定应急物资储备规划、品种目录，并组织实施。应急物资储备规划应当纳入国家储备总体发展规划。

《突发事件应对法》第四十六条规定，设区的市级以上人民政府和突发事件易发、多发地区的县级人民政府应当建立应急救援物资、生活必需品和应急处置装备的储备保障制度。

县级以上地方人民政府应当根据本地区的实际情况和突发事件应对工作的需要，依法与有条件的企业签订协议，保障应急救援物资、生活必需品和应急处置装备的生产、供给。有关企业应当根据协议，按照县级以上地方人民政府要求，进行应急救援物资、生活必需品和应急处置装备的生产、供给，并确保符合国家有关产品质量的标准和要求。

国家鼓励公民、法人和其他组织储备基本的应急自救物资和生活必需品。有关部门可以向社会公布相关物资、物品的储备指南和建议清单。

《突发事件应对法》第四十七条规定，国家建立健全应急运输保障体系，统筹铁路、公路、水运、民航、邮政、快递等运输和服务方式，制定应急运输保障方案，保障应急物资、装备和人员及时运输。

县级以上地方人民政府和有关主管部门应当根据国家应急运输保障方案，结合本地区实际做好应急调度和运力保障，确保运输通道和客货运枢纽畅通。

国家发挥社会力量在应急运输保障中的积极作用。社会力量参与突发事件应急运输保障，应当服从突发事件应急指挥机构的统一指挥。

《突发事件应对法》第四十八条规定，国家建立健全能源应急保障体系，提高能源安全保障能力，确保受突发事件影响地区的能源供应。

《突发事件应对法》第四十九条规定，国家建立健全应急通信、应急广播保障体系，加强应急通信系统、应急广播系统建设，确保突发事件应对工作的通信、广播安全畅通。

《突发事件应对法》第五十条规定，国家建立健全突发事件卫生应急体系，组织开展突发事件中的医疗救治、卫生学调查处置和心理援助等卫生应急工作，有效控制和消除危害。

《突发事件应对法》第五十一条规定，县级以上人民政府应当加强急救医疗服务网络的建设，配备相应的医疗救治物资、设施设备和人员，提高医疗卫生机构应对各类突发事件的救治能力。

6. 慈善与保险

《突发事件应对法》第五十二条规定，国家鼓励公民、法人和其他组织为突发事件应对工作提供物资、资金、技术支持和捐赠。

接受捐赠的单位应当及时公开接受捐赠的情况和受赠财产的使用、管理情况，接受社会监督。

《突发事件应对法》第五十三条规定，红十字会在突发事件中，应当对伤病人员和其他受害者提供紧急救援和人道救助，并协助人民政府开展与其职责相关的其他人道主义服务活动。有关人民政府应当给予红十字会支持和资助，保障其依法参与应对突发事件。

慈善组织在发生重大突发事件时开展募捐和救助活动，应当在有关人民政府的统筹协调、有序引导下依法进行。有关人民政府应当通过提供必要的需求信息、政府购买服务等方式，对慈善组织参与应对突发事件、开展应急慈善活动予以支持。

《突发事件应对法》第五十四条规定，有关单位应当加强应急救援资金、物资的管理，提高使用效率。

任何单位和个人不得截留、挪用、私分或者变相私分应急救援资金、物资。

《突发事件应对法》第五十五条规定，国家发展保险事业，建立政府支持、社会力量参与、市场化运作的巨灾风险保险体系，并鼓励单位和个人参加保险。

7. 科技人才支持

《突发事件应对法》第五十六条规定，国家加强应急管理基础科学、重点行业领域关键核心技术的研究，加强互联网、云计算、大数据、人工智能等现代技术手段在突发事件应对工作中的应用，鼓励、扶持有条件的教学科研机构、企业培养应急管理人才和科技人才，研发、推广新技术、新材料、新设备和新工具，提高突发事件应对能力。

《突发事件应对法》第五十七条规定，县级以上人民政府及其有关部门应当建立健全突发事件专家咨询论证制度，发挥专业人员在突发事件应对工作中的作用。

五、监测与预警

1. 突发事件监测

《突发事件应对法》第五十八条规定，国家建立健全突发事件监测制度。

县级以上人民政府及其有关部门应当根据自然灾害、事故灾难和公共卫生事件的种类和特点，建立健全基础信息数据库，完善监测网络，划分监测区域，确定监测点，明确监测项目，提供必要的设备、设施，配备专职或者兼职人员，对可能发生的突发事件进行监测。

《突发事件应对法》第五十九条规定，国务院建立全国统一的突发事件信息系统。

县级以上地方人民政府应当建立或者确定本地区统一的突发事件信息系统，汇集、储存、分析、传输有关突发事件的信息，并与上级人民政府及其有关部门、下级人民政府及其有关部门、专业机构、监测网点和重点企业的突发事件信息系统实现互联互通，加强跨部门、跨地区的信息共享与情报合作。

《突发事件应对法》第六十条规定，县级以上人民政府及其有关部门、专业机构应当通过多种途径收集突发事件信息。

县级人民政府应当在居民委员会、村民委员会和有关单位建立专职或者兼职信息报告员制度。

公民、法人或者其他组织发现发生突发事件，或者发现可能发生突发事件的异常情况，应当立即向所在地人民政府、有关主管部门或者指定的专业机构报告。接到报告的单位应当按照规定立即核实处理，对于不属于其职责的，应当立即移送相关单位核实处理。

《突发事件应对法》第六十一条规定，地方各级人民政府应当按照国家有关规定向上级人民政府报送突发事件信息。县级以上人民政府有关主管部门应当向本级人民政府相关部门通报突发事件信息，并报告上级人民政府主管部门。专业机构、监测网点和信息报告员应当及时向所在地人民政府及其有关主管部门报告突发事件信息。

有关单位和人员报送、报告突发事件信息，应当做到及时、客观、真实，不得迟报、谎报、瞒报、漏报，不得授意他人迟报、谎报、瞒报，不得阻碍他人报告。

《突发事件应对法》第六十二条规定，县级以上地方人民政府应当及时汇总分析突发事件隐患和监测信息，必要时组织相关部门、专业技术人员、专家学者进行会商，对发生突发事件的可能性及其可能造成的影响进行评估；认为可能发生重大或者特别重大突发事件的，应当立即向上级人民政府报告，并向上级人民政府有关部门、当地驻军和可能受到危害的毗邻或者相关地区的人民政府通报，及时采取预防措施。

2. 突发事件预警

《突发事件应对法》第六十三条规定，国家建立健全突发事件预警制度。

可以预警的自然灾害、事故灾难和公共卫生事件的预警级别，按照突发事件发生的紧急程度、发展势态和可能造成的危害程度分为一级、二级、三级和四级，分别用红色、橙色、黄色和蓝色标示，一级为最高级别。

《突发事件应对法》第六十四条规定，可以预警的自然灾害、事故灾难或者公共卫生事件即将发生或者发生的可能性增大时，县级以上地方人民政府应当根据有关法律、行政法规和国务院规定的权限和程序，发布相应级别的警报，决定并宣布有关地区进入预警期，同时向上一级人民政府报告，必要时可以越级上报；具备条件的，应当进行网络直报或者自动速报；同时向当地驻军和可能受到危害的毗邻或者相关地区的人民政府通报。

发布警报应当明确预警类别、级别、起始时间、可能影响的范围、警示事项、应当采取的措施、发布单位和发布时间等。

《突发事件应对法》第六十五条规定，国家建立健全突发事件预警发布平台，按照有关规定及时、准确向社会发布突发事件预警信息。

广播、电视、报刊以及网络服务提供者、电信运营商应当按照国家有关规定，建立突发事件预警信息快速发布通道，及时、准确、无偿播发或者刊载突发事件预警信息。

公共场所和其他人员密集场所，应当指定专门人员负责突发事件预警信息接收和传播工作，做好相关设备、设施维护，确保突发事件预警信息及时、准确接收和传播。

《突发事件应对法》第六十六条规定，发布三级、四级警报，宣布进入预警期后，县级以上地方人民政府应当根据即将发生的突发事件的特点和可能造成的危害，采取下列措施：

（一）启动应急预案；

（二）责令有关部门、专业机构、监测网点和负有特定职责的人员及时收集、报告有关信息，向社会公布反映突发事件信息的渠道，加强对突发事件发生、发展情况的监测、预报和预警工作；

（三）组织有关部门和机构、专业技术人员、有关专家学者，随时对突发事件信息进行分析评估，预测发生突发事件可能性的大小、影响范围和强度以及可能发生的突发事件的级别；

（四）定时向社会发布与公众有关的突发事件预测信息和分析评估结果，并对相关信息的报道工作进行管理；

（五）及时按照有关规定向社会发布可能受到突发事件危害的警告，宣传避免、减轻危害的常识，公布咨询或者求助电话等联络方式和渠道。

《突发事件应对法》第六十七条规定，发布一级、二级警报，宣布进入预警期后，县级以上地方人民政府除采取本法第六十六条规定的措施外，还应当针对即将发生的突发事件的特点和可能造成的危害，采取下列一项或者多项措施：

（一）责令应急救援队伍、负有特定职责的人员进入待命状态，并动员后备人员做好参加应急救援和处置工作的准备；

（二）调集应急救援所需物资、设备、工具，准备应急设施和应急避难、封闭隔离、紧急医疗救治等场所，并确保其处于良好状态、随时可以投入正常使用；

（三）加强对重点单位、重要部位和重要基础设施的安全保卫，维护社会治安秩序；

（四）采取必要措施，确保交通、通信、供水、排水、供电、供气、供热、医疗卫生、广播电视、气象等公共设施的安全和正常运行；

（五）及时向社会发布有关采取特定措施避免或者减轻危害的建议、劝告；

（六）转移、疏散或者撤离易受突发事件危害的人员并予以妥善安置，转移重要财产；

（七）关闭或者限制使用易受突发事件危害的场所，控制或者限制容易导致危害扩大的公共场所的活动；

（八）法律、法规、规章规定的其他必要的防范性、保护性措施。

《突发事件应对法》第六十八条规定，发布警报，宣布进入预警期后，县级以上人民政府应当对重要商品和服务市场情况加强监测，根据实际需要及时保障供应、稳定市场。必要时，国务院和省、自治区、直辖市人民政府可以按照《中华人民共和国价格法》等有关法律规定采取相应措施。

《突发事件应对法》第六十九条规定，对即将发生或者已经发生的社会安全事件，县级以上地方人民政府及其有关主管部门应当按照规定向上一级人民政府及其有关主管部门报告，必要时可以越级上报，具备条件的，应当进行网络直报或者自动速报。

《突发事件应对法》第七十条规定，发布突发事件警报的人民政府应当根据事态的发展，按照有关规定适时调整预警级别并重新发布。

有事实证明不可能发生突发事件或者危险已经解除的，发布警报的人民政府应当立即宣布解除警报，终止预警期，并解除已经采取的有关措施。

六、应急处置与救援

1. 应急响应

《突发事件应对法》第七十一条规定，国家建立健全突发事件应急响应制度。

突发事件的应急响应级别，按照突发事件的性质、特点、可能造成的危害程度和影响范围等因素分为一级、二级、三级和四级，一级为最高级别。

突发事件应急响应级别划分标准由国务院或者国务院确定的部门制定。县级以上人民政府及其有关部门应当在突发事件应急预案中确定应急响应级别。

《突发事件应对法》第七十二条规定，突发事件发生后，履行统一领导职责或者组织处置突发事件的人民政府应当针对其性质、特点、危害程度和影响范围等，立即启动应急响应，组织有关部门，调动应急救援队伍和社会力量，依照法律、法规、规章和应急预案的规定，采取应急处置措施，并向上级人民政府报告；必要时，可以设立现场指挥部，负责现场应急处置与救援，统一指挥进入突发事件现场的单位和个人。

启动应急响应，应当明确响应事项、级别、预计期限、应急处置措施等。

履行统一领导职责或者组织处置突发事件的人民政府，应当建立协调机制，提供需求信息，引导志愿服务组织和志愿者等社会力量及时有序参与应急处置与救援工作。

2. 应急处置措施

《突发事件应对法》第七十三条规定，自然灾害、事故灾难或者公共卫生事件发生后，履行统一领导职责的人民政府可以采取下列一项或者多项应急处置措施：

（一）组织营救和救治受害人员，转移、疏散、撤离并妥善安置受到威胁的人员以及采取其他救助措施；

（二）迅速控制危险源，标明危险区域，封锁危险场所，划定警戒区，实行交通管制、限制人员流动、封闭管理以及其他控制措施；

（三）立即抢修被损坏的交通、通信、供水、排水、供电、供气、供热、医疗卫生、广播电视、气象等公共设施，向受到危害的人员提供避难场所和生活必需品，实施医疗救护和卫生防疫以及其他保障措施；

（四）禁止或者限制使用有关设备、设施，关闭或者限制使用有关场所，中止人员密集的活动或者可能导致危害扩大的生产经营活动以及采取其他保护措施；

（五）启用本级人民政府设置的财政预备费和储备的应急救援物资，必要时调用其他急需物资、设备、设施、工具；

（六）组织公民、法人和其他组织参加应急救援和处置工作，要求具有特定专长的人员提供服务；

（七）保障食品、饮用水、药品、燃料等基本生活必需品的供应；

（八）依法从严惩处囤积居奇、哄抬价格、牟取暴利、制假售假等扰乱市场秩序的行为，维护市场秩序；

（九）依法从严惩处哄抢财物、干扰破坏应急处置工作等扰乱社会秩序的行为，维护社会治安；

（十）开展生态环境应急监测，保护集中式饮用水水源地等环境敏感目标，控制和处置污染物；

（十一）采取防止发生次生、衍生事件的必要措施。

应急处置措施是一种暂时的强制性行政应急措施，是一种行政行为。实施的主体是履行统一领导职责或者组织处置突发事件的人民政府。

《突发事件应对法》第七十四条规定，社会安全事件发生后，组织处置工作的人民政府应当立即启动应急响应，组织有关部门针对事件的性质和特点，依照有关法律、行政法规和国家其他有关规定，采取下列一项或者多项应急处置措施：

（一）强制隔离使用器械相互对抗或者以暴力行为参与冲突的当事人，妥善解决现场纠纷和争端，控制事态发展；

（二）对特定区域内的建筑物、交通工具、设备、设施以及燃料、燃气、电力、水的供应进行控制；

（三）封锁有关场所、道路，查验现场人员的身份证件，限制有关公共场所内的活动；

（四）加强对易受冲击的核心机关和单位的警卫，在国家机关、军事机关、国家通讯社、广播电台、电视台、外国驻华使领馆等单位附近设置临时警戒线；

（五）法律、行政法规和国务院规定的其他必要措施。

《突发事件应对法》第七十五条规定，发生突发事件，严重影响国民经济正常运行时，国务院或者国务院授权的有关主管部门可以采取保障、控制等必要的应急措施，保障人民群众的基本生活需要，最大限度地减轻突发事件的影响。

3. 应急救援物资征用和运输

《突发事件应对法》第七十六条规定，履行统一领导职责或者组织处置突发事件的人民政府及其有关部门，必要时可以向单位和个人征用应急救援所需设备、设施、场地、交通工具和其他物资，请求其他地方人民政府及其有关部门提供人力、物力、财力或者技术支援，要求生产、供应生活必需品和应急救援物资的企业组织生产、保证供给，要求提供医疗、交通等公共服务的组织提供相应的服务。

履行统一领导职责或者组织处置突发事件的人民政府和有关主管部门，应当组织协调运输经营单位，优先运送处置突发事件所需物资、设备、工具、应急救援人员和受到突发事件危害的人员。

履行统一领导职责或者组织处置突发事件的人民政府及其有关部门，应当为受突发事件影响无人照料的无民事行为能力人、限制民事行为能力人提供及时有效帮助；建立健全联系帮扶应急救援人员家庭制度，帮助解决实际困难。

应急救援物资征用，是人民政府为应对突发事件，依照法定权限和程序，强制使用公民、法人或者其他组织相关物资、场所的行为。实施的主体履行统一领导职责或者组织处置突发事件的人民政府，有法定权限和程序，征用是为了公共利益，因此带有强制色彩，被征用的单位和个人不得拒绝。

4. 各单位应对突发事件的义务

（1）居民委员会、村民委员会和其他组织的应急救援义务

《突发事件应对法》第七十七条规定，突发事件发生地的居民委员会、村民委员会和其他组织应当按照当地人民政府的决定、命令，进行宣传动员，组织群众开展自救与互救，协助维护社会秩序；情况紧急的，应当立即组织群众开展自救与互救等先期

处置工作。

自救互救是我国应急救援体系中最重要的救援理念之一。在很多突发事件发生以后，如果具备一定的自救能力可以帮助人们在危急时刻保护自己，最大限度地减少伤害和损失。互救是一种社会责任感的体现，通过互相帮助，可以共同应对困难和危机，大幅降低突发事件的危害。

（2）单位在应急救援中的义务

《突发事件应对法》第七十八条规定，受到自然灾害危害或者发生事故灾难、公共卫生事件的单位，应当立即组织本单位应急救援队伍和工作人员营救受害人员，疏散、撤离、安置受到威胁的人员，控制危险源，标明危险区域，封锁危险场所，并采取其他防止危害扩大的必要措施，同时向所在地县级人民政府报告；对因本单位的问题引发的或者主体是本单位人员的社会安全事件，有关单位应当按照规定上报情况，并迅速派出负责人赶赴现场开展劝解、疏导工作。

突发事件发生地的其他单位应当服从人民政府发布的决定、命令，配合人民政府采取的应急处置措施，做好本单位的应急救援工作，并积极组织人员参加所在地的应急救援和处置工作。

（3）公民在应急救援中的义务

《突发事件应对法》第七十九条规定，突发事件发生地的个人应当依法服从人民政府、居民委员会、村民委员会或者所属单位的指挥和安排，配合人民政府采取的应急处置措施，积极参加应急救援工作，协助维护社会秩序。

5. 救援其他规定

《突发事件应对法》第八十条规定，国家支持城乡社区组织健全应急工作机制，强化城乡社区综合服务设施和信息平台应急功能，加强与突发事件信息系统数据共享，增强突发事件应急处置中保障群众基本生活和服务群众能力。

《突发事件应对法》第八十一条规定，国家采取措施，加强心理健康服务体系和人才队伍建设，支持引导心理健康服务人员和社会工作者对受突发事件影响的各类人群开展心理健康教育、心理评估、心理疏导、心理危机干预、心理行为问题诊治等心理援助工作。

《突发事件应对法》第八十二条规定，对于突发事件遇难人员的遗体，应当按照法律和国家有关规定，科学规范处置，加强卫生防疫，维护逝者尊严。对于逝者的遗物应当妥善保管。

《突发事件应对法》第八十三条规定，县级以上人民政府及其有关部门根据突发事件应对工作需要，在履行法定职责所必需的范围和限度内，可以要求公民、法人和其他组织提供应急处置与救援需要的信息。公民、法人和其他组织应当予以提供，法律另有规定的除外。县级以上人民政府及其有关部门对获取的相关信息,应当严格保密,并依法保护公民的通信自由和通信秘密。

《突发事件应对法》第八十四条规定,在突发事件应急处置中,有关单位和个人因依照本法规定配合突发事件应对工作或者履行相关义务,需要获取他人个人信息的,应当依照法律规定的程序和方式取得并确保信息安全,不得非法收集、使用、加工、传输他人个人信息,不得非法买卖、提供或者公开他人个人信息。

《突发事件应对法》第八十五条规定,因依法履行突发事件应对工作职责或者义务获取的个人信息,只能用于突发事件应对,并在突发事件应对工作结束后予以销毁。确因依法作为证据使用或者调查评估需要留存或者延期销毁的,应当按照规定进行合法性、必要性、安全性评估,并采取相应保护和处理措施,严格依法使用。

七、有关单位违法行为及法律责任

《突发事件应对法》第九十五条规定,地方各级人民政府和县级以上人民政府有关部门违反本法规定,不履行或者不正确履行法定职责的,由其上级行政机关责令改正;有下列情形之一,由有关机关综合考虑突发事件发生的原因、后果、应对处置情况、行为人过错等因素,对负有责任的领导人员和直接责任人员依法给予处分:

(一)未按照规定采取预防措施,导致发生突发事件,或者未采取必要的防范措施,导致发生次生、衍生事件的;

(二)迟报、谎报、瞒报、漏报或者授意他人迟报、谎报、瞒报以及阻碍他人报告有关突发事件的信息,或者通报、报送、公布虚假信息,造成后果的;

(三)未按照规定及时发布突发事件警报、采取预警期的措施,导致损害发生的;

(四)未按照规定及时采取措施处置突发事件或者处置不当,造成后果的;

(五)违反法律规定采取应对措施,侵犯公民生命健康权益的;

(六)不服从上级人民政府对突发事件应急处置工作的统一领导、指挥和协调的;

(七)未及时组织开展生产自救、恢复重建等善后工作的;

(八)截留、挪用、私分或者变相私分应急救援资金、物资的;

(九)不及时归还征用的单位和个人的财产,或者对被征用财产的单位和个人不按照规定给予补偿的。

《突发事件应对法》第九十六条规定,有关单位有下列情形之一,由所在地履行统一领导职责的人民政府有关部门责令停产停业,暂扣或者吊销许可证件,并处五万元以上二十万元以下的罚款;情节特别严重的,并处二十万元以上一百万元以下的罚款:

(一)未按照规定采取预防措施,导致发生较大以上突发事件的;

（二）未及时消除已发现的可能引发突发事件的隐患，导致发生较大以上突发事件的；

（三）未做好应急物资储备和应急设备、设施日常维护、检测工作，导致发生较大以上突发事件或者突发事件危害扩大的；

（四）突发事件发生后，不及时组织开展应急救援工作，造成严重后果的。

其他法律对前款行为规定了处罚的，依照较重的规定处罚。

第五章

安全生产行政法规

第一节 《安全生产许可证条例》

（2004年1月13日国务院令第397号公布 根据2013年7月18日《国务院关于废止和修改部分行政法规的决定》第一次修订 根据2014年7月29日《国务院关于修改部分行政法规的决定》第二次修订）

《安全生产许可证条例》的立法目的是严格规范安全生产条件，进一步加强安全生产监督管理，防止和减少生产安全事故。

一、实行安全生产许可证制度的6种企业

《安全生产许可证条例》第二条规定，国家对矿山企业、建筑施工企业和危险化学品、烟花爆竹、民用爆炸物品生产企业（以下统称企业）实行安全生产许可制度。

企业未取得安全生产许可证的，不得从事生产活动。

二、取得安全生产许可证的条件

《安全生产许可证条例》第六条规定，企业取得安全生产许可证，应当具备下列安全生产条件：

（一）建立、健全安全生产责任制，制定完备的安全生产规章制度和操作规程；

（二）安全投入符合安全生产要求；

（三）设置安全生产管理机构，配备专职安全生产管理人员；

（四）主要负责人和安全生产管理人员经考核合格；

（五）特种作业人员经有关业务主管部门考核合格，取得特种作业操作资格证书；

（六）从业人员经安全生产教育和培训合格；

（七）依法参加工伤保险，为从业人员缴纳保险费；

（八）厂房、作业场所和安全设施、设备、工艺符合有关安全生产法律、法规、标准和规程的要求；

（九）有职业危害防治措施，并为从业人员配备符合国家标准或者行业标准的劳动防护用品；

（十）依法进行安全评价；

（十一）有重大危险源检测、评估、监控措施和应急预案；

（十二）有生产安全事故应急救援预案、应急救援组织或者应急救援人员，配备必要的应急救援器材、设备；

（十三）法律、法规规定的其他条件。

三、取得安全生产许可证的程序

《安全生产许可证条例》第七条第一款规定，企业进行生产前，应当依照本条例的规定向安全生产许可证颁发管理机关申请领取安全生产许可证，并提供本条例第六条规定的相关文件、资料。安全生产许可证颁发管理机关应当自收到申请之日起45日内审查完毕，经审查符合本条例规定的安全生产条件的，颁发安全生产许可证；不符合本条例规定的安全生产条件的，不予颁发安全生产许可证，书面通知企业并说明理由。

颁发安全生产许可证的前提是企业必须依法向安全生产许可证颁发管理机关提出申请，即不申请不发证。

四、安全生产许可证的有效期与延期

《安全生产许可证条例》第九条规定，安全生产许可证的有效期为3年。安全生产许可证有效期满需要延期的，企业应当于期满前3个月向原安全生产许可证颁发管理机关办理延期手续。

企业在安全生产许可证有效期内，严格遵守有关安全生产的法律法规，未发生死亡事故的，安全生产许可证有效期届满时，经原安全生产许可证颁发管理机关同意，不再审查，安全生产许可证有效期延期3年。

五、安全生产许可监督管理的规定

1. 两级发证

《安全生产许可证条例》第三条规定，国务院安全生产监督管理部门负责中央管理的非煤矿矿山企业和危险化学品、烟花爆竹生产企业安全生产许可证的颁发和管理。

省、自治区、直辖市人民政府安全生产监督管理部门负责前款规定以外的非煤矿矿山企业和危险化学品、烟花爆竹生产企业安全生产许可证的颁发和管理，并接受国

务院安全生产监督管理部门的指导和监督。

国家煤矿安全监察机构负责中央管理的煤矿企业安全生产许可证的颁发和管理。

在省、自治区、直辖市设立的煤矿安全监察机构负责前款规定以外的其他煤矿企业安全生产许可证的颁发和管理,并接受国家煤矿安全监察机构的指导和监督。

《安全生产许可证条例》第七条第二款规定,煤矿企业应当以矿(井)为单位,依照本条例的规定取得安全生产许可证。

中央管理的总公司(总厂)、集团公司及其投资或者控股的一级上市公司,由国务院安全生产监督管理部门(现应急管理部门)、国家煤矿安全监察机构按照各自的职责颁发安全生产许可证并进行监督管理。中央管理的总公司(总厂)、集团公司全资或者控股的子公司和具有法人资格的企业应以省级行政区域为限,由所在地省级人民政府(现应急管理部门)、省级建设主管部门和省级煤矿安全监察机构按照各自的职责,颁发安全生产许可证并进行监督管理。

2. 一级发证

《安全生产许可证条例》第四条、第五条规定,省、自治区、直辖市人民政府建设主管部门负责建筑施工企业安全生产许可证的颁发和管理,并接受国务院建设主管部门的指导和监督。

省、自治区、直辖市人民政府民用爆炸物品行业主管部门负责民用爆炸物品生产企业安全生产许可证的颁发和管理,并接受国务院民用爆炸物品行业主管部门的指导和监督。

六、安全生产许可证的使用要求及执法主体职权

《安全生产许可证条例》第十三条、第十四条规定,企业不得转让、冒用安全生产许可证或者使用伪造的安全生产许可证。

企业取得安全生产许可证后,不得降低安全生产条件,并应当加强日常安全生产管理,接受安全生产许可证颁发管理机关的监督检查。

安全生产许可证颁发管理机关应当加强对取得安全生产许可证的企业的监督检查,发现其不再具备本条例规定的安全生产条件的,应当暂扣或者吊销安全生产许可证。

七、违法行为及法律责任

《安全生产许可证条例》第十九条至第二十一条,对未取得安全生产许可证擅自进行生产、安全生产许可证有效期满未办理延期手续、转让安全生产许可证、冒用安全生产许可证或者使用伪造的安全生产许可证等违法行为作出了处罚的规定。

第二节 《生产安全事故应急条例》

（2018年12月5日国务院第33次常务会议通过　2019年2月17日国务院令第708号公布　自2019年4月1日起施行）

《生产安全事故应急条例》的立法目的是规范生产安全事故应急工作，保障人民群众生命和财产安全。

一、应急准备

1. 应急预案编制及修订

《生产安全事故应急条例》第五条第二款规定，生产经营单位应当针对本单位可能发生的生产安全事故的特点和危害，进行风险辨识和评估，制定相应的生产安全事故应急救援预案，并向本单位从业人员公布。

生产经营单位的生产经营活动不同，面临的风险也不同，因此要根据自身可能发生的生产安全事故的特点和危害，进行风险辨识和评估，制定与本单位相适应的生产安全事故应急救援预案，可能是由综合性应急预案、专项应急预案和现场处置方案组成的预案体系，也可能是单一事故类型的专项应急预案，或者是简单的现场处置方案。

《生产安全事故应急条例》第六条规定，生产安全事故应急救援预案应当符合有关法律、法规、规章和标准的规定，具有科学性、针对性和可操作性，明确规定应急组织体系、职责分工以及应急救援程序和措施。

有下列情形之一的，生产安全事故应急救援预案制定单位应当及时修订相关预案：

（一）制定预案所依据的法律、法规、规章、标准发生重大变化；

（二）应急指挥机构及其职责发生调整；

（三）安全生产面临的风险发生重大变化；

（四）重要应急资源发生重大变化；

（五）在预案演练或者应急救援中发现需要修订预案的重大问题；

（六）其他应当修订的情形。

应急预案在应急管理中占据重要的地位，但在实践中，很多生产经营单位编制的生产安全事故应急预案经常多年不进行修订，一则是因为领导不够重视，二则是因为组织架构没有发生变化，就认为应急预案不需要修订。因此要求在出现上述规定的情况时，及时修订相关应急预案。

2. 应急预案备案

《生产安全事故应急条例》第七条规定，县级以上人民政府负有安全生产监督管理职责的部门应当将其制定的生产安全事故应急救援预案报送本级人民政府备案；易燃易爆物品、危险化学品等危险物品的生产、经营、储存、运输单位，矿山、金属冶炼、城市轨道交通运营、建筑施工单位，以及宾馆、商场、娱乐场所、旅游景区等人员密集场所经营单位，应当将其制定的生产安全事故应急救援预案按照国家有关规定报送县级以上人民政府负有安全生产监督管理职责的部门备案，并依法向社会公布。

3. 应急演练

《生产安全事故应急条例》第八条第二款规定，易燃易爆物品、危险化学品等危险物品的生产、经营、储存、运输单位，矿山、金属冶炼、城市轨道交通运营、建筑施工单位，以及宾馆、商场、娱乐场所、旅游景区等人员密集场所经营单位，应当至少每半年组织1次生产安全事故应急救援预案演练，并将演练情况报送所在地县级以上地方人民政府负有安全生产监督管理职责的部门。

县级以上地方人民政府负有安全生产监督管理职责的部门应当对本行政区域内前款规定的重点生产经营单位的生产安全事故应急救援预案演练进行抽查；发现演练不符合要求的，应当责令限期改正。

高危行业生产经营单位和人员密集场所经营单位危险性高，事故发生后后果严重，因此对于这些单位的应急演练要求也高，必须每半年至少进行1次演练，并将演练情况报送所在地县级以上地方人民政府负有安全生产监督管理职责的部门，由负有安全生产监督管理职责的部门对单位应急演练进行抽查监督。

4. 应急救援队伍建设

《生产安全事故应急条例》第九条规定，县级以上人民政府应当加强对生产安全事故应急救援队伍建设的统一规划、组织和指导。

县级以上人民政府负有安全生产监督管理职责的部门根据生产安全事故应急工作的实际需要，在重点行业、领域单独建立或者依托有条件的生产经营单位、社会组织共同建立应急救援队伍。

国家鼓励和支持生产经营单位和其他社会力量建立提供社会化应急救援服务的应急救援队伍。

根据《生产安全事故应急条例》的规定，我国生产安全事故应急救援队伍由3部分组成：第一部分是政府及有关部门建立的综合和专职应急救援队伍，是参与生产安全事故应急救援工作的主要力量，由政府统一规划、组织和指导；第二部分是生产经营单位建立的专门的应急救援队伍，其除了满足自身救援工作外，还可从事社会化救援服务；第三部分是专门从事应急救援工作的社会组织，是我国应急救援工作的重要支持。

《生产安全事故应急条例》第十条规定，易燃易爆物品、危险化学品等危险物品的生产、经营、储存、运输单位，矿山、金属冶炼、城市轨道交通运营、建筑施工单位，以及宾馆、商场、娱乐场所、旅游景区等人员密集场所经营单位，应当建立应急救援队伍；其中，小型企业或者微型企业等规模较小的生产经营单位，可以不建立应急救援队伍，但应当指定兼职的应急救援人员，并且可以与邻近的应急救援队伍签订应急救援协议。

工业园区、开发区等产业聚集区域内的生产经营单位，可以联合建立应急救援队伍。

高危行业生产经营单位和人员密集场所经营单位建立应急救援队伍的要求可以衔接《安全生产法》的相关规定。工业园区、开发区等产业聚集区域，尤其是化工园区，高危行业生产经营单位较多，彼此之间互相影响，风险交织。《生产安全事故应急条例》规定了他们可以联合建立应急救援队伍。

《生产安全事故应急条例》第十一条规定，应急救援队伍的应急救援人员应当具备必要的专业知识、技能、身体素质和心理素质。

应急救援队伍建立单位或者兼职应急救援人员所在单位应当按照国家有关规定对应急救援人员进行培训；应急救援人员经培训合格后，方可参加应急救援工作。

应急救援队伍应当配备必要的应急救援装备和物资，并定期组织训练。

《生产安全事故应急条例》第十二条规定，生产经营单位应当及时将本单位应急救援队伍建立情况按照国家有关规定报送县级以上人民政府负有安全生产监督管理职责的部门，并依法向社会公布。

县级以上人民政府负有安全生产监督管理职责的部门应当定期将本行业、本领域的应急救援队伍建立情况报送本级人民政府，并依法向社会公布。

应急救援队伍最终由人民政府统筹管理，有助于人民政府调动各方面应急救援力量，提高本区域整体应急救援能力。

5. 应急救援装备和物资

《生产安全事故应急条例》第十三条规定，县级以上地方人民政府应当根据本行政区域内可能发生的生产安全事故的特点和危害，储备必要的应急救援装备和物资，并及时更新和补充。

易燃易爆物品、危险化学品等危险物品的生产、经营、储存、运输单位，矿山、金属冶炼、城市轨道交通运营、建筑施工单位，以及宾馆、商场、娱乐场所、旅游景区等人员密集场所经营单位，应当根据本单位可能发生的生产安全事故的特点和危害，配备必要的灭火、排水、通风以及危险物品稀释、掩埋、收集等应急救援器材、设备和物资，并进行经常性维护、保养，保证正常运转。

6. 应急值班制度

《生产安全事故应急条例》第十四条规定，下列单位应当建立应急值班制度，配备应急值班人员：

（一）县级以上人民政府及其负有安全生产监督管理职责的部门；

（二）危险物品的生产、经营、储存、运输单位以及矿山、金属冶炼、城市轨道交通运营、建筑施工单位；

（三）应急救援队伍。

规模较大、危险性较高的易燃易爆物品、危险化学品等危险物品的生产、经营、储存、运输单位应当成立应急处置技术组，实行24小时应急值班。

在涉及易燃易爆等危险物品的单位成立应急处置技术组，为应急救援提供技术支撑。

7. 应急教育和培训

《生产安全事故应急条例》第十五条规定，生产经营单位应当对从业人员进行应急教育和培训，保证从业人员具备必要的应急知识，掌握风险防范技能和事故应急措施。

8. 应急救援的信息化建设

《生产安全事故应急条例》第十六条规定，国务院负有安全生产监督管理职责的部门应当按照国家有关规定建立生产安全事故应急救援信息系统，并采取有效措施，实现数据互联互通、信息共享。

生产经营单位可以通过生产安全事故应急救援信息系统办理生产安全事故应急救援预案备案手续，报送应急救援预案演练情况和应急救援队伍建设情况；但依法需要保密的除外。

二、应急救援

1. 生产经营单位的初期处置措施

《生产安全事故应急条例》第十七条规定，发生生产安全事故后，生产经营单位应当立即启动生产安全事故应急救援预案，采取下列一项或者多项应急救援措施，并按照国家有关规定报告事故情况：

（一）迅速控制危险源，组织抢救遇险人员；

（二）根据事故危害程度，组织现场人员撤离或者采取可能的应急措施后撤离；

（三）及时通知可能受到事故影响的单位和人员；

（四）采取必要措施，防止事故危害扩大和次生、衍生灾害发生；

（五）根据需要请求邻近的应急救援队伍参加救援，并向参加救援的应急救援队伍提供相关技术资料、信息和处置方法；

（六）维护事故现场秩序，保护事故现场和相关证据；

（七）法律、法规规定的其他应急救援措施。

发生事故后，生产经营单位是第一救援力量，必须进行初期处置，避免事态扩大。

2. 有关地方人民政府及其部门应急救援措施

《生产安全事故应急条例》第十八条规定，有关地方人民政府及其部门接到生产安全事故报告后，应当按照国家有关规定上报事故情况，启动相应的生产安全事故应急救援预案，并按照应急救援预案的规定采取下列一项或者多项应急救援措施：

（一）组织抢救遇险人员，救治受伤人员，研判事故发展趋势以及可能造成的危害；

（二）通知可能受到事故影响的单位和人员，隔离事故现场，划定警戒区域，疏散受到威胁的人员，实施交通管制；

（三）采取必要措施，防止事故危害扩大和次生、衍生灾害发生，避免或者减少事故对环境造成的危害；

（四）依法发布调用和征用应急资源的决定；

（五）依法向应急救援队伍下达救援命令；

（六）维护事故现场秩序，组织安抚遇险人员和遇险遇难人员亲属；

（七）依法发布有关事故情况和应急救援工作的信息；

（八）法律、法规规定的其他应急救援措施。

有关地方人民政府不能有效控制生产安全事故的，应当及时向上级人民政府报告。上级人民政府应当及时采取措施，统一指挥应急救援。

3. 救援命令或者救援请求

《生产安全事故应急条例》第十九条规定，应急救援队伍接到有关人民政府及其部门的救援命令或者签有应急救援协议的生产经营单位的救援请求后，应当立即参加生产安全事故应急救援。

应急救援队伍根据救援命令参加生产安全事故应急救援所耗费用，由事故责任单位承担；事故责任单位无力承担的，由有关人民政府协调解决。

4. 应急救援现场指挥部

《生产安全事故应急条例》第二十条规定，发生生产安全事故后，有关人民政府认为有必要的，可以设立由本级人民政府及其有关部门负责人、应急救援专家、应急救援队伍负责人、事故发生单位负责人等人员组成的应急救援现场指挥部，并指定现场指挥部总指挥。

《生产安全事故应急条例》第二十一条规定，现场指挥部实行总指挥负责制，按照本级人民政府的授权组织制定并实施生产安全事故现场应急救援方案，协调、指挥有关单位和个人参加现场应急救援。

参加生产安全事故现场应急救援的单位和个人应当服从现场指挥部的统一指挥。

《生产安全事故应急条例》第二十四条规定，现场指挥部或者统一指挥生产安全事故应急救援的人民政府及其有关部门应当完整、准确地记录应急救援的重要事项，妥善保存相关原始资料和证据。

事故发生后的情况千差万别，有些事故救援简单，易于处理，但有些事故情况复杂，救援难度很大，参与的救援队伍、人员、政府部门和领导以及专家等较多，救援方案难以统一和确定。这种情况下，须有一个权威机构——应急救援现场指挥部统一指挥救援工作。为了避免令出多头，应急救援现场指挥部要指定现场指挥部总指挥，并由其负责统一指挥。

5. 救援中止

《生产安全事故应急条例》第二十二条规定，在生产安全事故应急救援过程中，发现可能直接危及应急救援人员生命安全的紧急情况时，现场指挥部或者统一指挥应急救援的人民政府应当立即采取相应措施消除隐患，降低或者化解风险，必要时可以暂时撤离应急救援人员。

此规定的主要目的是保障应急救援人员生命安全，避免盲目施救，导致事故后果扩大。

6. 应急保障

《生产安全事故应急条例》第二十三条规定，生产安全事故发生地人民政府应当为应急救援人员提供必需的后勤保障，并组织通信、交通运输、医疗卫生、气象、水文、地质、电力、供水等单位协助应急救援。

7. 救援中止

《生产安全事故应急条例》第二十五条规定，生产安全事故的威胁和危害得到控制或者消除后，有关人民政府应当决定停止执行依照本条例和有关法律、法规采取的全部或者部分应急救援措施。

8. 调用和征用财产

《生产安全事故应急条例》第二十六条规定，有关人民政府及其部门根据生产安全事故应急救援需要依法调用和征用的财产，在使用完毕或者应急救援结束后，应当及时归还。财产被调用、征用或者调用、征用后毁损、灭失的，有关人民政府及其部门应当按照国家有关规定给予补偿。

9. 应急救援评估

《生产安全事故应急条例》第二十七条规定，按照国家有关规定成立的生产安全事故调查组应当对应急救援工作进行评估，并在事故调查报告中作出评估结论。

三、法律责任

《生产安全事故应急条例》对生产经营单位、有关人员的多种违法行为作出了处罚规定,并与《安全生产法》《突发事件应对法》等法律进行了衔接。

第三节 《生产安全事故报告和调查处理条例》

(2007年3月28日国务院第172次常务会议通过 2007年4月9日国务院令第493号公布 自2007年6月1日起施行)

《生产安全事故报告和调查处理条例》的立法目的是规范生产安全事故的报告和调查处理,落实生产安全事故责任追究制度,防止和减少生产安全事故。

一、适用范围

1. 普遍适用

《生产安全事故报告和调查处理条例》第二条第一款规定,生产经营活动中发生的造成人身伤亡或者直接经济损失的生产安全事故的报告和调查处理,适用本条例。

2. 参照适用

《生产安全事故报告和调查处理条例》第四十四条第二款规定,国家机关、事业单位、人民团体发生的事故的报告和调查处理,参照本条例的规定执行。

3. 衔接适用

《生产安全事故报告和调查处理条例》第四十五条规定,特别重大事故以下等级事故的报告和调查处理,有关法律、行政法规或者国务院另有规定的,依照其规定。

4. 排除适用

《生产安全事故报告和调查处理条例》第二条第二款规定,生产经营活动中发生的造成人身伤亡或者直接经济损失的生产安全事故的报告和调查处理,适用本条例。环境污染事故、核设施事故、国防科研生产事故的报告和调查处理不适用本条例。

二、事故分级

《生产安全事故报告和调查处理条例》第三条规定,根据生产安全事故(以下简称事故)造成的人员伤亡或者直接经济损失,事故一般分为以下等级:

(一)特别重大事故,是指造成30人以上死亡,或者100人以上重伤(包括急性工业中毒,下同),或者1亿元以上直接经济损失的事故;

(二)重大事故,是指造成10人以上30人以下死亡,或者50人以上100人以下

重伤,或者 5 000 万元以上 1 亿元以下直接经济损失的事故;

(三)较大事故,是指造成 3 人以上 10 人以下死亡,或者 10 人以上 50 人以下重伤,或者 1 000 万元以上 5 000 万元以下直接经济损失的事故;

(四)一般事故,是指造成 3 人以下死亡,或者 10 人以下重伤,或者 1 000 万元以下直接经济损失的事故。

国务院安全生产监督管理部门可以会同国务院有关部门,制定事故等级划分的补充性规定。

本条第一款所称的"以上"包括本数,所称的"以下"不包括本数。

《生产安全事故报告和调查处理条例》第四十四条第二款规定,没有造成人员伤亡,但是社会影响恶劣的事故,国务院或者有关地方人民政府认为需要调查处理的,依照本条例的有关规定执行。

三、事故报告

1. 事故单位事故报告的规定

《生产安全事故报告和调查处理条例》第九条规定,事故发生后,事故现场有关人员应当立即向本单位负责人报告;单位负责人接到报告后,应当于 1 小时内向事故发生地县级以上人民政府安全生产监督管理部门和负有安全生产监督管理职责的有关部门报告。

情况紧急时,事故现场有关人员可以直接向事故发生地县级以上人民政府安全生产监督管理部门和负有安全生产监督管理职责的有关部门报告。

事故发生后,事故报告的主体是事故现场有关人员和单位负责人,单位负责人接到事故报告后向县级以上人民政府应急管理部门(按现行的国家机构设置,应为应急管理部门,以后的解读中均以应急管理部门替代)和负有安全生产监督管理职责的有关部门(简称有关部门,下同)报告的时限为 1 小时。情况紧急时,事故现场有关人员可以直接向县级以上人民政府应急管理部门和有关部门报告。

2. 政府应急管理部门和有关部门事故报告的规定

(1)报告程序

《生产安全事故报告和调查处理条例》第十条规定,安全生产监督管理部门和负有安全生产监督管理职责的有关部门接到事故报告后,应当依照下列规定上报事故情况,并通知公安机关、劳动保障行政部门、工会和人民检察院:

(一)特别重大事故、重大事故逐级上报至国务院安全生产监督管理部门和负有安全生产监督管理职责的有关部门;

(二)较大事故逐级上报至省、自治区、直辖市人民政府安全生产监督管理部门和负有安全生产监督管理职责的有关部门；

（三）一般事故上报至设区的市级人民政府安全生产监督管理部门和负有安全生产监督管理职责的有关部门。

安全生产监督管理部门和负有安全生产监督管理职责的有关部门依照前款规定上报事故情况，应当同时报告本级人民政府。国务院安全生产监督管理部门和负有安全生产监督管理职责的有关部门以及省级人民政府接到发生特别重大事故、重大事故的报告后，应当立即报告国务院。

必要时，安全生产监督管理部门和负有安全生产监督管理职责的有关部门可以越级上报事故情况。

（2）上报时限

《生产安全事故报告和调查处理条例》第十一条规定，安全生产监督管理部门和负有安全生产监督管理职责的有关部门逐级上报事故情况，每级上报的时间不得超过2小时。

应急管理部门和有关部门之间上报事故情况的时限是2小时，加上单位上报事故情况的时限1小时，因此，发生一般事故，设区的市级人民政府应急管理部门和有关部门接到事故报告的时限是3小时；发生较大事故，省、自治区、直辖市人民政府应急管理部门和有关部门接到事故报告的时限是5小时；发生特别重大事故、重大事故，国务院接到事故报告的时限是7小时。

（3）事故报告的内容

《生产安全事故报告和调查处理条例》第十二条规定，报告事故应当包括下列内容：

（一）事故发生单位概况；

（二）事故发生的时间、地点以及事故现场情况；

（三）事故的简要经过；

（四）事故已经造成或者可能造成的伤亡人数（包括下落不明的人数）和初步估计的直接经济损失；

（五）已经采取的措施；

（六）其他应当报告的情况。

3. 事故补报

《生产安全事故报告和调查处理条例》第十三条规定，事故报告后出现新情况的，应当及时补报。

自事故发生之日起30日内，事故造成的伤亡人数发生变化的，应当及时补报。道路交通事故、火灾事故自发生之日起7日内，事故造成的伤亡人数发生变化的，应当及时补报。

4. 事故应急救援

《生产安全事故报告和调查处理条例》第十四条、第十五条规定，事故发生单位负责人接到事故报告后，应当立即启动事故相应应急预案，或者采取有效措施，组织抢救，防止事故扩大，减少人员伤亡和财产损失。

事故发生地有关地方人民政府、安全生产监督管理部门和负有安全生产监督管理职责的有关部门接到事故报告后，其负责人应当立即赶赴事故现场，组织事故救援。

5. 事故现场保护

《生产安全事故报告和调查处理条例》第十六条规定，事故发生后，有关单位和人员应当妥善保护事故现场以及相关证据，任何单位和个人不得破坏事故现场、毁灭相关证据。

因抢救人员、防止事故扩大以及疏通交通等原因，需要移动事故现场物件的，应当做出标志，绘制现场简图并做出书面记录，妥善保存现场重要痕迹、物证。

6. 事故犯罪嫌疑人的控制

《生产安全事故报告和调查处理条例》第十七条规定，事故发生地公安机关根据事故的情况，对涉嫌犯罪的，应当依法立案侦查，采取强制措施和侦查措施。犯罪嫌疑人逃匿的，公安机关应当迅速追捕归案。

7. 事故举报

《生产安全事故报告和调查处理条例》第十八条规定，安全生产监督管理部门和负有安全生产监督管理职责的有关部门应当建立值班制度，并向社会公布值班电话，受理事故报告和举报。

四、事故调查

1. 事故调查的级别和方式

《生产安全事故报告和调查处理条例》第十九条规定，特别重大事故由国务院或者国务院授权有关部门组织事故调查组进行调查。

重大事故、较大事故、一般事故分别由事故发生地省级人民政府、设区的市级人民政府、县级人民政府负责调查。省级人民政府、设区的市级人民政府、县级人民政府可以直接组织事故调查组进行调查，也可以授权或者委托有关部门组织事故调查组进行调查。

未造成人员伤亡的一般事故，县级人民政府也可以委托事故发生单位组织事故调查组进行调查。

人民政府可以自己组织事故调查，也可以委托同级的应急管理部门和有关部门组织事故调查。人民政府授权或者委托应急管理部门和有关部门组织事故调查组进行调查时，被授权或接受委托的部门要以人民政府的名义组织事故调查，而不是以自己部门的名义组织事故调查。

2. 事故调查的特别规定

（1）提级调查

《生产安全事故报告和调查处理条例》第二十条第一款规定，上级人民政府认为必要时，可以调查由下级人民政府负责调查的事故。

对一些情况复杂、影响恶劣、涉及面宽、调查难度大的事故，上级人民政府认为必要时，可以直接调查由下级人民政府负责调查的事故。如2023年4月18日12时57分，北京长峰医院发生火灾，导致29人死亡，属于重大事故，按《生产安全事故报告和调查处理条例》的规定，应由北京市人民政府或者其授权组织事故调查，但鉴于该起事故性质严重、影响恶劣，依据有关法律、法规的规定，经国务院批准，成立由应急管理部牵头，相关部门参加的国务院事故调查组。

（2）升级调查

《生产安全事故报告和调查处理条例》第二十条第二款规定，自事故发生之日起30日内（道路交通事故、火灾事故自发生之日起7日内），因事故伤亡人数变化导致事故等级发生变化，依照本条例规定应当由上级人民政府负责调查的，上级人民政府可以另行组织事故调查组进行调查。

有些事故发生时，根据人员伤亡和直接经济损失情况确定了相应事故等级并由有关人民政府组织调查，但经过一段时间后事故情况有所变化而构成了上一级事故，这就需要按照升级后的事故等级由上级人民政府另行组织调查。但有时间限制，道路交通事故和火灾事故自发生之日起7日、其他事故30日内事故等级发生变化时须进行升级调查，超过这个时间就不再另行组织事故调查组调查。

（3）跨行政区域调查

《生产安全事故报告和调查处理条例》第二十一条规定，特别重大事故以下等级事故，事故发生地与事故发生单位不在同一个县级以上行政区域的，由事故发生地人民政府负责调查，事故发生单位所在地人民政府应当派人参加。

有些单位的作业跨两个县级以上行政区域（如交通运输、建筑施工等），发生的事故就涉及两个县级以上行政区域，需要确定事故调查主体，本条例规定了两个县级以上行政区域的人民政府事故调查的职责。

3. 事故调查组

（1）事故调查组组成原则

《生产安全事故报告和调查处理条例》第二十二条第一款规定，事故调查组的组成应当遵循精简、效能的原则。

（2）事故调查组的组成

《生产安全事故报告和调查处理条例》第二十二条第二款规定，根据事故的具体情况，事故调查组由有关人民政府、安全生产监督管理部门、负有安全生产监督管理职责的有关部门、监察机关、公安机关以及工会派人组成，并应当邀请人民检察院派人参加。

事故调查组可以聘请有关专家参与调查。

如果是由有关人民政府直接组织事故调查组，它是事故调查组的成员单位并且领导事故调查工作，其他的有关部门，如安全生产监督管理部门、监察机关、公安机关以及同级工会等都是事故调查组的组成单位。如果是授权或者委托其职能部门组织事故调查的，有关人民政府不是事故调查组的成员单位。邀请人民检察院派人参加，在事故调查中，由人民检察院对事故责任人中涉嫌犯罪的国家工作人员进行立案侦查、提起公诉，依法追究刑事责任。

（3）事故调查组成员的要求

《生产安全事故报告和调查处理条例》第二十三条、第二十四条规定，事故调查组成员应当具有事故调查所需要的知识和专长，并与所调查的事故没有直接利害关系。

事故调查组组长由负责事故调查的人民政府指定。事故调查组组长主持事故调查组的工作。

《生产安全事故报告和调查处理条例》第二十八条规定，事故调查组成员在事故调查工作中应当诚信公正、恪尽职守，遵守事故调查组的纪律，保守事故调查的秘密。

未经事故调查组组长允许，事故调查组成员不得擅自发布有关事故的信息。

事故调查组是为了事故调查而组建的一个临时机构。在事故调查中，其组成人员对事故原因、事故性质、事故责任可能存在不同的意见，为了确保事故调查工作的顺利进行，事故调查组实行组长负责制，成员单位应当在组长的领导和协调下各负其责、密切配合，遵守事故调查组的纪律。

（4）事故调查组的职责

《生产安全事故报告和调查处理条例》第二十五条规定，事故调查组履行下列职责：

（一）查明事故发生的经过、原因、人员伤亡情况及直接经济损失；

（二）认定事故的性质和事故责任；

（三）提出对事故责任者的处理建议；

（四）总结事故教训，提出防范和整改措施；

（五）提交事故调查报告。

（5）事故调查组的工作要求

《生产安全事故报告和调查处理条例》第二十六条规定，事故调查组有权向有关单位和个人了解与事故有关的情况，并要求其提供相关文件、资料，有关单位和个人不得拒绝。

事故发生单位的负责人和有关人员在事故调查期间不得擅离职守，并应当随时接受事故调查组的询问，如实提供有关情况。

事故调查中发现涉嫌犯罪的，事故调查组应当及时将有关材料或者其复印件移交司法机关处理。

《生产安全事故报告和调查处理条例》第二十七条规定，事故调查中需要进行技术鉴定的，事故调查组应当委托具有国家规定资质的单位进行技术鉴定。必要时，事故调查组可以直接组织专家进行技术鉴定。技术鉴定所需时间不计入事故调查期限。

4. 事故调查报告

（1）事故调查报告时限

《生产安全事故报告和调查处理条例》第二十九条规定，事故调查组应当自事故发生之日起60日内提交事故调查报告；特殊情况下，经负责事故调查的人民政府批准，提交事故调查报告的期限可以适当延长，但延长的期限最长不超过60日。

（2）事故调查报告的内容

《生产安全事故报告和调查处理条例》第三十条规定，事故调查报告应当包括下列内容：

（一）事故发生单位概况；

（二）事故发生经过和事故救援情况；

（三）事故造成的人员伤亡和直接经济损失；

（四）事故发生的原因和事故性质；

（五）事故责任的认定以及对事故责任者的处理建议；

（六）事故防范和整改措施。

事故调查报告应当附具有关证据材料。事故调查组成员应当在事故调查报告上签名。

（3）事故调查建档

《生产安全事故报告和调查处理条例》第三十一条规定，事故调查报告报送负责事故调查的人民政府后，事故调查工作即告结束。事故调查的有关资料应当归档保存。

五、事故处理

1. 事故调查报告批复

《生产安全事故报告和调查处理条例》第三十二条规定，重大事故、较大事故、一般事故，负责事故调查的人民政府应当自收到事故调查报告之日起15日内做出批复；

特别重大事故，30日内做出批复，特殊情况下，批复时间可以适当延长，但延长的时间最长不超过30日。

有关机关应当按照人民政府的批复，依照法律、行政法规规定的权限和程序，对事故发生单位和有关人员进行行政处罚，对负有事故责任的国家工作人员进行处分。

事故发生单位应当按照负责事故调查的人民政府的批复，对本单位负有事故责任的人员进行处理。

负有事故责任的人员涉嫌犯罪的，依法追究刑事责任。

根据《生产安全事故报告和调查处理条例》的规定，事故批复的主体一般是人民政府，在其他法律、法规如《煤矿安全生产条例》《特种设备安全监察条例》中，事故批复的主体是法定授权的部门。批复是具有法律效力和强制约束力的行政决定，相关部门和单位要根据批复依法对相关责任人员和责任单位进行相应的责任追究，不得任意改变或者拒绝执行。但是，它不是而且不能替代有关机关根据事故批复对事故责任者下达或判决的行政处分、行政处罚、刑事判决书等法律文书。

2. 防范和整改措施的落实

《生产安全事故报告和调查处理条例》第三十三条规定，事故发生单位应当认真吸取事故教训，落实防范和整改措施，防止事故再次发生。防范和整改措施的落实情况应当接受工会和职工的监督。

安全生产监督管理部门和负有安全生产监督管理职责的有关部门应当对事故发生单位落实防范和整改措施的情况进行监督检查。

《生产安全事故报告和调查处理条例》第三十四条规定，事故处理的情况由负责事故调查的人民政府或者其授权的有关部门、机构向社会公布，依法应当保密的除外。

六、法律责任

《生产安全事故报告和调查处理条例》第三十五条至第四十三条，对事故发生单位、事故发生单位有关人员、行政机关工作人员和中介机构及其相关人员在事故报告、调查及处理方面的违法行为及应予追究的法律责任分别作出了规定。

第四节 《工伤保险条例》

（2003年4月27日国务院令第375号公布　根据2010年12月20日《国务院关于修改〈工伤保险条例〉的决定》修订）

《工伤保险条例》的立法目的是保障因工作遭受事故伤害或者患职业病的职工获得医疗救治和经济补偿，促进工伤预防和职业康复，分散用人单位的工伤风险。

一、工伤保险的适用范围

1. 普遍适用

《工伤保险条例》第二条规定,中华人民共和国境内的企业、事业单位、社会团体、民办非企业单位、基金会、律师事务所、会计师事务所等组织和有雇工的个体工商户(以下称用人单位)应当依照本条例规定参加工伤保险,为本单位全部职工或者雇工(以下称职工)缴纳工伤保险费。

中华人民共和国境内的企业、事业单位、社会团体、民办非企业单位、基金会、律师事务所、会计师事务所等组织的职工和个体工商户的雇工,均有依照本条例的规定享受工伤保险待遇的权利。

2. 排除适用

《工伤保险条例》第六十五条规定,公务员和参照公务员法管理的事业单位、社会团体的工作人员因工作遭受事故伤害或者患职业病的,由所在单位支付费用。

二、工伤保险基金

1. 工伤保险费的缴纳

《工伤保险条例》第七条规定,工伤保险基金由用人单位缴纳的工伤保险费、工伤保险基金的利息和依法纳入工伤保险基金的其他资金构成。

《工伤保险条例》第八条规定,工伤保险费根据以支定收、收支平衡的原则,确定费率。

国家根据不同行业的工伤风险程度确定行业的差别费率,并根据工伤保险费使用、工伤发生率等情况在每个行业内确定若干费率档次。行业差别费率及行业内费率档次由国务院社会保险行政部门制定,报国务院批准后公布施行。

统筹地区经办机构根据用人单位工伤保险费使用、工伤发生率等情况,适用所属行业内相应的费率档次确定单位缴费费率。

以支定收、收支平衡,即以一个周期内的工伤保险基金的支付额度,确定征缴的额度。

由于各行业在产业结构、生产类型、生产技术条件、管理水平等方面存在差异,表现出不同的职业伤害风险,为了体现保险费用公平负担,促使事故多的行业改进生产条件、提高生产技术水平、做好安全生产工作,实行差别费率。

在同一行业内,参考用人单位工伤保险费使用、工伤发生率、职业病危害程度等因素,在行业基准费率的基础上,可上下各浮动两档。

用人单位缴费费率的确定由社会保险经办机构首先确定用人单位所属行业种类和基

准费率，再根据用人单位使用工伤保险基金、工伤发生率的情况确定用人单位内部的浮动费率档次，计算得出用人单位的缴费费率。工伤发生率越高、工伤保险基金使用越多，用人单位缴费就越多；工伤发生率越低、工伤保险基金使用越少，用人单位缴费就越少。

《工伤保险条例》第九条规定，国务院社会保险行政部门应当定期了解全国各统筹地区工伤保险基金收支情况，及时提出调整行业差别费率及行业内费率档次的方案，报国务院批准后公布施行。

《工伤保险条例》第十条规定，用人单位应当按时缴纳工伤保险费。职工个人不缴纳工伤保险费。

用人单位缴纳工伤保险费的数额为本单位职工工资总额乘以单位缴费费率之积。

对难以按照工资总额缴纳工伤保险费的行业，其缴纳工伤保险费的具体方式，由国务院社会保险行政部门规定。

2. 工伤保险基金

《工伤保险条例》第十一条规定，工伤保险基金逐步实行省级统筹。

跨地区、生产流动性较大的行业，可以采取相对集中的方式异地参加统筹地区的工伤保险。具体办法由国务院社会保险行政部门会同有关行业的主管部门制定。

工伤保险基金在全省范围内统一调剂使用，其意义是：一能体现各省安全生产水平，有助于督促安全生产水平低、事故风险高的省份采取各种措施降低本省的安全生产风险；二能提高基金抗风险能力。

《工伤保险条例》第十二条规定，工伤保险基金存入社会保障基金财政专户，用于本条例规定的工伤保险待遇，劳动能力鉴定，工伤预防的宣传、培训等费用，以及法律、法规规定的用于工伤保险的其他费用的支付。

工伤预防费用的提取比例、使用和管理的具体办法，由国务院社会保险行政部门会同国务院财政、卫生行政、安全生产监督管理等部门规定。

任何单位或者个人不得将工伤保险基金用于投资运营、兴建或者改建办公场所、发放奖金，或者挪作其他用途。

《工伤保险条例》第十三条规定，工伤保险基金应当留有一定比例的储备金，用于统筹地区重大事故的工伤保险待遇支付；储备金不足支付的，由统筹地区的人民政府垫付。储备金占基金总额的具体比例和储备金的使用办法，由省、自治区、直辖市人民政府规定。

工伤保险储备金是为了应对重大工伤事故的发生，可能导致基金的大规模支出而建立的一项应急资金。工伤保险按照以支定收，收支平衡的原则确定费率，决定了当期征收的工伤保险费与当期支付的工伤保险待遇基本持平。但现实中工伤事故的发生并不一定总是按照相同的轨迹进行，有可能某一段时期工伤事故高发，另一段时期工伤事故低发。为了避免突发事件发生时，工伤保险基金难以支付，本条例规定了工伤保险储备金制度，用于突发事件发生时工伤保险待遇的支付。

三、工伤认定

1. 工伤

《工伤保险条例》第十四条规定，职工有下列情形之一的，应当认定为工伤：

（一）在工作时间和工作场所内，因工作原因受到事故伤害的；

（二）工作时间前后在工作场所内，从事与工作有关的预备性或者收尾性工作受到事故伤害的；

（三）在工作时间和工作场所内，因履行工作职责受到暴力等意外伤害的；

（四）患职业病的；

（五）因工外出期间，由于工作原因受到伤害或者发生事故下落不明的；

（六）在上下班途中，受到非本人主要责任的交通事故或者城市轨道交通、客运轮渡、火车事故伤害的；

（七）法律、行政法规规定应当认定为工伤的其他情形。

在《关于审理工伤保险行政案件若干问题的规定》中，解读了工伤认定中的"工作原因、工作时间和工作场所"以及"上下班途中"等问题的争议，更明确了工伤认定的范围。

2. 视同工伤

《工伤保险条例》第十五条规定，职工有下列情形之一的，视同工伤：

（一）在工作时间和工作岗位，突发疾病死亡或者在48小时之内经抢救无效死亡的；

（二）在抢险救灾等维护国家利益、公共利益活动中受到伤害的；

（三）职工原在军队服役，因战、因公负伤致残，已取得革命伤残军人证，到用人单位后旧伤复发的。

职工有前款第（一）项、第（二）项情形的，按照本条例的有关规定享受工伤保险待遇；职工有前款第（三）项情形的，按照本条例的有关规定享受除一次性伤残补助金以外的工伤保险待遇。

3. 不得认定为工伤或者视同工伤的情况

《工伤保险条例》第十六条规定，职工符合本条例第十四条、第十五条的规定，但是有下列情形之一的，不得认定为工伤或者视同工伤：

（一）故意犯罪的；

（二）醉酒或者吸毒的；

（三）自残或者自杀的。

4. 工伤认定

（1）工伤认定申请

《工伤保险条例》第十七条规定，职工发生事故伤害或者按照职业病防治法规定被诊断、鉴定为职业病，所在单位应当自事故伤害发生之日或者被诊断、鉴定为职业病之日起30日内，向统筹地区社会保险行政部门提出工伤认定申请。遇有特殊情况，经报社会保险行政部门同意，申请时限可以适当延长。

用人单位未按前款规定提出工伤认定申请的，工伤职工或者其近亲属、工会组织在事故伤害发生之日或者被诊断、鉴定为职业病之日起1年内，可以直接向用人单位所在地统筹地区社会保险行政部门提出工伤认定申请。

按照本条第一款规定应当由省级社会保险行政部门进行工伤认定的事项，根据属地原则由用人单位所在地的设区的市级社会保险行政部门办理。

用人单位未在本条第一款规定的时限内提交工伤认定申请，在此期间发生符合本条例规定的工伤待遇等有关费用由该用人单位负担。

原则上，工伤认定申请应由用人单位申请，现实中，用人单位考虑到缴费、事故责任和处罚等原因，不愿意申请工伤认定，本条例给予了工伤职工或者其近亲属、工会组织工伤认定申请的权利，以维护工伤职工的权益。并明确了在未按规定时间进行工伤认定申请所需费用由用人单位负担。

（2）工伤认定申请需提交的材料

《工伤保险条例》第十八条规定，提出工伤认定申请应当提交下列材料：

（一）工伤认定申请表；

（二）与用人单位存在劳动关系（包括事实劳动关系）的证明材料；

（三）医疗诊断证明或者职业病诊断证明书（或者职业病诊断鉴定书）。

工伤认定申请表应当包括事故发生的时间、地点、原因以及职工伤害程度等基本情况。

工伤认定申请人提供材料不完整的，社会保险行政部门应当一次性书面告知工伤认定申请人需要补正的全部材料。申请人按照书面告知要求补正材料后，社会保险行政部门应当受理。

（3）工伤认定程序

《工伤保险条例》第十九条规定，社会保险行政部门受理工伤认定申请后，根据审核需要可以对事故伤害进行调查核实，用人单位、职工、工会组织、医疗机构以及有关部门应当予以协助。职业病诊断和诊断争议的鉴定，依照职业病防治法的有关规定执行。对依法取得职业病诊断证明书或者职业病诊断鉴定书的，社会保险行政部门不再进行调查核实。

职工或者其近亲属认为是工伤，用人单位不认为是工伤的，由用人单位承担举证责任。

我国法律一般规定"谁主张谁举证"，但工伤认定举证责任由用人单位承担，就是所谓的"举证责任倒置"，这是为了保护职工的合法权益而设。

《工伤保险条例》第二十条规定，社会保险行政部门应当自受理工伤认定申请之日起60日内作出工伤认定的决定，并书面通知申请工伤认定的职工或者其近亲属和该职工所在单位。

社会保险行政部门对受理的事实清楚、权利义务明确的工伤认定申请，应当在15日内作出工伤认定的决定。

作出工伤认定决定需要以司法机关或者有关行政主管部门的结论为依据的，在司法机关或者有关行政主管部门尚未作出结论期间，作出工伤认定决定的时限中止。

四、劳动能力鉴定

1. 劳动能力鉴定分级

《工伤保险条例》第二十一条规定，职工发生工伤，经治疗伤情相对稳定后存在残疾、影响劳动能力的，应当进行劳动能力鉴定。

《工伤保险条例》第二十二条规定，劳动能力鉴定是指劳动功能障碍程度和生活自理障碍程度的等级鉴定。

劳动功能障碍分为十个伤残等级，最重的为一级，最轻的为十级。

生活自理障碍分为三个等级：生活完全不能自理、生活大部分不能自理和生活部分不能自理。

劳动能力鉴定标准由国务院社会保险行政部门会同国务院卫生行政部门等部门制定。

2. 劳动能力鉴定程序

《工伤保险条例》第二十三条规定，劳动能力鉴定由用人单位、工伤职工或者其近亲属向设区的市级劳动能力鉴定委员会提出申请，并提供工伤认定决定和职工工伤医疗的有关资料。

《工伤保险条例》第二十四条规定，省、自治区、直辖市劳动能力鉴定委员会和设区的市级劳动能力鉴定委员会分别由省、自治区、直辖市和设区的市级社会保险行政部门、卫生行政部门、工会组织、经办机构代表以及用人单位代表组成。

劳动能力鉴定委员会建立医疗卫生专家库。列入专家库的医疗卫生专业技术人员应当具备下列条件：

（一）具有医疗卫生高级专业技术职务任职资格；

（二）掌握劳动能力鉴定的相关知识；

（三）具有良好的职业品德。

《工伤保险条例》第二十五条规定，设区的市级劳动能力鉴定委员会收到劳动能力鉴定申请后，应当从其建立的医疗卫生专家库中随机抽取3名或者5名相关专家组成专家组，由专家组提出鉴定意见。设区的市级劳动能力鉴定委员会根据专家组的鉴定意见作出工伤职工劳动能力鉴定结论；必要时，可以委托具备资格的医疗机构协助进行有关的诊断。

设区的市级劳动能力鉴定委员会应当自收到劳动能力鉴定申请之日起60日内作出劳动能力鉴定结论，必要时，作出劳动能力鉴定结论的期限可以延长30日。劳动能力鉴定结论应当及时送达申请鉴定的单位和个人。

专家组最终要提出鉴定意见。如果专家组的专家存在意见不一致的情况，一般遵循少数服从多数的原则确定鉴定意见。为了避免出现意见1∶1的情况，随机抽取的相关专家人数为3名或者5名。但专家提出的鉴定意见只是作为劳动能力鉴定委员会作出鉴定结论的重要依据，不作为鉴定结论。

《工伤保险条例》第二十六条、第二十七条规定，申请鉴定的单位或者个人对设区的市级劳动能力鉴定委员会作出的鉴定结论不服的，可以在收到该鉴定结论之日起15日内向省、自治区、直辖市劳动能力鉴定委员会提出再次鉴定申请。省、自治区、直辖市劳动能力鉴定委员会作出的劳动能力鉴定结论为最终结论。

劳动能力鉴定工作应当客观、公正。劳动能力鉴定委员会组成人员或者参加鉴定的专家与当事人有利害关系的，应当回避。

3. 劳动能力复查鉴定

《工伤保险条例》第二十八条、第二十九条规定，自劳动能力鉴定结论作出之日起1年后，工伤职工或者其近亲属、所在单位或者经办机构认为伤残情况发生变化的，可以申请劳动能力复查鉴定。

劳动能力鉴定委员会依照本条例第二十六条和第二十八条的规定进行再次鉴定和复查鉴定的期限，依照本条例第二十五条第二款的规定执行。

五、工伤保险待遇

1. 工伤医疗待遇

《工伤保险条例》第三十条规定，职工因工作遭受事故伤害或者患职业病进行治疗，享受工伤医疗待遇。

职工治疗工伤应当在签订服务协议的医疗机构就医，情况紧急时可以先到就近的医疗机构急救。

治疗工伤所需费用符合工伤保险诊疗项目目录、工伤保险药品目录、工伤保险住院服务标准的，从工伤保险基金支付。工伤保险诊疗项目目录、工伤保险药品目录、工伤保险住院服务标准，由国务院社会保险行政部门会同国务院卫生行政部门、食品药品监督管理部门等部门规定。

职工住院治疗工伤的伙食补助费，以及经医疗机构出具证明，报经办机构同意，工伤职工到统筹地区以外就医所需的交通、食宿费用从工伤保险基金支付，基金支付的具体标准由统筹地区人民政府规定。

工伤职工治疗非工伤引发的疾病，不享受工伤医疗待遇，按照基本医疗保险办法处理。

工伤职工到签订服务协议的医疗机构进行工伤康复的费用，符合规定的，从工伤保险基金支付。

《工伤保险条例》第三十一条、第三十二条规定，社会保险行政部门作出认定为工伤的决定后发生行政复议、行政诉讼的，行政复议和行政诉讼期间不停止支付工伤职工治疗工伤的医疗费用。

工伤职工因日常生活或者就业需要，经劳动能力鉴定委员会确认，可以安装假肢、矫形器、假眼、假牙和配置轮椅等辅助器具，所需费用按照国家规定的标准从工伤保险基金支付。

2. 停工留薪待遇

《工伤保险条例》第三十三条规定，职工因工作遭受事故伤害或者患职业病需要暂停工作接受工伤医疗的，在停工留薪期内，原工资福利待遇不变，由所在单位按月支付。

停工留薪期一般不超过12个月。伤情严重或者情况特殊，经设区的市级劳动能力鉴定委员会确认，可以适当延长，但延长不得超过12个月。工伤职工评定伤残等级后，停发原待遇，按照本章的有关规定享受伤残待遇。工伤职工在停工留薪期满后仍需治疗的，继续享受工伤医疗待遇。

生活不能自理的工伤职工在停工留薪期需要护理的，由所在单位负责。

3. 生活护理费

《工伤保险条例》第三十四条规定，工伤职工已经评定伤残等级并经劳动能力鉴定委员会确认需要生活护理的，从工伤保险基金按月支付生活护理费。

生活护理费按照生活完全不能自理、生活大部分不能自理或者生活部分不能自理3个不同等级支付，其标准分别为统筹地区上年度职工月平均工资的50%、40%或者30%。

4. 一级至四级伤残待遇

《工伤保险条例》第三十五条规定，职工因工致残被鉴定为一级至四级伤残的，保留劳动关系，退出工作岗位，享受以下待遇：

（一）从工伤保险基金按伤残等级支付一次性伤残补助金，标准为：一级伤残为27个月的本人工资，二级伤残为25个月的本人工资，三级伤残为23个月的本人工资，四级伤残为21个月的本人工资；

（二）从工伤保险基金按月支付伤残津贴，标准为：一级伤残为本人工资的90%，二级伤残为本人工资的85%，三级伤残为本人工资的80%，四级伤残为本人工资的75%。伤残津贴实际金额低于当地最低工资标准的，由工伤保险基金补足差额；

（三）工伤职工达到退休年龄并办理退休手续后，停发伤残津贴，按照国家有关规定享受基本养老保险待遇。基本养老保险待遇低于伤残津贴的，由工伤保险基金补足差额。

职工因工致残被鉴定为一级至四级伤残的，由用人单位和职工个人以伤残津贴为基数，缴纳基本医疗保险费。

一级至四级伤残职工一次性伤残补助金、伤残津贴、最低工资及退休后基本养老保险差额均由工伤保险基金支付，单位不得解除劳动关系，并由单位和个人按规定缴纳基本医疗保险费。

5. 五级、六级伤残待遇

《工伤保险条例》第三十六条规定，职工因工致残被鉴定为五级、六级伤残的，享受以下待遇：

（一）从工伤保险基金按伤残等级支付一次性伤残补助金，标准为：五级伤残为18个月的本人工资，六级伤残为16个月的本人工资；

（二）保留与用人单位的劳动关系，由用人单位安排适当工作。难以安排工作的，由用人单位按月发给伤残津贴，标准为：五级伤残为本人工资的70%，六级伤残为本人工资的60%，并由用人单位按照规定为其缴纳应缴纳的各项社会保险费。伤残津贴实际金额低于当地最低工资标准的，由用人单位补足差额。

经工伤职工本人提出，该职工可以与用人单位解除或者终止劳动关系，由工伤保险基金支付一次性工伤医疗补助金，由用人单位支付一次性伤残就业补助金。一次性工伤医疗补助金和一次性伤残就业补助金的具体标准由省、自治区、直辖市人民政府规定。

五级、六级伤残职工由工伤保险基金支付一次性伤残补助金，其他均由单位负责。单位不得解除或者终止劳动关系，职工可以自己提出，但需要用人单位支付一次性伤残就业补助金，并报工商行政管理部门，由工伤保险基金支付一次性工伤医疗补助金。

6. 七级至十级伤残待遇

《工伤保险条例》第三十七条规定，职工因工致残被鉴定为七级至十级伤残的，享受以下待遇：

（一）从工伤保险基金按伤残等级支付一次性伤残补助金，标准为：七级伤残为13个月的本人工资，八级伤残为11个月的本人工资，九级伤残为9个月的本人工资，十级伤残为7个月的本人工资；

（二）劳动、聘用合同期满终止，或者职工本人提出解除劳动、聘用合同的，由工伤保险基金支付一次性工伤医疗补助金，由用人单位支付一次性伤残就业补助金。一次性工伤医疗补助金和一次性伤残就业补助金的具体标准由省、自治区、直辖市人民政府规定。

7. 工亡待遇

《工伤保险条例》第三十九条规定，职工因工死亡，其近亲属按照下列规定从工伤保险基金领取丧葬补助金、供养亲属抚恤金和一次性工亡补助金：

（一）丧葬补助金为6个月的统筹地区上年度职工月平均工资；

（二）供养亲属抚恤金按照职工本人工资的一定比例发给由因工死亡职工生前提供主要生活来源、无劳动能力的亲属。标准为：配偶每月40%，其他亲属每人每月30%，孤寡老人或者孤儿每人每月在上述标准的基础上增加10%。核定的各供养亲属的抚恤金之和不应高于因工死亡职工生前的工资。供养亲属的具体范围由国务院社会保险行政部门规定；

（三）一次性工亡补助金标准为上一年度全国城镇居民人均可支配收入的20倍。

伤残职工在停工留薪期内因工伤导致死亡的，其近亲属享受本条第一款规定的待遇。

一级至四级伤残职工在停工留薪期满后死亡的，其近亲属可以享受本条第一款第（一）项、第（二）项规定的待遇。

8. 下落不明待遇

《工伤保险条例》第四十一条规定，职工因工外出期间发生事故或者在抢险救灾中下落不明的，从事故发生当月起3个月内照发工资，从第4个月起停发工资，由工伤保险基金向其供养亲属按月支付供养亲属抚恤金。生活有困难的，可以预支一次性工亡补助金的50%。职工被人民法院宣告死亡的，按照本条例第三十九条职工因工死亡的规定处理。

9. 停止享受工伤保险待遇

《工伤保险条例》第四十二条规定，工伤职工有下列情形之一的，停止享受工伤保险待遇：

（一）丧失享受待遇条件的；

（二）拒不接受劳动能力鉴定的；

（三）拒绝治疗的。

10. 各单位的工伤保险责任

《工伤保险条例》第四十三条规定，用人单位分立、合并、转让的，承继单位应当承担原用人单位的工伤保险责任；原用人单位已经参加工伤保险的，承继单位应当到当地经办机构办理工伤保险变更登记。

用人单位实行承包经营的，工伤保险责任由职工劳动关系所在单位承担。

职工被借调期间受到工伤事故伤害的，由原用人单位承担工伤保险责任，但原用人单位与借调单位可以约定补偿办法。

企业破产的，在破产清算时依法拨付应当由单位支付的工伤保险待遇费用。

11. 出境工作的工伤保险

《工伤保险条例》第四十四条规定，职工被派遣出境工作，依据前往国家或者地区的法律应当参加当地工伤保险的，参加当地工伤保险，其国内工伤保险关系中止；不能参加当地工伤保险的，其国内工伤保险关系不中止。

12. 再次工伤待遇

《工伤保险条例》第四十五条规定，职工再次发生工伤，根据规定应当享受伤残津贴的，按照新认定的伤残等级享受伤残津贴待遇。

六、法律责任

《工伤保险条例》第六十二条规定，用人单位依照本条例规定应当参加工伤保险而未参加的，由社会保险行政部门责令限期参加，补缴应当缴纳的工伤保险费，并自欠缴之日起，按日加收万分之五的滞纳金；逾期仍不缴纳的，处欠缴数额1倍以上3倍以下的罚款。依照本条例规定应当参加工伤保险而未参加工伤保险的用人单位职工发生工伤的，由该用人单位按照本条例规定的工伤保险待遇项目和标准支付费用。用人单位参加工伤保险并补缴应当缴纳的工伤保险费、滞纳金后，由工伤保险基金和用人单位依照本条例的规定支付新发生的费用。

第五节 《煤矿安全生产条例》

（2023年12月18日国务院第21次常务会议通过 2024年1月24日国务院令第774号公布 自2024年5月1日起施行）

《煤矿安全生产条例》的立法目的是加强煤矿安全生产工作，防止和减少煤矿生产安全事故，保障人民群众生命财产安全。

一、煤矿安全生产责任

1. 煤矿安全生产原则

《煤矿安全生产条例》第三条第三款规定，煤矿安全生产工作实行管行业必须管安全、管业务必须管安全、管生产经营必须管安全，按照国家监察、地方监管、企业负责，强化和落实安全生产责任。

2. 煤矿安全生产主体责任

《煤矿安全生产条例》第四条规定，煤矿企业应当履行安全生产主体责任，加强安全生产管理，建立健全并落实全员安全生产责任制和安全生产规章制度，加大对安全生产资金、物资、技术、人员的投入保障力度，改善安全生产条件，加强安全生产标准化、信息化建设，构建安全风险分级管控和隐患排查治理双重预防机制，健全风险防范化解机制，提高安全生产水平，确保安全生产。

煤矿企业主要负责人（含实际控制人，下同）是本企业安全生产第一责任人，对本企业安全生产工作全面负责。其他负责人对职责范围内的安全生产工作负责。

3. 煤矿安全监察制度

《煤矿安全生产条例》第七条规定，国家实行煤矿安全监察制度。国家矿山安全监察机构及其设在地方的矿山安全监察机构负责煤矿安全监察工作，依法对地方人民政府煤矿安全生产监督管理工作进行监督检查。

国家矿山安全监察机构及其设在地方的矿山安全监察机构依法履行煤矿安全监察职责，不受任何单位和个人的干涉。

二、煤矿企业的安全生产责任

1. 基本要求

《煤矿安全生产条例》第十三条规定，煤矿企业应当遵守有关安全生产的法律法规以及煤矿安全规程，执行保障安全生产的国家标准或者行业标准。

《煤矿安全生产条例》第十七条规定，煤矿企业进行生产，应当依照《安全生产许可证条例》的规定取得安全生产许可证。未取得安全生产许可证的，不得生产。

《煤矿安全生产条例》第三十二条规定，煤矿企业应当按照煤矿灾害程度和类型实施灾害治理，编制年度灾害预防和处理计划，并根据具体情况及时修改。

《煤矿安全生产条例》第三十七条规定，煤矿企业及其有关人员对县级以上人民政府负有煤矿安全生产监督管理职责的部门、国家矿山安全监察机构及其设在地方的矿山安全监察机构依法履行职责，应当予以配合，按照要求如实提供有关情况，不得隐瞒或者拒绝、阻挠。

对县级以上人民政府负有煤矿安全生产监督管理职责的部门、国家矿山安全监察机构及其设在地方的矿山安全监察机构查处的事故隐患，煤矿企业应当立即进行整改，并按照要求报告整改结果。

2. 建设工程要求

《煤矿安全生产条例》第十四条规定，新建、改建、扩建煤矿工程项目（以下统称煤矿建设项目）的建设单位应当委托具有建设工程设计企业资质的设计单位进行安全设施设计。

安全设施设计应当包括煤矿水、火、瓦斯、冲击地压、煤尘、顶板等主要灾害的防治措施，符合国家标准或者行业标准的要求，并报省、自治区、直辖市人民政府负有煤矿安全生产监督管理职责的部门审查。安全设施设计需要作重大变更的，应当报原审查部门重新审查，不得先施工后报批、边施工边修改。

《煤矿安全生产条例》第十五条、第十六条规定，煤矿建设项目的建设单位应当对参与煤矿建设项目的设计、施工、监理等单位进行统一协调管理，对煤矿建设项目安全管理负总责。

煤矿建设项目竣工投入生产或者使用前，应当由建设单位负责组织对安全设施进行验收，并对验收结果负责；经验收合格后，方可投入生产和使用。

3. 安全生产管理机构和安全生产管理人员的安全生产职责

《煤矿安全生产条例》第十九条规定，煤矿企业应当设置安全生产管理机构并配备专职安全生产管理人员。安全生产管理机构和安全生产管理人员负有下列安全生产职责：

（一）组织或者参与拟订安全生产规章制度、作业规程、操作规程和生产安全事故应急救援预案；

（二）组织或者参与安全生产教育和培训，如实记录安全生产教育和培训情况；

（三）组织开展安全生产法律法规宣传教育；

（四）组织开展安全风险辨识评估，督促落实重大安全风险管控措施；

（五）制止和纠正违章指挥、强令冒险作业、违反规程的行为，发现威胁安全的紧急情况时，有权要求立即停止危险区域内的作业，撤出作业人员；

（六）检查安全生产状况，及时排查事故隐患，对事故隐患排查治理情况进行统计分析，提出改进安全生产管理的建议；

（七）组织或者参与应急救援演练；

（八）督促落实安全生产整改措施。

煤矿企业应当配备主要技术负责人，建立健全并落实技术管理体系。

4. 从业人员的安全生产职责

《煤矿安全生产条例》第二十条规定，煤矿企业从业人员负有下列安全生产职责：

（一）遵守煤矿企业安全生产规章制度和作业规程、操作规程，严格落实岗位安全责任；

（二）参加安全生产教育和培训，掌握本职工作所需的安全生产知识，提高安全生产技能，增强事故预防和应急处理能力；

（三）及时报告发现的事故隐患或者其他不安全因素。

对违章指挥和强令冒险作业的行为，煤矿企业从业人员有权拒绝并向县级以上地方人民政府负有煤矿安全生产监督管理职责的部门、所在地矿山安全监察机构报告。

煤矿企业不得因从业人员拒绝违章指挥或者强令冒险作业而降低其工资、福利等待遇，无正当理由调整工作岗位，或者解除与其订立的劳动合同。

5. 教育培训

《煤矿安全生产条例》第二十一条规定，煤矿企业主要负责人和安全生产管理人员应当通过安全生产知识和管理能力考核，并持续保持相应水平和能力。

煤矿企业从业人员经安全生产教育和培训合格，方可上岗作业。煤矿企业特种作业人员应当按照国家有关规定经专门的安全技术培训和考核合格，并取得相应资格。

6. 人员配备

《煤矿安全生产条例》第二十二条规定，煤矿企业应当为煤矿分别配备专职矿长、总工程师，分管安全、生产、机电的副矿长以及专业技术人员。

对煤（岩）与瓦斯（二氧化碳）突出、高瓦斯、冲击地压、煤层容易自燃、水文地质类型复杂和极复杂的煤矿，还应当设立相应的专门防治机构，配备专职副总工程师。

7. 领导带班制度

《煤矿安全生产条例》第二十三条规定，煤矿企业应当按照国家有关规定建立健全领导带班制度并严格考核。

井工煤矿企业的负责人和生产经营管理人员应当轮流带班下井，并建立下井登记档案。

8. 安全限员制度

《煤矿安全生产条例》第二十四条第二款规定，煤矿井下作业人员实行安全限员制度。煤矿企业应当依法制定井下工作时间管理制度。煤矿井下工作岗位不得使用劳务派遣用工。

9. 安全设备

《煤矿安全生产条例》第二十五条规定，煤矿企业使用的安全设备的设计、制造、安装、使用、检测、维修、改造和报废，应当符合国家标准或者行业标准。

煤矿企业应当建立安全设备台账和追溯、管理制度，对安全设备进行经常性维护、保养并定期检测，保证正常运转，对安全设备购置、入库、使用、维护、保养、检测、维修、改造、报废等进行全流程记录并存档。

煤矿企业不得使用应当淘汰的危及生产安全的设备、工艺，具体目录由国家矿山安全监察机构制定并公布。

《煤矿安全生产条例》第二十六条规定，煤矿的采煤、掘进、机电、运输、通风、排水、排土等主要生产系统和防瓦斯、防煤（岩）与瓦斯（二氧化碳）突出、防冲击地压、防火、防治水、防尘、防热害、防滑坡、监控与通讯等安全设施，应当符合煤矿安全规程和国家标准或者行业标准规定的管理和技术要求。

煤矿企业及其有关人员不得关闭、破坏直接关系生产安全的监控、报警、防护、救生设备、设施，或者篡改、隐瞒、销毁其相关数据、信息，不得以任何方式影响其正常使用。

10. 井工煤矿

《煤矿安全生产条例》第二十七条规定，井工煤矿应当有符合煤矿安全规程和国家标准或者行业标准规定的安全出口、独立通风系统、安全监控系统、防尘供水系统、防灭火系统、供配电系统、运送人员装置和反映煤矿实际情况的图纸，并按照规定进行瓦斯等级、冲击地压、煤层自燃倾向性和煤尘爆炸性鉴定。

井工煤矿应当按矿井瓦斯等级选用相应的煤矿许用炸药和电雷管，爆破工作由专职爆破工承担。

11. 露天煤矿

《煤矿安全生产条例》第二十八条规定，露天煤矿的采场及排土场边坡与重要建筑物、构筑物之间应当留有足够的安全距离。

煤矿企业应当定期对露天煤矿进行边坡稳定性评价，评价范围应当涵盖露天煤矿所有边坡。达不到边坡稳定要求时，应当修改采矿设计或者采取安全措施，同时加强边坡监测工作。

12. 应急管理

《煤矿安全生产条例》第三十二条规定，煤矿企业应当依法制定生产安全事故应急救援预案，与所在地县级以上地方人民政府组织制定的生产安全事故应急救援预案相衔接，并定期组织演练。

煤矿企业应当设立专职救护队；不具备设立专职救护队条件的，应当设立兼职救护队，并与邻近的专职救护队签订救护协议。发生事故时，专职救护队应当在规定时间内到达煤矿开展救援。

13. 禁止行为

《煤矿安全生产条例》第三十条规定，煤矿企业应当在依法确定的开采范围内进行生产，不得超层、越界开采。

采矿作业不得擅自开采保安煤柱，不得采用可能危及相邻煤矿生产安全的决水、爆破、贯通巷道等危险方法。

《煤矿安全生产条例》第三十一条规定，煤矿企业不得超能力、超强度或者超定员组织生产。正常生产煤矿因地质、生产技术条件、采煤方法或者工艺等发生变化导致生产能力发生较大变化的，应当依法重新核定其生产能力。

县级以上地方人民政府及其有关部门不得要求不具备安全生产条件的煤矿企业进行生产。

14. 专项设计

《煤矿安全生产条例》第三十三条规定，煤矿开采有下列情形之一的，应当编制专项设计：

（一）有煤（岩）与瓦斯（二氧化碳）突出的；

（二）有冲击地压危险的；

（三）开采需要保护的建筑物、水体、铁路下压煤或者主要井巷留设煤柱的；

（四）水文地质类型复杂、极复杂或者周边有老窑采空区的；

（五）开采容易自燃和自燃煤层的；

（六）其他需要编制专项设计的。

15. 危险作业

《煤矿安全生产条例》第三十四条规定，在煤矿进行石门揭煤、探放水、巷道贯通、清理煤仓、强制放顶、火区密闭和启封、动火以及国家矿山安全监察机构规定的其他危险作业，应当采取专门安全技术措施，并安排专门人员进行现场安全管理。

16. 双控体系

《煤矿安全生产条例》第三十五条规定，煤矿企业应当建立安全风险分级管控制度，开展安全风险辨识评估，按照安全风险分级采取相应的管控措施。

煤矿企业应当建立健全事故隐患排查治理制度，采取技术、管理措施，及时发现并消除事故隐患。事故隐患排查治理情况应当如实记录，并定期向从业人员通报。重大事故隐患排查治理情况的书面报告经煤矿企业负责人签字后，每季度报县级以上地方人民政府负有煤矿安全生产监督管理职责的部门和所在地矿山安全监察机构。

煤矿企业应当加强对所属煤矿的安全管理，定期对所属煤矿进行安全检查。

17. 重大事故隐患

《煤矿安全生产条例》第三十六条规定，煤矿企业有下列情形之一的，属于重大事故隐患，应当立即停止受影响区域生产、建设，并及时消除事故隐患：

（一）超能力、超强度或者超定员组织生产的；

（二）瓦斯超限作业的；

（三）煤（岩）与瓦斯（二氧化碳）突出矿井未按照规定实施防突措施的；

（四）煤（岩）与瓦斯（二氧化碳）突出矿井、高瓦斯矿井未按照规定建立瓦斯抽采系统，或者系统不能正常运行的；

（五）通风系统不完善、不可靠的；

（六）超层、越界开采的；

（七）有严重水患，未采取有效措施的；

（八）有冲击地压危险，未采取有效措施的；

（九）自然发火严重，未采取有效措施的；

（十）使用应当淘汰的危及生产安全的设备、工艺的；

（十一）未按照规定建立监控与通讯系统，或者系统不能正常运行的；

（十二）露天煤矿边坡角大于设计最大值或者边坡发生严重变形，未采取有效措施的；

（十三）未按照规定采用双回路供电系统的；

（十四）新建煤矿边建设边生产，煤矿改扩建期间，在改扩建的区域生产，或者在其他区域的生产超出设计规定的范围和规模的；

（十五）实行整体承包生产经营后，未重新取得或者及时变更安全生产许可证而从事生产，或者承包方再次转包，以及将井下采掘工作面和井巷维修作业外包的；

（十六）改制、合并、分立期间，未明确安全生产责任人和安全生产管理机构，或者在完成改制、合并、分立后，未重新取得或者及时变更安全生产许可证等的；

（十七）有其他重大事故隐患的。

18. 安全投入

《煤矿安全生产条例》第三十八条规定，煤矿企业应当及时足额安排安全生产费用等资金，确保符合安全生产要求。煤矿企业的决策机构、主要负责人对由于安全生产所必需的资金投入不足导致的后果承担责任。

三、煤矿安全生产监督管理

1. 监管职责

《煤矿安全生产条例》第三十九条规定，煤矿安全生产实行地方党政领导干部安全生产责任制，强化煤矿安全生产属地管理。

《煤矿安全生产条例》第四十条规定，省、自治区、直辖市人民政府应当按照分级分类监管的原则，明确煤矿企业的安全生产监管主体。

县级以上人民政府相关主管部门对未依法取得安全生产许可证等擅自进行煤矿生产的，应当依法查处。

乡镇人民政府在所辖区域内发现未依法取得安全生产许可证等擅自进行煤矿生产的，应当采取有效措施制止，并向县级人民政府相关主管部门报告。

2. 安全设施设计审查

《煤矿安全生产条例》第四十一条规定，省、自治区、直辖市人民政府负有煤矿安全生产监督管理职责的部门审查煤矿建设项目安全设施设计，应当自受理之日起30日内审查完毕，签署同意或者不同意的意见，并书面答复。

省、自治区、直辖市人民政府负有煤矿安全生产监督管理职责的部门应当加强对建设单位安全设施验收活动和验收结果的监督核查。

3. 安全生产许可证

《煤矿安全生产条例》第四十二条规定，省、自治区、直辖市人民政府负有煤矿安全生产监督管理职责的部门负责煤矿企业安全生产许可证的颁发和管理，并接受国家矿山安全监察机构及其设在地方的矿山安全监察机构的监督。

4. 监督检查

（1）监督检查计划

《煤矿安全生产条例》第四十三条规定，县级以上地方人民政府负有煤矿安全生产监督管理职责的部门应当编制煤矿安全生产年度监督检查计划，并按照计划进行监督检查。

煤矿安全生产年度监督检查计划应当抄送所在地矿山安全监察机构。

（2）监督检查

《煤矿安全生产条例》第四十四条规定，县级以上地方人民政府负有煤矿安全生产监督管理职责的部门依法对煤矿企业进行监督检查，并将煤矿现场安全生产状况作为监督检查重点内容。监督检查可以采取以下措施：

（一）进入煤矿企业进行检查，重点检查一线生产作业场所，调阅有关资料，向有关单位和人员了解情况；

（二）对检查中发现的安全生产违法行为，当场予以纠正或者要求限期改正；

（三）对检查中发现的事故隐患，应当责令立即排除；重大事故隐患排除前或者排除过程中无法保证安全的，应当责令从危险区域内撤出作业人员，责令暂时停产或者停止使用相关设施、设备；

（四）对有根据认为不符合保障安全生产的国家标准或者行业标准的设施、设备、器材予以查封或者扣押。

监督检查不得影响煤矿企业的正常生产经营活动。

5. 停产整顿

《煤矿安全生产条例》第四十八条规定，对被责令停产整顿的煤矿企业，在停产整顿期间，有关地方人民政府应当采取有效措施进行监督检查。

煤矿企业有安全生产违法行为或者重大事故隐患依法被责令停产整顿的，应当制定整改方案并进行整改。整改结束后要求恢复生产的，县级以上地方人民政府负有煤矿安全生产监督管理职责的部门应当组织验收，并在收到恢复生产申请之日起20日内组织验收完毕。验收合格的，经本部门主要负责人签字，并经所在地矿山安全监察机构审核同意，报本级人民政府主要负责人批准后，方可恢复生产。

《煤矿安全生产条例》第四十九条规定，县级以上地方人民政府负有煤矿安全生产监督管理职责的部门对被责令停产整顿或者关闭的煤矿企业，应当在5个工作日内向社会公告；对被责令停产整顿的煤矿企业经验收合格恢复生产的，应当自恢复生产之日起5个工作日内向社会公告。

四、煤矿安全监察

1. 监察机构

《煤矿安全生产条例》第五十条规定，国家矿山安全监察机构及其设在地方的矿山安全监察机构应当依法履行煤矿安全监察职责，对县级以上地方人民政府煤矿安全生产监督管理工作加强监督检查，并及时向有关地方人民政府通报监督检查的情况，提出改善和加强煤矿安全生产工作的监察意见和建议，督促开展重大事故隐患整改和复查。

县级以上地方人民政府应当配合和接受国家矿山安全监察机构及其设在地方的矿山安全监察机构的监督检查，及时落实监察意见和建议。

2. 监察方式

《煤矿安全生产条例》第五十一条规定，设在地方的矿山安全监察机构应当对所辖区域内煤矿安全生产实施监察；对事故多发地区，应当实施重点监察。国家矿山安全监察机构根据实际情况，组织对全国煤矿安全生产的全面监察或者重点监察。

《煤矿安全生产条例》第五十二条规定，国家矿山安全监察机构及其设在地方的矿山安全监察机构对县级以上地方人民政府煤矿安全生产监督管理工作进行监督检查，可以采取以下方式：

（一）听取有关地方人民政府及其负有煤矿安全生产监督管理职责的部门工作汇报；

（二）调阅、复制与煤矿安全生产有关的文件、档案、工作记录等资料；

（三）要求有关地方人民政府及其负有煤矿安全生产监督管理职责的部门和有关人员就煤矿安全生产工作有关问题作出说明；

（四）有必要采取的其他方式。

3. 监察职责

《煤矿安全生产条例》第五十三条规定，国家矿山安全监察机构及其设在地方的矿山安全监察机构履行煤矿安全监察职责，有权进入煤矿作业场所进行检查，参加煤矿企业安全生产会议，向有关煤矿企业及人员了解情况。

国家矿山安全监察机构及其设在地方的矿山安全监察机构发现煤矿现场存在事故隐患的，有权要求立即排除或者限期排除；发现有违章指挥、强令冒险作业、违章作业以及其他安全生产违法行为的，有权立即纠正或者要求立即停止作业；发现威胁安全的紧急情况时，有权要求立即停止危险区域内的作业并撤出作业人员。

矿山安全监察人员履行煤矿安全监察职责，应当出示执法证件。

《煤矿安全生产条例》第五十四条至第五十六条规定，国家矿山安全监察机构及其设在地方的矿山安全监察机构发现煤矿企业存在重大事故隐患责令停产整顿的，应当及时移送县级以上地方人民政府负有煤矿安全生产监督管理职责的部门处理并进行督办。

国家矿山安全监察机构及其设在地方的矿山安全监察机构发现煤矿企业存在应当由其他部门处理的违法行为的，应当及时移送有关部门处理。

国家矿山安全监察机构及其设在地方的矿山安全监察机构和县级以上人民政府有关部门应当建立信息共享、案件移送机制，加强协作配合。

《煤矿安全生产条例》第五十八条规定，国家矿山安全监察机构及其设在地方的矿山安全监察机构依法对煤矿企业贯彻执行安全生产法律法规、煤矿安全规程以及保障安全生产的国家标准或者行业标准的情况进行监督检查，行使本条例第四十四条规定的职权。

4. 信息化建设

《煤矿安全生产条例》第五十七条规定，国家矿山安全监察机构及其设在地方的矿山安全监察机构应当加强煤矿安全生产信息化建设，运用信息化手段提升执法水平。

煤矿企业应当按照国家矿山安全监察机构制定的安全生产电子数据规范联网并实时上传电子数据，对上传电子数据的真实性、准确性和完整性负责。

5. 事故报告、救援及调查

《煤矿安全生产条例》第五十九条规定，发生煤矿生产安全事故后，煤矿企业及其负责人应当迅速采取有效措施组织抢救，并依照《生产安全事故报告和调查处理条例》

的规定立即如实向当地应急管理部门、负有煤矿安全生产监督管理职责的部门和所在地矿山安全监察机构报告。

国家矿山安全监察机构及其设在地方的矿山安全监察机构应当根据事故等级和工作需要，派出工作组赶赴事故现场，指导配合事故发生地地方人民政府开展应急救援工作。

《煤矿安全生产条例》第六十条规定，煤矿生产安全事故按照事故等级实行分级调查处理。

特别重大事故由国务院或者国务院授权有关部门依照《生产安全事故报告和调查处理条例》的规定组织调查处理。重大事故、较大事故、一般事故由国家矿山安全监察机构及其设在地方的矿山安全监察机构依照《生产安全事故报告和调查处理条例》的规定组织调查处理。

五、违法行为及法律责任

《煤矿安全生产条例》第七十条规定，煤矿企业存在下列情形之一的，应当提请县级以上地方人民政府予以关闭：

（一）未依法取得安全生产许可证等擅自进行生产的；

（二）3个月内2次或者2次以上发现有重大事故隐患仍然进行生产的；

（三）经地方人民政府组织的专家论证在现有技术条件下难以有效防治重大灾害的；

（四）有《中华人民共和国安全生产法》规定的应当提请关闭的其他情形。

有关地方人民政府作出予以关闭的决定，应当立即组织实施。关闭煤矿应当达到下列要求：

（一）依照法律法规有关规定吊销、注销相关证照；

（二）停止供应并妥善处理民用爆炸物品；

（三）停止供电，拆除矿井生产设备、供电、通信线路；

（四）封闭、填实矿井井筒，平整井口场地，恢复地貌；

（五）妥善处理劳动关系，依法依规支付经济补偿、工伤保险待遇，组织离岗时职业健康检查，偿还拖欠工资，补缴欠缴的社会保险费；

（六）设立标识牌；

（七）报送、移交相关报告、图纸和资料等；

（八）有关法律法规规定的其他要求。

《煤矿安全生产条例》第七十三条规定，本条例规定的行政处罚，由县级以上人民政府负有煤矿安全生产监督管理职责的部门和其他有关部门、国家矿山安全监察机构及其设在地方的矿山安全监察机构按照职责分工决定，对同一违法行为不得给予两次以上罚款的行政处罚。对被责令停产整顿的煤矿企业，应当暂扣安全生产许可证等。对违反本条例规定的严重违法行为，应当依法从重处罚。

第六节 《建设工程安全生产管理条例》

（2003年11月12日国务院第28次常务会议通过　2003年11月24日国务院令第393号公布　自2004年2月1日起施行）

《建设工程安全生产管理条例》的立法目的是加强建设工程安全生产监督管理，保障人民群众生命和财产安全。

一、建设单位的安全责任

1. 建设单位应当如实向施工单位提供有关资料

《建设工程安全生产管理条例》第六条规定，建设单位应当向施工单位提供施工现场及毗邻区域内供水、排水、供电、供气、供热、通信、广播电视等地下管线资料，气象和水文观测资料，相邻建筑物和构筑物、地下工程的有关资料，并保证资料的真实、准确、完整。

建设单位因建设工程需要，向有关部门或者单位查询前款规定的资料时，有关部门或者单位应当及时提供。

2. 建设单位不得向有关单位提出非法要求

《建设工程安全生产管理条例》第七条规定，建设单位不得对勘察、设计、施工、工程监理等单位提出不符合建设工程安全生产法律、法规和强制性标准规定的要求，不得压缩合同约定的工期。

压缩合同工期是建设单位为了提前完成工程建设，尽早发挥项目效益，强迫施工单位或与施工单位共同违法建设，增加人力、物力，提前完成工程的行为。通常情况下，为了赶工期，施工单位会简化工序、违规操作，从而引发事故，或者给建设项目留下结构性安全隐患。

《建设工程安全生产管理条例》第九条规定，建设单位不得明示或者暗示施工单位购买、租赁、使用不符合安全施工要求的安全防护用具、机械设备、施工机具及配件、消防设施和器材。

3. 建设单位必须保证安全费用

《建设工程安全生产管理条例》第八条规定，建设单位在编制工程概算时，应当确定建设工程安全作业环境及安全施工措施所需费用。

4. 建设单位在申请领取施工许可证时报送有关安全施工措施的资料

《建设工程安全生产管理条例》第十条规定，建设单位在申请领取施工许可证时，应当提供建设工程有关安全施工措施的资料。

依法批准开工报告的建设工程，建设单位应当自开工报告批准之日起15日内，将保证安全施工的措施报送建设工程所在地的县级以上地方人民政府建设行政主管部门或者其他有关部门备案。

5. 建设单位对拆除工程的职责

《建设工程安全生产管理条例》第十一条规定，建设单位应当将拆除工程发包给具有相应资质等级的施工单位。

建设单位应当在拆除工程施工15日前，将下列资料报送建设工程所在地的县级以上地方人民政府建设行政主管部门或者其他有关部门备案：

（一）施工单位资质等级证明；

（二）拟拆除建筑物、构筑物及可能危及毗邻建筑的说明；

（三）拆除施工组织方案；

（四）堆放、清除废弃物的措施。

实施爆破作业的，应当遵守国家有关民用爆炸物品管理的规定。

拆除工程危险性较高，但作为建设工程的附属工程，人们对其重视程度不高，导致事故频发。为了提高拆除工程的技术保障水平，避免发生生产安全事故，本条例对拆除工程的施工单位提出了资质要求，并在《建筑业企业资质管理规定》（建设部令第159号）中作了严格的规定。

二、勘察、设计、工程监理及其他有关单位的安全责任

1. 勘察单位的安全责任

《建设工程安全生产管理条例》第十二条规定，勘察单位应当按照法律、法规和工程建设强制性标准进行勘察，提供的勘察文件应当真实、准确，满足建设工程安全生产的需要。

勘察单位在勘察作业时，应当严格执行操作规程，采取措施保证各类管线、设施和周边建筑物、构筑物的安全。

2. 设计单位的安全责任

《建设工程安全生产管理条例》第十三条规定，设计单位应当按照法律、法规和工程建设强制性标准进行设计，防止因设计不合理导致生产安全事故的发生。

设计单位应当考虑施工安全操作和防护的需要，对涉及施工安全的重点部位和环节在设计文件中注明，并对防范生产安全事故提出指导意见。

采用新结构、新材料、新工艺的建设工程和特殊结构的建设工程，设计单位应当在设计中提出保障施工作业人员安全和预防生产安全事故的措施建议。

设计单位和注册建筑师等注册执业人员应当对其设计负责。

3. 工程监理单位的安全责任

《建设工程安全生产管理条例》第十四条规定，工程监理单位应当审查施工组织设计中的安全技术措施或者专项施工方案是否符合工程建设强制性标准。

工程监理单位在实施监理过程中，发现存在安全事故隐患的，应当要求施工单位整改；情况严重的，应当要求施工单位暂时停止施工，并及时报告建设单位。施工单位拒不整改或者不停止施工的，工程监理单位应当及时向有关主管部门报告。

工程监理单位和监理工程师应当按照法律、法规和工程建设强制性标准实施监理，并对建设工程安全生产承担监理责任。

4. 其他有关单位的安全责任

（1）提供机械设备和配件的单位的安全责任

《建设工程安全生产管理条例》第十五条、第十六条规定，为建设工程提供机械设备和配件的单位，应当按照安全施工的要求配备齐全有效的保险、限位等安全设施和装置。

出租的机械设备和施工机具及配件，应当具有生产（制造）许可证、产品合格证。

（2）出租单位的安全责任

《建设工程安全生产管理条例》第十六条规定，出租单位应当对出租的机械设备和施工机具及配件的安全性能进行检测，在签订租赁协议时，应当出具检测合格证明。

禁止出租检测不合格的机械设备和施工机具及配件。

（3）安装、拆卸施工起重机械和整体提升脚手架、模板等自升式架设设施单位的安全责任

《建设工程安全生产管理条例》第十七条规定，在施工现场安装、拆卸施工起重机械和整体提升脚手架、模板等自升式架设设施，必须由具有相应资质的单位承担。

安装、拆卸施工起重机械和整体提升脚手架、模板等自升式架设设施，应当编制拆装方案、制定安全施工措施，并由专业技术人员现场监督。

施工起重机械和整体提升脚手架、模板等自升式架设设施安装完毕后，安装单位应当自检，出具自检合格证明，并向施工单位进行安全使用说明，办理验收手续并签字。

《建设工程安全生产管理条例》第十八条、第十九条规定，施工起重机械和整体提升脚手架、模板等自升式架设设施的使用达到国家规定的检验检测期限的，必须经具有专业资质的检验检测机构检测。经检测不合格的，不得继续使用。

检验检测机构对检测合格的施工起重机械和整体提升脚手架、模板等自升式架设设施,应当出具安全合格证明文件,并对检测结果负责。

施工起重机械和整体提升脚手架、模板等自升式架设设施的拆装属于建设项目正式建设施工前或施工后的辅助工程,危险性比较高。尤其施工起重机械和整体提升脚手架、模板等自升式架设设施的安装,在安装完毕后,由施工单位使用,其安全与否对施工安全影响极大,本条例对其提出了更高的安全要求。

三、施工单位的安全责任

1. 施工单位的资质要求

《建设工程安全生产管理条例》第二十条规定,施工单位从事建设工程的新建、扩建、改建和拆除等活动,应当具备国家规定的注册资本、专业技术人员、技术装备和安全生产等条件,依法取得相应等级的资质证书,并在其资质等级许可的范围内承揽工程。

2. 主要负责人和项目负责人的安全施工责任

《建设工程安全生产管理条例》第二十一条规定,施工单位主要负责人依法对本单位的安全生产工作全面负责。施工单位应当建立健全安全生产责任制度和安全生产教育培训制度,制定安全生产规章制度和操作规程,保证本单位安全生产条件所需资金的投入,对所承担的建设工程进行定期和专项安全检查,并做好安全检查记录。

施工单位的项目负责人应当由取得相应执业资格的人员担任,对建设工程项目的安全施工负责,落实安全生产责任制度、安全生产规章制度和操作规程,确保安全生产费用的有效使用,并根据工程的特点组织制定安全施工措施,消除安全事故隐患,及时、如实报告生产安全事故。

本条例依据《安全生产法》,结合施工单位的具体情况,对施工单位负责人安全责任作出了规定。根据施工单位的特点,项目负责人是负责整个项目安全施工的责任者,是保障项目安全施工的现场负责人,在项目安全建设中起非常重要的作用,所以对项目负责人的安全责任也作出了明确规定。

3. 安全投入的用途

《建设工程安全生产管理条例》第二十二条规定,施工单位对列入建设工程概算的安全作业环境及安全施工措施所需费用,应当用于施工安全防护用具及设施的采购和更新、安全施工措施的落实、安全生产条件的改善,不得挪作他用。

4. 安全管理机构和安全管理人员的配置

《建设工程安全生产管理条例》第二十三条规定,施工单位应当设立安全生产管理机构，配备专职安全生产管理人员。

专职安全生产管理人员负责对安全生产进行现场监督检查。发现安全事故隐患，应当及时向项目负责人和安全生产管理机构报告；对违章指挥、违章操作的，应当立即制止。

专职安全生产管理人员的配备办法由国务院建设行政主管部门会同国务院其他有关部门制定。

5. 总承包单位与分包单位的安全管理

《建设工程安全生产管理条例》第二十四条规定，建设工程实行施工总承包的，由总承包单位对施工现场的安全生产负总责。

总承包单位应当自行完成建设工程主体结构的施工。

总承包单位依法将建设工程分包给其他单位的，分包合同中应当明确各自的安全生产方面的权利、义务。总承包单位和分包单位对分包工程的安全生产承担连带责任。

分包单位应当服从总承包单位的安全生产管理，分包单位不服从管理导致生产安全事故的，由分包单位承担主要责任。

6. 特种作业人员的资格

《建设工程安全生产管理条例》第二十五条规定，垂直运输机械作业人员、安装拆卸工、爆破作业人员、起重信号工、登高架设作业人员等特种作业人员，必须按照国家有关规定经过专门的安全作业培训，并取得特种作业操作资格证书后，方可上岗作业。

7. 专项施工方案

《建设工程安全生产管理条例》第二十六条规定，施工单位应当在施工组织设计中编制安全技术措施和施工现场临时用电方案，对下列达到一定规模的危险性较大的分部分项工程编制专项施工方案，并附具安全验算结果，经施工单位技术负责人、总监理工程师签字后实施，由专职安全生产管理人员进行现场监督：

（一）基坑支护与降水工程；

（二）土方开挖工程；

（三）模板工程；

（四）起重吊装工程；

（五）脚手架工程；

（六）拆除、爆破工程；

（七）国务院建设行政主管部门或者其他有关部门规定的其他危险性较大的工程。

对前款所列工程中涉及深基坑、地下暗挖工程、高大模板工程的专项施工方案，施工单位还应当组织专家进行论证、审查。

8. 安全技术交底

《建设工程安全生产管理条例》第二十七条规定，建设工程施工前，施工单位负责项目管理的技术人员应当对有关安全施工的技术要求向施工作业班组、作业人员作出详细说明，并由双方签字确认。

9. 危险部位的安全警示标志和安全施工措施

《建设工程安全生产管理条例》第二十八条规定，施工单位应当在施工现场入口处、施工起重机械、临时用电设施、脚手架、出入通道口、楼梯口、电梯井口、孔洞口、桥梁口、隧道口、基坑边沿、爆破物及有害危险气体和液体存放处等危险部位，设置明显的安全警示标志。安全警示标志必须符合国家标准。

施工单位应当根据不同施工阶段和周围环境及季节、气候的变化，在施工现场采取相应的安全施工措施。施工现场暂时停止施工的，施工单位应当做好现场防护，所需费用由责任方承担，或者按照合同约定执行。

10. 施工现场的安全管理

《建设工程安全生产管理条例》第二十九条规定，施工单位应当将施工现场的办公、生活区与作业区分开设置，并保持安全距离；办公、生活区的选址应当符合安全性要求。职工的膳食、饮水、休息场所等应当符合卫生标准。施工单位不得在尚未竣工的建筑物内设置员工集体宿舍。

施工现场临时搭建的建筑物应当符合安全使用要求。施工现场使用的装配式活动房屋应当具有产品合格证。

《建设工程安全生产管理条例》第三十条规定，施工单位对因建设工程施工可能造成损害的毗邻建筑物、构筑物和地下管线等，应当采取专项防护措施。

施工单位应当遵守有关环境保护法律、法规的规定，在施工现场采取措施，防止或者减少粉尘、废气、废水、固体废物、噪声、振动和施工照明对人和环境的危害和污染。

在城市市区内的建设工程，施工单位应当对施工现场实行封闭围挡。

《建设工程安全生产管理条例》第三十一条规定，施工单位应当在施工现场建立消防安全责任制度，确定消防安全责任人，制定用火、用电、使用易燃易爆材料等各项消防安全管理制度和操作规程，设置消防通道、消防水源，配备消防设施和灭火器材，并在施工现场入口处设置明显标志。

《建设工程安全生产管理条例》第三十二条规定，施工单位应当向作业人员提供安全防护用具和安全防护服装，并书面告知危险岗位的操作规程和违章操作的危害。

作业人员有权对施工现场的作业条件、作业程序和作业方式中存在的安全问题提出批评、检举和控告，有权拒绝违章指挥和强令冒险作业。

在施工中发生危及人身安全的紧急情况时，作业人员有权立即停止作业或者在采取必要的应急措施后撤离危险区域。

《建设工程安全生产管理条例》第三十三条规定，作业人员应当遵守安全施工的强制性标准、规章制度和操作规程，正确使用安全防护用具、机械设备等。

《建设工程安全生产管理条例》第三十四条规定，施工单位采购、租赁的安全防护用具、机械设备、施工机具及配件，应当具有生产（制造）许可证、产品合格证，并在进入施工现场前进行查验。

施工现场的安全防护用具、机械设备、施工机具及配件必须由专人管理，定期进行检查、维修和保养，建立相应的资料档案，并按照国家有关规定及时报废。

《建设工程安全生产管理条例》第三十五条规定，施工单位在使用施工起重机械和整体提升脚手架、模板等自升式架设设施前，应当组织有关单位进行验收，也可以委托具有相应资质的检验检测机构进行验收；使用承租的机械设备和施工机具及配件的，由施工总承包单位、分包单位、出租单位和安装单位共同进行验收。验收合格的方可使用。

《特种设备安全监察条例》规定的施工起重机械，在验收前应当经有相应资质的检验检测机构监督检验合格。

施工单位应当自施工起重机械和整体提升脚手架、模板等自升式架设设施验收合格之日起30日内，向建设行政主管部门或者其他有关部门登记。登记标志应当置于或者附着于该设备的显著位置。

《建设工程安全生产管理条例》第三十六条规定，施工单位的主要负责人、项目负责人、专职安全生产管理人员应当经建设行政主管部门或者其他有关部门考核合格后方可任职。

施工单位应当对管理人员和作业人员每年至少进行一次安全生产教育培训，其教育培训情况记入个人工作档案。安全生产教育培训考核不合格的人员，不得上岗。

《建设工程安全生产管理条例》第三十七条规定，作业人员进入新的岗位或者新的施工现场前，应当接受安全生产教育培训。未经教育培训或者教育培训考核不合格的人员，不得上岗作业。

施工单位在采用新技术、新工艺、新设备、新材料时，应当对作业人员进行相应的安全生产教育培训。

《建设工程安全生产管理条例》第三十八条规定，施工单位应当为施工现场从事危险作业的人员办理意外伤害保险。

意外伤害保险费由施工单位支付。实行施工总承包的，由总承包单位支付意外伤害保险费。意外伤害保险期限自建设工程开工之日起至竣工验收合格止。

四、生产安全事故的应急救援和调查处理

1. 应急救援预案编制、演练

《建设工程安全生产管理条例》第四十八条、第四十九条规定，施工单位应当制定本单位生产安全事故应急救援预案，建立应急救援组织或者配备应急救援人员，配备必要的应急救援器材、设备，并定期组织演练。

施工单位应当根据建设工程施工的特点、范围，对施工现场易发生重大事故的部位、环节进行监控，制定施工现场生产安全事故应急救援预案。实行施工总承包的，由总承包单位统一组织编制建设工程生产安全事故应急救援预案，工程总承包单位和分包单位按照应急救援预案，各自建立应急救援组织或者配备应急救援人员，配备救援器材、设备，并定期组织演练。

2. 事故报告和调查处理

《建设工程安全生产管理条例》第五十条规定，施工单位发生生产安全事故，应当按照国家有关伤亡事故报告和调查处理的规定，及时、如实地向负责安全生产监督管理的部门、建设行政主管部门或者其他有关部门报告；特种设备发生事故的，还应当同时向特种设备安全监督管理部门报告。接到报告的部门应当按照国家有关规定，如实上报。

实行施工总承包的建设工程，由总承包单位负责上报事故。

3. 事故救援

《建设工程安全生产管理条例》第五十一条规定，发生生产安全事故后，施工单位应当采取措施防止事故扩大，保护事故现场。需要移动现场物品时，应当做出标记和书面记录，妥善保管有关证物。

五、违法行为及法律责任

《建设工程安全生产管理条例》第五十三条至第六十六条规定了建设、勘察、设计、施工、监理等单位及人员的违法责任。

第七节 《危险化学品安全管理条例》

（2002年1月26日国务院令第344号公布 2011年2月16日国务院第144次常务会议修订通过 根据2013年12月7日《国务院关于修改部分行政法规的决定》修订）

《危险化学品安全管理条例》的立法目的是加强危险化学品的安全管理，预防和减少危险化学品事故，保障人民群众生命财产安全，保护环境安全。

一、适用范围

1. 普遍适用

《危险化学品安全管理条例》第二条第一款规定，危险化学品生产、储存、使用、经营和运输的安全管理，适用本条例。

《危险化学品安全管理条例》第九十七条第一款规定，监控化学品、属于危险化学品的药品和农药的安全管理，依照本条例的规定执行；法律、行政法规另有规定的，依照其规定。

《危险化学品安全管理条例》第九十八条第一款第二项规定，进口的危险化学品的储存、使用、经营、运输的安全管理，依照本条例的规定执行。

2. 排除适用

《危险化学品安全管理条例》第二条第二款规定，废弃危险化学品的处置，依照有关环境保护的法律、行政法规和国家有关规定执行。

《危险化学品安全管理条例》第九十七条第二、三、四款规定，民用爆炸物品、烟花爆竹、放射性物品、核能物质以及用于国防科研生产的危险化学品的安全管理，不适用本条例。

法律、行政法规对燃气的安全管理另有规定的，依照其规定。

危险化学品容器属于特种设备的，其安全管理依照有关特种设备安全的法律、行政法规的规定执行。

《危险化学品安全管理条例》第九十八条第一款第一项、第二款规定，危险化学品的进出口管理，依照有关对外贸易的法律、行政法规、规章的规定执行。

危险化学品环境管理登记和新化学物质环境管理登记，依照有关环境保护的法律、行政法规、规章的规定执行。

二、生产、储存安全

1. 建设项目的安全条件审查和论证

《危险化学品安全管理条例》第十二条规定，新建、改建、扩建生产、储存危险化学品的建设项目（以下简称建设项目），应当由安全生产监督管理部门进行安全条件审查。

建设单位应当对建设项目进行安全条件论证，委托具备国家规定的资质条件的机构对建设项目进行安全评价，并将安全条件论证和安全评价的情况报告报建设项目所在地设区的市级以上人民政府安全生产监督管理部门；安全生产监督管理部门应当自收到报告之日起45日内作出审查决定，并书面通知建设单位。具体办法由国务院安全生产监督管理部门制定。

新建、改建、扩建储存、装卸危险化学品的港口建设项目,由港口行政管理部门按照国务院交通运输主管部门的规定进行安全条件审查。

2. 危险化学品管道的安全标志及检查

《危险化学品安全管理条例》第十三条规定,生产、储存危险化学品的单位,应当对其铺设的危险化学品管道设置明显标志,并对危险化学品管道定期检查、检测。

进行可能危及危险化学品管道安全的施工作业,施工单位应当在开工的7日前书面通知管道所属单位,并与管道所属单位共同制定应急预案,采取相应的安全防护措施。管道所属单位应当指派专门人员到现场进行管道安全保护指导。

对于气体、液体类的危险化学品,危险化学品管道输送安全性高,但地质环境和各类施工作业影响大,《危险化学品输送管道安全管理规定》对危险化学品输送管道规划、建设、运行等提出了要求。

3. 取得许可证

《危险化学品安全管理条例》第十四条规定,危险化学品生产企业进行生产前,应当依照《安全生产许可证条例》的规定,取得危险化学品安全生产许可证。

生产列入国家实行生产许可证制度的工业产品目录的危险化学品的企业,应当依照《中华人民共和国工业产品生产许可证管理条例》的规定,取得工业产品生产许可证。

负责颁发危险化学品安全生产许可证、工业产品生产许可证的部门,应当将其颁发许可证的情况及时向同级工业和信息化主管部门、环境保护主管部门和公安机关通报。

4. 安全技术说明书和安全标签

《危险化学品安全管理条例》第十五条规定,危险化学品生产企业应当提供与其生产的危险化学品相符的化学品安全技术说明书,并在危险化学品包装(包括外包装件)上粘贴或者拴挂与包装内危险化学品相符的化学品安全标签。化学品安全技术说明书和化学品安全标签所载明的内容应当符合国家标准的要求。

危险化学品生产企业发现其生产的危险化学品有新的危险特性的,应当立即公告,并及时修订其化学品安全技术说明书和化学品安全标签。

化学品安全技术说明书是随危险化学品流转的,出厂时由生产企业提供,内容排序、格式等要符合国家标准要求。化学品安全标签是粘贴、拴挂在外包装上的,是化学品安全技术说明书的简版,用图形和文字让使用者立即了解化学品的危险特性。

5. 危险化学品包装物、容器

《危险化学品安全管理条例》第十七条规定,危险化学品的包装应当符合法律、行政法规、规章的规定以及国家标准、行业标准的要求。

危险化学品包装物、容器的材质以及危险化学品包装的型式、规格、方法和单件质量（重量），应当与所包装的危险化学品的性质和用途相适应。

《危险化学品安全管理条例》第十八条规定，生产列入国家实行生产许可证制度的工业产品目录的危险化学品包装物、容器的企业，应当依照《中华人民共和国工业产品生产许可证管理条例》的规定，取得工业产品生产许可证；其生产的危险化学品包装物、容器经国务院质量监督检验检疫部门认定的检验机构检验合格，方可出厂销售。

运输危险化学品的船舶及其配载的容器，应当按照国家船舶检验规范进行生产，并经海事管理机构认定的船舶检验机构检验合格，方可投入使用。

对重复使用的危险化学品包装物、容器，使用单位在重复使用前应当进行检查；发现存在安全隐患的，应当维修或者更换。使用单位应当对检查情况作出记录，记录的保存期限不得少于2年。

6. 重大危险源选址

《危险化学品安全管理条例》第十九条规定，危险化学品生产装置或者储存数量构成重大危险源的危险化学品储存设施（运输工具加油站、加气站除外），与下列场所、设施、区域的距离应当符合国家有关规定：

（一）居住区以及商业中心、公园等人员密集场所；

（二）学校、医院、影剧院、体育场（馆）等公共设施；

（三）饮用水源、水厂以及水源保护区；

（四）车站、码头（依法经许可从事危险化学品装卸作业的除外）、机场以及通信干线、通信枢纽、铁路线路、道路交通干线、水路交通干线、地铁风亭以及地铁站出入口；

（五）基本农田保护区、基本草原、畜禽遗传资源保护区、畜禽规模化养殖场（养殖小区）、渔业水域以及种子、种畜禽、水产苗种生产基地；

（六）河流、湖泊、风景名胜区、自然保护区；

（七）军事禁区、军事管理区；

（八）法律、行政法规规定的其他场所、设施、区域。

已建的危险化学品生产装置或者储存数量构成重大危险源的危险化学品储存设施不符合前款规定的，由所在地设区的市级人民政府安全生产监督管理部门会同有关部门监督其所属单位在规定期限内进行整改；需要转产、停产、搬迁、关闭的，由本级人民政府决定并组织实施。

储存数量构成重大危险源的危险化学品储存设施的选址，应当避开地震活动断层和容易发生洪灾、地质灾害的区域。

7. 安全设备设施的设置

《危险化学品安全管理条例》第二十条规定，生产、储存危险化学品的单位，应当根据其生产、储存的危险化学品的种类和危险特性，在作业场所设置相应的监测、监控、通风、防晒、调温、防火、灭火、防爆、泄压、防毒、中和、防潮、防雷、防静电、防腐、防泄漏以及防护围堤或者隔离操作等安全设施、设备，并按照国家标准、行业标准或者国家有关规定对安全设施、设备进行经常性维护、保养，保证安全设施、设备的正常使用。

生产、储存危险化学品的单位，应当在其作业场所和安全设施、设备上设置明显的安全警示标志。

《危险化学品安全管理条例》第二十一条规定，生产、储存危险化学品的单位，应当在其作业场所设置通信、报警装置，并保证处于适用状态。

8. 安全现状评价及整改

《危险化学品安全管理条例》第二十二条规定，生产、储存危险化学品的企业，应当委托具备国家规定的资质条件的机构，对本企业的安全生产条件每3年进行一次安全评价，提出安全评价报告。安全评价报告的内容应当包括对安全生产条件存在的问题进行整改的方案。

生产、储存危险化学品的企业，应当将安全评价报告以及整改方案的落实情况报所在地县级人民政府安全生产监督管理部门备案。在港区内储存危险化学品的企业，应当将安全评价报告以及整改方案的落实情况报港口行政管理部门备案。

9. 剧毒化学品和易制爆危险化学品

《危险化学品安全管理条例》第二十三条规定，生产、储存剧毒化学品或者国务院公安部门规定的可用于制造爆炸物品的危险化学品（以下简称易制爆危险化学品）的单位，应当如实记录其生产、储存的剧毒化学品、易制爆危险化学品的数量、流向，并采取必要的安全防范措施，防止剧毒化学品、易制爆危险化学品丢失或者被盗；发现剧毒化学品、易制爆危险化学品丢失或者被盗的，应当立即向当地公安机关报告。

生产、储存剧毒化学品、易制爆危险化学品的单位，应当设置治安保卫机构，配备专职治安保卫人员。

10. 危险化学品仓库

《危险化学品安全管理条例》第二十四条规定，危险化学品应当储存在专用仓库、专用场地或者专用储存室（以下统称专用仓库）内，并由专人负责管理；剧毒化学品以及储存数量构成重大危险源的其他危险化学品，应当在专用仓库内单独存放，并实行双人收发、双人保管制度。

危险化学品的储存方式、方法以及储存数量应当符合国家标准或者国家有关规定。

《危险化学品安全管理条例》第二十五条规定，储存危险化学品的单位应当建立危险化学品出入库核查、登记制度。

对剧毒化学品以及储存数量构成重大危险源的其他危险化学品，储存单位应当将其储存数量、储存地点以及管理人员的情况，报所在地县级人民政府安全生产监督管理部门（在港区内储存的，报港口行政管理部门）和公安机关备案。

《危险化学品安全管理条例》第二十六条规定，危险化学品专用仓库应当符合国家标准、行业标准的要求，并设置明显的标志。储存剧毒化学品、易制爆危险化学品的专用仓库，应当按照国家有关规定设置相应的技术防范设施。

储存危险化学品的单位应当对其危险化学品专用仓库的安全设施、设备定期进行检测、检验。

11. 危险化学品单位转产、停产、停业或者解散

《危险化学品安全管理条例》第二十七条规定，生产、储存危险化学品的单位转产、停产、停业或者解散的，应当采取有效措施，及时、妥善处置其危险化学品生产装置、储存设施以及库存的危险化学品，不得丢弃危险化学品；处置方案应当报所在地县级人民政府安全生产监督管理部门、工业和信息化主管部门、环境保护主管部门和公安机关备案。安全生产监督管理部门应当会同环境保护主管部门和公安机关对处置情况进行监督检查，发现未依照规定处置的，应当责令其立即处置。

三、使用安全

1. 使用危险化学品的单位基本安全要求

《危险化学品安全管理条例》第二十八条规定，使用危险化学品的单位，其使用条件（包括工艺）应当符合法律、行政法规的规定和国家标准、行业标准的要求，并根据所使用的危险化学品的种类、危险特性以及使用量和使用方式，建立、健全使用危险化学品的安全管理规章制度和安全操作规程，保证危险化学品的安全使用。

2. 危险化学品安全使用许可证

（1）需要取得安全使用许可证的化工企业

《危险化学品安全管理条例》第二十九条规定，使用危险化学品从事生产并且使用量达到规定数量的化工企业（属于危险化学品生产企业的除外，下同），应当依照本条例的规定取得危险化学品安全使用许可证。

前款规定的危险化学品使用量的数量标准，由国务院安全生产监督管理部门会同国务院公安部门、农业主管部门确定并公布。

（2）安全使用许可证取得的条件

《危险化学品安全管理条例》第三十条规定，申请危险化学品安全使用许可证的化

工企业，除应当符合本条例第二十八条的规定外，还应当具备下列条件：

（一）有与所使用的危险化学品相适应的专业技术人员；

（二）有安全管理机构和专职安全管理人员；

（三）有符合国家规定的危险化学品事故应急预案和必要的应急救援器材、设备；

（四）依法进行了安全评价。

（3）安全使用许可证取得的程序

《危险化学品安全管理条例》第三十一条规定，申请危险化学品安全使用许可证的化工企业，应当向所在地设区的市级人民政府安全生产监督管理部门提出申请，并提交其符合本条例第三十条规定条件的证明材料。设区的市级人民政府安全生产监督管理部门应当依法进行审查，自收到证明材料之日起45日内作出批准或者不予批准的决定。予以批准的，颁发危险化学品安全使用许可证；不予批准的，书面通知申请人并说明理由。

安全生产监督管理部门应当将其颁发危险化学品安全使用许可证的情况及时向同级环境保护主管部门和公安机关通报。

四、经营安全

1. 经营许可证

（1）经营许可证的基本要求

《危险化学品安全管理条例》第三十三条规定，国家对危险化学品经营（包括仓储经营，下同）实行许可制度。未经许可，任何单位和个人不得经营危险化学品。

依法设立的危险化学品生产企业在其厂区范围内销售本企业生产的危险化学品，不需要取得危险化学品经营许可。

依照《中华人民共和国港口法》的规定取得港口经营许可证的港口经营人，在港区内从事危险化学品仓储经营，不需要取得危险化学品经营许可。

（2）经营许可证的条件

《危险化学品安全管理条例》第三十四条规定，从事危险化学品经营的企业应当具备下列条件：

（一）有符合国家标准、行业标准的经营场所，储存危险化学品的，还应当有符合国家标准、行业标准的储存设施；

（二）从业人员经过专业技术培训并经考核合格；

（三）有健全的安全管理规章制度；

（四）有专职安全管理人员；

（五）有符合国家规定的危险化学品事故应急预案和必要的应急救援器材、设备；

（六）法律、法规规定的其他条件。

（3）经营许可证的程序

《危险化学品安全管理条例》第三十五条规定，从事剧毒化学品、易制爆危险化学品经营的企业，应当向所在地设区的市级人民政府安全生产监督管理部门提出申请，从事其他危险化学品经营的企业，应当向所在地县级人民政府安全生产监督管理部门提出申请（有储存设施的，应当向所在地设区的市级人民政府安全生产监督管理部门提出申请）。申请人应当提交其符合本条例第三十四条规定条件的证明材料。设区的市级人民政府安全生产监督管理部门或者县级人民政府安全生产监督管理部门应当依法进行审查，并对申请人的经营场所、储存设施进行现场核查，自收到证明材料之日起30日内作出批准或者不予批准的决定。予以批准的，颁发危险化学品经营许可证；不予批准的，书面通知申请人并说明理由。

设区的市级人民政府安全生产监督管理部门和县级人民政府安全生产监督管理部门应当将其颁发危险化学品经营许可证的情况及时向同级环境保护主管部门和公安机关通报。

申请人持危险化学品经营许可证向工商行政管理部门办理登记手续后，方可从事危险化学品经营活动。法律、行政法规或者国务院规定经营危险化学品还需要经其他有关部门许可的，申请人向工商行政管理部门办理登记手续时还应当持相应的许可证件。

2. 危险化学品储存要求

《危险化学品安全管理条例》第三十六条规定，危险化学品经营企业储存危险化学品的，应当遵守本条例第二章关于储存危险化学品的规定。危险化学品商店内只能存放民用小包装的危险化学品。

3. 危险化学品经营的禁止行为

《危险化学品安全管理条例》第三十七条规定，危险化学品经营企业不得向未经许可从事危险化学品生产、经营活动的企业采购危险化学品，不得经营没有化学品安全技术说明书或者化学品安全标签的危险化学品。

4. 剧毒化学品、易制爆危险化学品购销

（1）剧毒化学品、易制爆危险化学品购买许可

《危险化学品安全管理条例》第三十八条规定，依法取得危险化学品安全生产许可证、危险化学品安全使用许可证、危险化学品经营许可证的企业，凭相应的许可证件购买剧毒化学品、易制爆危险化学品。民用爆炸物品生产企业凭民用爆炸物品生产许可证购买易制爆危险化学品。

前款规定以外的单位购买剧毒化学品的，应当向所在地县级人民政府公安机关申

请取得剧毒化学品购买许可证；购买易制爆危险化学品的，应当持本单位出具的合法用途说明。

个人不得购买剧毒化学品（属于剧毒化学品的农药除外）和易制爆危险化学品。

剧毒化学品、易制爆危险化学品危险性高、危害性大，一旦造成事故，社会影响很大，国家对其进行特殊管理，其生产、储存、购销、运输、使用整个生命周期内的各个环节都有明确详细的规定，并由公安机关对其监控，以确保安全。属于剧毒化学品的农药不在禁止个人购买的范围内。

（2）购买许可证申请程序

《危险化学品安全管理条例》第三十九条规定，申请取得剧毒化学品购买许可证，申请人应当向所在地县级人民政府公安机关提交下列材料：

（一）营业执照或者法人证书（登记证书）的复印件；

（二）拟购买的剧毒化学品品种、数量的说明；

（三）购买剧毒化学品用途的说明；

（四）经办人的身份证明。

县级人民政府公安机关应当自收到前款规定的材料之日起3日内，作出批准或者不予批准的决定。予以批准的，颁发剧毒化学品购买许可证；不予批准的，书面通知申请人并说明理由。

剧毒化学品购买许可证管理办法由国务院公安部门制定。

（3）剧毒化学品、易制爆危险化学品销售要求

《危险化学品安全管理条例》第四十条规定，危险化学品生产企业、经营企业销售剧毒化学品、易制爆危险化学品，应当查验本条例第三十八条第一款、第二款规定的相关许可证件或者证明文件，不得向不具有相关许可证件或者证明文件的单位销售剧毒化学品、易制爆危险化学品。对持剧毒化学品购买许可证购买剧毒化学品的，应当按照许可证载明的品种、数量销售。

禁止向个人销售剧毒化学品（属于剧毒化学品的农药除外）和易制爆危险化学品。

《危险化学品安全管理条例》第四十一条第一款规定，危险化学品生产企业、经营企业销售剧毒化学品、易制爆危险化学品，应当如实记录购买单位的名称、地址、经办人的姓名、身份证号码以及所购买的剧毒化学品、易制爆危险化学品的品种、数量、用途。销售记录以及经办人的身份证明复印件、相关许可证件复印件或者证明文件的保存期限不得少于1年。

（4）剧毒化学品、易制爆危险化学品购销备案

《危险化学品安全管理条例》第四十一条第二款规定，剧毒化学品、易制爆危险化学品的销售企业、购买单位应当在销售、购买后5日内，将所销售、购买的剧毒化学

品、易制爆危险化学品的品种、数量以及流向信息报所在地县级人民政府公安机关备案，并输入计算机系统。

（5）转产、停产、搬迁、关闭企业对剧毒化学品、易制爆危险化学品的处理

《危险化学品安全管理条例》第四十二条规定，使用剧毒化学品、易制爆危险化学品的单位不得出借、转让其购买的剧毒化学品、易制爆危险化学品；因转产、停产、搬迁、关闭等确需转让的，应当向具有本条例规定的相关许可证件或者证明文件的单位转让，并在转让后将有关情况及时向所在地县级人民政府公安机关报告。

五、运输安全

1. 运输许可

《危险化学品安全管理条例》第四十三条第一款规定，从事危险化学品道路运输、水路运输的，应当分别依照有关道路运输、水路运输的法律、行政法规的规定，取得危险货物道路运输许可、危险货物水路运输许可，并向工商行政管理部门办理登记手续。

无论是道路运输还是水路运输危险化学品，运输企业必须依法取得运输许可，这是对从事危险化学品运输企业最基本的要求。

2. 人员资格

《危险化学品安全管理条例》第四十三条第二款规定，危险化学品道路运输企业、水路运输企业应当配备专职安全管理人员。

《危险化学品安全管理条例》第四十四条第一款规定，危险化学品道路运输企业、水路运输企业的驾驶人员、船员、装卸管理人员、押运人员、申报人员、集装箱装箱现场检查员应当经交通运输主管部门考核合格，取得从业资格。具体办法由国务院交通运输主管部门制定。

3. 装卸作业安全

《危险化学品安全管理条例》第四十四条第二款规定，危险化学品的装卸作业应当遵守安全作业标准、规程和制度，并在装卸管理人员的现场指挥或者监控下进行。水路运输危险化学品的集装箱装箱作业应当在集装箱装箱现场检查员的指挥或者监控下进行，并符合积载、隔离的规范和要求；装箱作业完毕后，集装箱装箱现场检查员应当签署装箱证明书。

4. 安全运输基本要求

《危险化学品安全管理条例》第四十五条规定，运输危险化学品，应当根据危险化学品的危险特性采取相应的安全防护措施，并配备必要的防护用品和应急救援器材。

用于运输危险化学品的槽罐以及其他容器应当封口严密，能够防止危险化学品在运输过程中因温度、湿度或者压力的变化发生渗漏、洒漏；槽罐以及其他容器的溢流

和泄压装置应当设置准确、起闭灵活。

运输危险化学品的驾驶人员、船员、装卸管理人员、押运人员、申报人员、集装箱装箱现场检查员，应当了解所运输的危险化学品的危险特性及其包装物、容器的使用要求和出现危险情况时的应急处置方法。

5. 道路运输危险化学品安全要求

（1）道路运输危险化学品一般要求

《危险化学品安全管理条例》第四十六条规定，通过道路运输危险化学品的，托运人应当委托依法取得危险货物道路运输许可的企业承运。

《危险化学品安全管理条例》第四十七条规定，通过道路运输危险化学品的，应当按照运输车辆的核定载质量装载危险化学品，不得超载。

危险化学品运输车辆应当符合国家标准要求的安全技术条件，并按照国家有关规定定期进行安全技术检验。

危险化学品运输车辆应当悬挂或者喷涂符合国家标准要求的警示标志。

《危险化学品安全管理条例》第四十八条规定，通过道路运输危险化学品的，应当配备押运人员，并保证所运输的危险化学品处于押运人员的监控之下。

运输危险化学品途中因住宿或者发生影响正常运输的情况，需要较长时间停车的，驾驶人员、押运人员应当采取相应的安全防范措施；运输剧毒化学品或者易制爆危险化学品的，还应当向当地公安机关报告。

《危险化学品安全管理条例》第四十九条规定，未经公安机关批准，运输危险化学品的车辆不得进入危险化学品运输车辆限制通行的区域。危险化学品运输车辆限制通行的区域由县级人民政府公安机关划定，并设置明显的标志。

（2）道路运输剧毒化学品的特殊规定

《危险化学品安全管理条例》第五十条规定，通过道路运输剧毒化学品的，托运人应当向运输始发地或者目的地县级人民政府公安机关申请剧毒化学品道路运输通行证。

申请剧毒化学品道路运输通行证，托运人应当向县级人民政府公安机关提交下列材料：

（一）拟运输的剧毒化学品品种、数量的说明；

（二）运输始发地、目的地、运输时间和运输路线的说明；

（三）承运人取得危险货物道路运输许可、运输车辆取得营运证以及驾驶人员、押运人员取得上岗资格的证明文件；

（四）本条例第三十八条第一款、第二款规定的购买剧毒化学品的相关许可证件，或者海关出具的进出口证明文件。

县级人民政府公安机关应当自收到前款规定的材料之日起7日内，作出批准或者不予批准的决定。予以批准的，颁发剧毒化学品道路运输通行证；不予批准的，书面通知申请人并说明理由。

剧毒化学品道路运输通行证管理办法由国务院公安部门制定。

《危险化学品安全管理条例》第五十一条规定，剧毒化学品、易制爆危险化学品在道路运输途中丢失、被盗、被抢或者出现流散、泄漏等情况的，驾驶人员、押运人员应当立即采取相应的警示措施和安全措施，并向当地公安机关报告。公安机关接到报告后，应当根据实际情况立即向安全生产监督管理部门、环境保护主管部门、卫生主管部门通报。有关部门应当采取必要的应急处置措施。

6. 水路运输危险化学品安全要求

（1）水路运输危险化学品的一般要求

《危险化学品安全管理条例》第五十二条规定，通过水路运输危险化学品的，应当遵守法律、行政法规以及国务院交通运输主管部门关于危险货物水路运输安全的规定。

《危险化学品安全管理条例》第五十三条规定，海事管理机构应当根据危险化学品的种类和危险特性，确定船舶运输危险化学品的相关安全运输条件。

拟交付船舶运输的化学品的相关安全运输条件不明确的，货物所有人或者代理人应当委托相关技术机构进行评估，明确相关安全运输条件并经海事管理机构确认后，方可交付船舶运输。

《危险化学品安全管理条例》第五十五条规定，国务院交通运输主管部门应当根据危险化学品的危险特性，对通过内河运输本条例第五十四条规定以外的危险化学品（以下简称通过内河运输危险化学品）实行分类管理，对各类危险化学品的运输方式、包装规范和安全防护措施等分别作出规定并监督实施。

《危险化学品安全管理条例》第五十六条规定，通过内河运输危险化学品，应当由依法取得危险货物水路运输许可的水路运输企业承运，其他单位和个人不得承运。托运人应当委托依法取得危险货物水路运输许可的水路运输企业承运，不得委托其他单位和个人承运。

《危险化学品安全管理条例》第五十七条规定，通过内河运输危险化学品，应当使用依法取得危险货物适装证书的运输船舶。水路运输企业应当针对所运输的危险化学品的危险特性，制定运输船舶危险化学品事故应急救援预案，并为运输船舶配备充足、有效的应急救援器材和设备。

通过内河运输危险化学品的船舶，其所有人或者经营人应当取得船舶污染损害责任保险证书或者财务担保证明。船舶污染损害责任保险证书或者财务担保证明的副本应当随船携带。

《危险化学品安全管理条例》第五十八条规定，通过内河运输危险化学品，危险化学品包装物的材质、型式、强度以及包装方法应当符合水路运输危险化学品包装规范的要求。国务院交通运输主管部门对单船运输的危险化学品数量有限制性规定的，承运人应当按照规定安排运输数量。

《危险化学品安全管理条例》第五十九条规定，用于危险化学品运输作业的内河码头、泊位应当符合国家有关安全规范，与饮用水取水口保持国家规定的距离。有关管理单位应当制定码头、泊位危险化学品事故应急预案，并为码头、泊位配备充足、有效的应急救援器材和设备。

用于危险化学品运输作业的内河码头、泊位，经交通运输主管部门按照国家有关规定验收合格后方可投入使用。

《危险化学品安全管理条例》第六十条规定，船舶载运危险化学品进出内河港口，应当将危险化学品的名称、危险特性、包装以及进出港时间等事项，事先报告海事管理机构。海事管理机构接到报告后，应当在国务院交通运输主管部门规定的时间内作出是否同意的决定，通知报告人，同时通报港口行政管理部门。定船舶、定航线、定货种的船舶可以定期报告。

在内河港口内进行危险化学品的装卸、过驳作业，应当将危险化学品的名称、危险特性、包装和作业的时间、地点等事项报告港口行政管理部门。港口行政管理部门接到报告后，应当在国务院交通运输主管部门规定的时间内作出是否同意的决定，通知报告人，同时通报海事管理机构。

载运危险化学品的船舶在内河航行，通过过船建筑物的，应当提前向交通运输主管部门申报，并接受交通运输主管部门的管理。

《危险化学品安全管理条例》第六十一条规定，载运危险化学品的船舶在内河航行、装卸或者停泊，应当悬挂专用的警示标志，按照规定显示专用信号。

载运危险化学品的船舶在内河航行，按照国务院交通运输主管部门的规定需要引航的，应当申请引航。

《危险化学品安全管理条例》第六十二条规定，载运危险化学品的船舶在内河航行，应当遵守法律、行政法规和国家其他有关饮用水水源保护的规定。内河航道发展规划应当与依法经批准的饮用水水源保护区划定方案相协调。

（2）水路运输危险化学品的禁止性规定

《危险化学品安全管理条例》第五十四条规定，禁止通过内河封闭水域运输剧毒化学品以及国家规定禁止通过内河运输的其他危险化学品。

前款规定以外的内河水域，禁止运输国家规定禁止通过内河运输的剧毒化学品以及其他危险化学品。

禁止通过内河运输的剧毒化学品以及其他危险化学品的范围,由国务院交通运输主管部门会同国务院环境保护主管部门、工业和信息化主管部门、安全生产监督管理部门,根据危险化学品的危险特性、危险化学品对人体和水环境的危害程度以及消除危害后果的难易程度等因素规定并公布。

7. 危险化学品托运人的责任

《危险化学品安全管理条例》第六十三条规定,托运危险化学品的,托运人应当向承运人说明所托运的危险化学品的种类、数量、危险特性以及发生危险情况的应急处置措施,并按照国家有关规定对所托运的危险化学品妥善包装,在外包装上设置相应的标志。

运输危险化学品需要添加抑制剂或者稳定剂的,托运人应当添加,并将有关情况告知承运人。

《危险化学品安全管理条例》第六十四条规定,托运人不得在托运的普通货物中夹带危险化学品,不得将危险化学品匿报或者谎报为普通货物托运。

任何单位和个人不得交寄危险化学品或者在邮件、快件内夹带危险化学品,不得将危险化学品匿报或者谎报为普通物品交寄。邮政企业、快递企业不得收寄危险化学品。

对涉嫌违反本条第一款、第二款规定的,交通运输主管部门、邮政管理部门可以依法开拆查验。

六、危险化学品登记与事故应急救援

1. 危险化学品登记

《危险化学品安全管理条例》第六十七条规定,危险化学品生产企业、进口企业,应当向国务院安全生产监督管理部门负责危险化学品登记的机构(以下简称危险化学品登记机构)办理危险化学品登记。

危险化学品登记包括下列内容:

(一)分类和标签信息;

(二)物理、化学性质;

(三)主要用途;

(四)危险特性;

(五)储存、使用、运输的安全要求;

(六)出现危险情况的应急处置措施。

对同一企业生产、进口的同一品种的危险化学品,不进行重复登记。危险化学品生产企业、进口企业发现其生产、进口的危险化学品有新的危险特性的，应当及时向危险化学品登记机构办理登记内容变更手续。

危险化学品登记的具体办法由国务院安全生产监督管理部门制定。

2. 危险化学品事故应急预案制定及演练

《危险化学品安全管理条例》第七十条规定，危险化学品单位应当制定本单位危险化学品事故应急预案，配备应急救援人员和必要的应急救援器材、设备，并定期组织应急救援演练。

危险化学品单位应当将其危险化学品事故应急预案报所在地设区的市级人民政府安全生产监督管理部门备案。

3. 危险化学品事故报告及救援

《危险化学品安全管理条例》第七十一条规定，发生危险化学品事故，事故单位主要负责人应当立即按照本单位危险化学品应急预案组织救援，并向当地安全生产监督管理部门和环境保护、公安、卫生主管部门报告；道路运输、水路运输过程中发生危险化学品事故的，驾驶人员、船员或者押运人员还应当向事故发生地交通运输主管部门报告。

《危险化学品安全管理条例》第七十二条规定，发生危险化学品事故，有关地方人民政府应当立即组织安全生产监督管理、环境保护、公安、卫生、交通运输等有关部门，按照本地区危险化学品事故应急预案组织实施救援，不得拖延、推诿。

有关地方人民政府及其有关部门应当按照下列规定，采取必要的应急处置措施，减少事故损失，防止事故蔓延、扩大：

（一）立即组织营救和救治受害人员，疏散、撤离或者采取其他措施保护危害区域内的其他人员；

（二）迅速控制危害源，测定危险化学品的性质、事故的危害区域及危害程度；

（三）针对事故对人体、动植物、土壤、水源、大气造成的现实危害和可能产生的危害，迅速采取封闭、隔离、洗消等措施；

（四）对危险化学品事故造成的环境污染和生态破坏状况进行监测、评估，并采取相应的环境污染治理和生态修复措施。

《危险化学品安全管理条例》第七十三条规定，有关危险化学品单位应当为危险化学品事故应急救援提供技术指导和必要的协助。

七、违法行为及法律责任

《危险化学品安全管理条例》第七十四条至第九十四条对生产、经营、使用、储存、运输危险化学品单位及个人的违法行为作出了规定，制定了相应的处罚条款。

第八节 《烟花爆竹安全管理条例》

（2006年1月21日国务院令第455号公布 根据2016年2月6日《国务院关于修改部分行政法规的决定》修订）

《烟花爆竹安全管理条例》的立法目的是加强烟花爆竹安全管理，预防爆炸事故发生，保障公共安全和人身、财产的安全。

一、生产安全

1. 生产企业应当具备的安全生产条件

《烟花爆竹安全管理条例》第八条规定，生产烟花爆竹的企业，应当具备下列条件：

（一）符合当地产业结构规划；

（二）基本建设项目经过批准；

（三）选址符合城乡规划，并与周边建筑、设施保持必要的安全距离；

（四）厂房和仓库的设计、结构和材料以及防火、防爆、防雷、防静电等安全设备、设施符合国家有关标准和规范；

（五）生产设备、工艺符合安全标准；

（六）产品品种、规格、质量符合国家标准；

（七）有健全的安全生产责任制；

（八）有安全生产管理机构和专职安全生产管理人员；

（九）依法进行了安全评价；

（十）有事故应急救援预案、应急救援组织和人员，并配备必要的应急救援器材、设备；

（十一）法律、法规规定的其他条件。

2. 安全生产许可证

（1）安全生产许可证申请程序

《烟花爆竹安全管理条例》第九条规定，生产烟花爆竹的企业，应当在投入生产前向所在地设区的市人民政府安全生产监督管理部门提出安全审查申请，并提交能够证明符合本条例第八条规定条件的有关材料。设区的市人民政府安全生产监督管理部门应当自收到材料之日起20日内提出安全审查初步意见，报省、自治区、直辖市人民政府安全生产监督管理部门审查。省、自治区、直辖市人民政府安全生产监督管理部门应当自受理申请之日起 45 日内进行安全审查，对符合条件的，核发《烟花爆竹安全生产许可证》；对不符合条件的，应当说明理由。

烟花爆竹生产属于高危行业，根据《安全生产许可证条例》和本条例的规定，生产企业要取得安全生产许可证。每年都有许多违法生产烟花爆竹的单位和个人，因为不具备安全生产条件而导致事故发生。

烟花爆竹安全生产许可证的审批流程与其他安全生产许可证不同，需要在省级应急管理部门提交资料申请之前先由设区的市级应急管理部门对提交的资料进行初审。

（2）重新办理安全生产许可证的情况

《烟花爆竹安全管理条例》第十条规定，生产烟花爆竹的企业为扩大生产能力进行基本建设或者技术改造的，应当依照本条例的规定申请办理安全生产许可证。

（3）工伤登记

《烟花爆竹安全管理条例》第十条规定，生产烟花爆竹的企业，持《烟花爆竹安全生产许可证》到工商行政管理部门办理登记手续后，方可从事烟花爆竹生产活动。

3. 安全生产管理

（1）人员资格

《烟花爆竹安全管理条例》第十二条规定，生产烟花爆竹的企业，应当对生产作业人员进行安全生产知识教育，对从事药物混合、造粒、筛选、装药、筑药、压药、切引、搬运等危险工序的作业人员进行专业技术培训。从事危险工序的作业人员经设区的市人民政府安全生产监督管理部门考核合格，方可上岗作业。

烟花爆竹生产过程中，危险工序的作业人员工作中直接接触易燃易爆的烟花爆竹原材料和产成品，危险性高，事故发生的可能性大。他们的安全知识和专业技能、安全意识和安全行为习惯对烟花爆竹安全生产起到很重要的作用。本条例对这些危险工序的作业人员的专业技术培训和考核提出了要求。

（2）安全生产管理要求

《烟花爆竹安全管理条例》第十一条规定，生产烟花爆竹的企业，应当按照安全生产许可证核定的产品种类进行生产，生产工序和生产作业应当执行有关国家标准和行业标准。

《烟花爆竹安全管理条例》第十三条至第十五条规定，生产烟花爆竹使用的原料，应当符合国家标准的规定。生产烟花爆竹使用的原料，国家标准有用量限制的，不得超过规定的用量。不得使用国家标准规定禁止使用或者禁忌配伍的物质生产烟花爆竹。

生产烟花爆竹的企业，应当按照国家标准的规定，在烟花爆竹产品上标注燃放说明，并在烟花爆竹包装物上印制易燃易爆危险物品警示标志。

生产烟花爆竹的企业，应当对黑火药、烟火药、引火线的保管采取必要的安全技术措施，建立购买、领用、销售登记制度，防止黑火药、烟火药、引火线丢失。黑火药、烟火药、引火线丢失的，企业应当立即向当地安全生产监督管理部门和公安部门报告。

二、经营安全

1. 经营场所

《烟花爆竹安全管理条例》第十六条规定，烟花爆竹的经营分为批发和零售。

从事烟花爆竹批发的企业和零售经营者的经营布点，应当经安全生产监督管理部门审批。

禁止在城市市区布设烟花爆竹批发场所；城市市区的烟花爆竹零售网点，应当按照严格控制的原则合理布设。

不允许在城市市区布设烟花爆竹批发场所是因为批发企业烟花爆竹存量较大，一旦发生事故，波及范围广，后果严重。即使允许在市区设置零售网点，也必须遵守严格控制的原则，以确保烟花爆竹经营安全。

2. 批发企业应当具备的条件

《烟花爆竹安全管理条例》第十七条规定，从事烟花爆竹批发的企业，应当具备下列条件：

（一）具有企业法人条件；

（二）经营场所与周边建筑、设施保持必要的安全距离；

（三）有符合国家标准的经营场所和储存仓库；

（四）有保管员、仓库守护员；

（五）依法进行了安全评价；

（六）有事故应急救援预案、应急救援组织和人员，并配备必要的应急救援器材、设备；

（七）法律、法规规定的其他条件。

3. 零售经营者应当具备的条件

《烟花爆竹安全管理条例》第十八条规定，烟花爆竹零售经营者，应当具备下列条件：

（一）主要负责人经过安全知识教育；

（二）实行专店或者专柜销售，设专人负责安全管理；

（三）经营场所配备必要的消防器材，张贴明显的安全警示标志；

（四）法律、法规规定的其他条件。

经营者必须具备保障安全的经营条件，以确保经营安全。

4. 经营许可证

（1）烟花爆竹经营（批发）许可证程序

《烟花爆竹安全管理条例》第十九条第一款规定，申请从事烟花爆竹批发的企业，应当向所在地设区的市人民政府安全生产监督管理部门提出申请，并提供能够证明符合本条例第十七条规定条件的有关材料。受理申请的安全生产监督管理部门应当自受理申请之日起30日内对提交的有关材料和经营场所进行审查，对符合条件的，核发《烟花爆竹经营（批发）许可证》；对不符合条件的，应当说明理由。

（2）烟花爆竹经营（零售）许可证程序

《烟花爆竹安全管理条例》第十九条第二款规定，申请从事烟花爆竹零售的经营者，应当向所在地县级人民政府安全生产监督管理部门提出申请，并提供能够证明符合本条例第十八条规定条件的有关材料。受理申请的安全生产监督管理部门应当自受理申请之日起20日内对提交的有关材料和经营场所进行审查，对符合条件的，核发《烟花爆竹经营（零售）许可证》；对不符合条件的，应当说明理由。

《烟花爆竹经营（零售）许可证》，应当载明经营负责人、经营场所地址、经营期限、烟花爆竹种类和限制存放量。

5. 烟花爆竹经营要求

《烟花爆竹安全管理条例》第二十条规定，从事烟花爆竹批发的企业，应当向生产烟花爆竹的企业采购烟花爆竹，向从事烟花爆竹零售的经营者供应烟花爆竹。从事烟花爆竹零售的经营者，应当向从事烟花爆竹批发的企业采购烟花爆竹。

从事烟花爆竹批发的企业、零售经营者不得采购和销售非法生产、经营的烟花爆竹。

从事烟花爆竹批发的企业，不得向从事烟花爆竹零售的经营者供应按照国家标准规定应由专业燃放人员燃放的烟花爆竹。从事烟花爆竹零售的经营者，不得销售按照国家标准规定应由专业燃放人员燃放的烟花爆竹。

《烟花爆竹安全管理条例》第二十一条规定，生产、经营黑火药、烟火药、引火线的企业，不得向未取得烟花爆竹安全生产许可的任何单位或者个人销售黑火药、烟火药和引火线。

对烟花爆竹经营的要求以及禁止性行为，尤其是禁止性行为，是现实经营过程中引发事故的主要原因。烟花爆竹经营者必须严格遵守这些要求，保障烟花爆竹经营安全。

三、运输安全

1. 道路运输许可

《烟花爆竹安全管理条例》第二十二条规定，经由道路运输烟花爆竹的，应当经公安部门许可。

《烟花爆竹安全管理条例》第二十三条规定，经由道路运输烟花爆竹的，托运人应当向运达地县级人民政府公安部门提出申请，并提交下列有关材料：

（一）承运人从事危险货物运输的资质证明；

（二）驾驶员、押运员从事危险货物运输的资格证明；

（三）危险货物运输车辆的道路运输证明；

（四）托运人从事烟花爆竹生产、经营的资质证明；

（五）烟花爆竹的购销合同及运输烟花爆竹的种类、规格、数量；

（六）烟花爆竹的产品质量和包装合格证明；

（七）运输车辆牌号、运输时间、起始地点、行驶路线、经停地点。

《烟花爆竹安全管理条例》第二十四条规定，受理申请的公安部门应当自受理申请之日起3日内对提交的有关材料进行审查，对符合条件的，核发《烟花爆竹道路运输许可证》；对不符合条件的，应当说明理由。

《烟花爆竹道路运输许可证》应当载明托运人、承运人、一次性运输有效期限、起始地点、行驶路线、经停地点、烟花爆竹的种类、规格和数量。

非法运输烟花爆竹在我国依然存在，尤其是在偏远地区，每年都会有不符合运输条件的车辆运输烟花爆竹。在每年春节前，由于非法运输而导致的事故也时有发生。为了避免此类事故，规范烟花爆竹运输，本条例规定道路运输烟花爆竹必须取得烟花爆竹道路运输许可证，具备道路运输条件。

2. 烟花爆竹道路运输要求

《烟花爆竹安全管理条例》第二十五条规定，经由道路运输烟花爆竹的，除应当遵守《中华人民共和国道路交通安全法》外，还应当遵守下列规定：

（一）随车携带《烟花爆竹道路运输许可证》；

（二）不得违反运输许可事项；

（三）运输车辆悬挂或者安装符合国家标准的易燃易爆危险物品警示标志；

（四）烟花爆竹的装载符合国家有关标准和规范；

（五）装载烟花爆竹的车厢不得载人；

（六）运输车辆限速行驶，途中经停必须有专人看守；

（七）出现危险情况立即采取必要的措施，并报告当地公安部门。

烟花爆竹道路运输不仅威胁运输车辆和人员的安全，还会影响道路及道路周边建（构）筑物和人员安全。

《烟花爆竹安全管理条例》第二十六条规定，烟花爆竹运达目的地后，收货人应当在3日内将《烟花爆竹道路运输许可证》交回发证机关核销。

《烟花爆竹安全管理条例》第二十七条规定，禁止携带烟花爆竹搭乘公共交通工具。禁止邮寄烟花爆竹，禁止在托运的行李、包裹、邮件中夹带烟花爆竹。

四、燃放安全

1. 禁止燃放烟花爆竹的规定

《烟花爆竹安全管理条例》第二十八条规定，燃放烟花爆竹，应当遵守有关法律、法规和规章的规定。县级以上地方人民政府可以根据本行政区域的实际情况，确定限制或者禁止燃放烟花爆竹的时间、地点和种类。

《烟花爆竹安全管理条例》第三十条规定，禁止在下列地点燃放烟花爆竹：

（一）文物保护单位；
（二）车站、码头、飞机场等交通枢纽以及铁路线路安全保护区内；
（三）易燃易爆物品生产、储存单位；
（四）输变电设施安全保护区内；
（五）医疗机构、幼儿园、中小学校、敬老院；
（六）山林、草原等重点防火区；
（七）县级以上地方人民政府规定的禁止燃放烟花爆竹的其他地点。

2. 烟花爆竹燃放一般要求

《烟花爆竹安全管理条例》第二十九条规定，各级人民政府和政府有关部门应当开展社会宣传活动，教育公民遵守有关法律、法规和规章，安全燃放烟花爆竹。

广播、电视、报刊等新闻媒体，应当做好安全燃放烟花爆竹的宣传、教育工作。

未成年人的监护人应当对未成年人进行安全燃放烟花爆竹的教育。

《烟花爆竹安全管理条例》第三十一条规定，燃放烟花爆竹，应当按照燃放说明燃放，不得以危害公共安全和人身、财产安全的方式燃放烟花爆竹。

我国每年都会发生因不按燃放说明燃放烟花爆竹而导致的人身伤害和火灾事故，因其导致的人身伤害事故中，常见的是手、面部、眼睛等部位的伤害，更严重的甚至会导致人员死亡。

3. 举办焰火晚会以及其他大型焰火燃放活动的规定

《烟花爆竹安全管理条例》第三十二条规定，举办焰火晚会以及其他大型焰火燃放活动，应当按照举办的时间、地点、环境、活动性质、规模以及燃放烟花爆竹的种类、规格和数量，确定危险等级，实行分级管理。分级管理的具体办法，由国务院公安部门规定。

《烟花爆竹安全管理条例》第三十三条规定，申请举办焰火晚会以及其他大型焰火燃放活动，主办单位应当按照分级管理的规定，向有关人民政府公安部门提出申请，并提交下列有关材料：

（一）举办焰火晚会以及其他大型焰火燃放活动的时间、地点、环境、活动性质、规模；

（二）燃放烟花爆竹的种类、规格、数量；

（三）燃放作业方案；

（四）燃放作业单位、作业人员符合行业标准规定条件的证明。

受理申请的公安部门应当自受理申请之日起20日内对提交的有关材料进行审查，对符合条件的，核发《焰火燃放许可证》；对不符合条件的，应当说明理由。

《烟花爆竹安全管理条例》第三十四条规定，焰火晚会以及其他大型焰火燃放活动燃放作业单位和作业人员，应当按照焰火燃放安全规程和经许可的燃放作业方案进行燃放作业。

《烟花爆竹安全管理条例》第三十五条规定，公安部门应当加强对危险等级较高的焰火晚会以及其他大型焰火燃放活动的监督检查。

焰火晚会以及其他大型焰火燃放活动燃放的烟花爆竹数量大、品种多、射程远，易造成火灾，对人身的危险性也更大。为了保障焰火晚会以及其他大型焰火燃放活动的安全，对这类活动作出了许可要求，并要求活动组织单位具备保障安全的条件。

五、法律责任

《烟花爆竹安全管理条例》第三十六条至第四十三条对生产、经营、运输、燃放烟花爆竹企业及个人的违法行为作出了规定，制定了相应的处罚条款。

第九节 《民用爆炸物品安全管理条例》

（2006年5月10日国务院令第466号公布 自2006年9月1日起施行 根据2014年7月29日《国务院关于修改部分行政法规的决定》修订）

《民用爆炸物品安全管理条例》的立法目的是加强对民用爆炸物品的安全管理，预防爆炸事故发生，保障公民生命、财产安全和公共安全。

一、生产

1. 民用爆炸物品生产企业应当具备的条件

《民用爆炸物品安全管理条例》第十条规定，设立民用爆炸物品生产企业，应当遵循统筹规划、合理布局的原则。

《民用爆炸物品安全管理条例》第十一条规定，申请从事民用爆炸物品生产的企业，应当具备下列条件：

（一）符合国家产业结构规划和产业技术标准；

（二）厂房和专用仓库的设计、结构、建筑材料、安全距离以及防火、防爆、防雷、防静电等安全设备、设施符合国家有关标准和规范；

（三）生产设备、工艺符合有关安全生产的技术标准和规程；

（四）有具备相应资格的专业技术人员、安全生产管理人员和生产岗位人员；

（五）有健全的安全管理制度、岗位安全责任制度；

（六）法律、行政法规规定的其他条件。

2. 许可证申请程序

（1）生产许可证申请

《民用爆炸物品安全管理条例》第十二条第一款、第二款规定，申请从事民用爆炸物品生产的企业，应当向国务院民用爆炸物品行业主管部门提交申请书、可行性研究报告以及能够证明其符合本条例第十一条规定条件的有关材料。国务院民用爆炸物品行业主管部门应当自受理申请之日起45日内进行审查，对符合条件的，核发《民用爆炸物品生产许可证》；对不符合条件的，不予核发《民用爆炸物品生产许可证》，书面向申请人说明理由。

民用爆炸物品生产企业为调整生产能力及品种进行改建、扩建的，应当依照前款规定申请办理《民用爆炸物品生产许可证》。

（2）工商登记和公安备案

《民用爆炸物品安全管理条例》第十二条第三款规定，民用爆炸物品生产企业持《民用爆炸物品生产许可证》到工商行政管理部门办理工商登记，并在办理工商登记后3日内，向所在地县级人民政府公安机关备案。

（3）安全生产许可证申请

《民用爆炸物品安全管理条例》第十三条规定，取得《民用爆炸物品生产许可证》的企业应当在基本建设完成后，向省、自治区、直辖市人民政府民用爆炸物品行业主管部门申请安全生产许可。省、自治区、直辖市人民政府民用爆炸物品行业主管部门应当依照《安全生产许可证条例》的规定对其进行查验，对符合条件的，核发《民用爆炸物品安全生产许可证》。民用爆炸物品生产企业取得《民用爆炸物品安全生产许可证》后，方可生产民用爆炸物品。

3. 生产安全要求

《民用爆炸物品安全管理条例》第十四条至第十六条规定，民用爆炸物品生产企业应当严格按照《民用爆炸物品生产许可证》核定的品种和产量进行生产，生产作业应当严格执行安全技术规程的规定。

民用爆炸物品生产企业应当对民用爆炸物品做出警示标识、登记标识，对雷管编码打号。民用爆炸物品警示标识、登记标识和雷管编码规则，由国务院公安部门会同国务院民用爆炸物品行业主管部门规定。

民用爆炸物品生产企业应当建立健全产品检验制度，保证民用爆炸物品的质量符合相关标准。民用爆炸物品的包装，应当符合法律、行政法规的规定以及相关标准。

民用爆炸物品生产属于高危行业，其原材料和产成品均属于危险物品，火灾爆炸危险性高，后果严重。

《民用爆炸物品安全管理条例》第十七条规定，试验或者试制民用爆炸物品，必须在专门场地或者专门的试验室进行。严禁在生产车间或者仓库内试验或者试制民用爆炸物品。

二、销售和购买

1. 民用爆炸物品销售

（1）销售企业应当具备的条件

《民用爆炸物品安全管理条例》第十八条规定，申请从事民用爆炸物品销售的企业，应当具备下列条件：

（一）符合对民用爆炸物品销售企业规划的要求；

（二）销售场所和专用仓库符合国家有关标准和规范；

（三）有具备相应资格的安全管理人员、仓库管理人员；

（四）有健全的安全管理制度、岗位安全责任制度；

（五）法律、行政法规规定的其他条件。

（2）销售许可证

《民用爆炸物品安全管理条例》第十九条规定，申请从事民用爆炸物品销售的企业，应当向所在地省、自治区、直辖市人民政府民用爆炸物品行业主管部门提交申请书、可行性研究报告以及能够证明其符合本条例第十八条规定条件的有关材料。省、自治区、直辖市人民政府民用爆炸物品行业主管部门应当自受理申请之日起30日内进行审查，并对申请单位的销售场所和专用仓库等经营设施进行查验，对符合条件的，核发《民用爆炸物品销售许可证》；对不符合条件的，不予核发《民用爆炸物品销售许可证》，书面向申请人说明理由。

民用爆炸物品销售企业持《民用爆炸物品销售许可证》到工商行政管理部门办理工商登记后，方可销售民用爆炸物品。

民用爆炸物品销售企业应当在办理工商登记后3日内，向所在地县级人民政府公安机关备案。

《民用爆炸物品安全管理条例》第二十条规定，民用爆炸物品生产企业凭《民用爆炸物品生产许可证》，可以销售本企业生产的民用爆炸物品。

民用爆炸物品生产企业销售本企业生产的民用爆炸物品，不得超出核定的品种、产量。

2. 民用爆炸物品购买许可证申请

《民用爆炸物品安全管理条例》第二十一条规定，民用爆炸物品使用单位申请购买民用爆炸物品的，应当向所在地县级人民政府公安机关提出购买申请，并提交下列有关材料：

（一）工商营业执照或者事业单位法人证书；

（二）《爆破作业单位许可证》或者其他合法使用的证明；

（三）购买单位的名称、地址、银行账户；

（四）购买的品种、数量和用途说明。

受理申请的公安机关应当自受理申请之日起 5 日内对提交的有关材料进行审查，对符合条件的，核发《民用爆炸物品购买许可证》；对不符合条件的，不予核发《民用爆炸物品购买许可证》，书面向申请人说明理由。

《民用爆炸物品购买许可证》应当载明许可购买的品种、数量、购买单位以及许可的有效期限。

3. 民用爆炸物品购销要求

《民用爆炸物品安全管理条例》第二十二条规定，民用爆炸物品生产企业凭《民用爆炸物品生产许可证》购买属于民用爆炸物品的原料，民用爆炸物品销售企业凭《民用爆炸物品销售许可证》向民用爆炸物品生产企业购买民用爆炸物品，民用爆炸物品使用单位凭《民用爆炸物品购买许可证》购买民用爆炸物品，还应当提供经办人的身份证明。

销售民用爆炸物品的企业，应当查验前款规定的许可证和经办人的身份证明；对持《民用爆炸物品购买许可证》购买的，应当按照许可的品种、数量销售。

《民用爆炸物品安全管理条例》第二十三条规定，销售、购买民用爆炸物品，应当通过银行账户进行交易，不得使用现金或者实物进行交易。

销售民用爆炸物品的企业，应当将购买单位的许可证、银行账户转账凭证、经办人的身份证明复印件保存 2 年备查。

《民用爆炸物品安全管理条例》第二十四条规定，销售民用爆炸物品的企业，应当自民用爆炸物品买卖成交之日起 3 日内，将销售的品种、数量和购买单位向所在地省、自治区、直辖市人民政府民用爆炸物品行业主管部门和所在地县级人民政府公安机关备案。

购买民用爆炸物品的单位，应当自民用爆炸物品买卖成交之日起3日内，将购买的品种、数量向所在地县级人民政府公安机关备案。

4. 进出口民用爆炸物品要求

《民用爆炸物品安全管理条例》第二十五条规定，进出口民用爆炸物品，应当经国务院民用爆炸物品行业主管部门审批。进出口民用爆炸物品审批办法，由国务院民用爆炸物品行业主管部门会同国务院公安部门、海关总署规定。

进出口单位应当将进出口的民用爆炸物品的品种、数量向收货地或者出境口岸所在地县级人民政府公安机关备案。

三、运输

1. 民用爆炸物品运输许可证

《民用爆炸物品安全管理条例》第二十六条规定，运输民用爆炸物品，收货单位应当向运达地县级人民政府公安机关提出申请，并提交包括下列内容的材料：

（一）民用爆炸物品生产企业、销售企业、使用单位以及进出口单位分别提供的《民用爆炸物品生产许可证》、《民用爆炸物品销售许可证》、《民用爆炸物品购买许可证》或者进出口批准证明；

（二）运输民用爆炸物品的品种、数量、包装材料和包装方式；

（三）运输民用爆炸物品的特性、出现险情的应急处置方法；

（四）运输时间、起始地点、运输路线、经停地点。

受理申请的公安机关应当自受理申请之日起3日内对提交的有关材料进行审查，对符合条件的，核发《民用爆炸物品运输许可证》；对不符合条件的，不予核发《民用爆炸物品运输许可证》，书面向申请人说明理由。

《民用爆炸物品运输许可证》应当载明收货单位、销售企业、承运人，一次性运输有效期限、起始地点、运输路线、经停地点，民用爆炸物品的品种、数量。

2. 民用爆炸物品运输要求

《民用爆炸物品安全管理条例》第二十七条规定，运输民用爆炸物品的，应当凭《民用爆炸物品运输许可证》，按照许可的品种、数量运输。

《民用爆炸物品安全管理条例》第二十八条规定，经由道路运输民用爆炸物品的，应当遵守下列规定：

（一）携带《民用爆炸物品运输许可证》；

（二）民用爆炸物品的装载符合国家有关标准和规范，车厢内不得载人；

（三）运输车辆安全技术状况应当符合国家有关安全技术标准的要求，并按照规定悬挂或者安装符合国家标准的易燃易爆危险物品警示标志；

（四）运输民用爆炸物品的车辆应当保持安全车速；

（五）按照规定的路线行驶，途中经停应当有专人看守，并远离建筑设施和人口稠密的地方，不得在许可以外的地点经停；

（六）按照安全操作规程装卸民用爆炸物品，并在装卸现场设置警戒，禁止无关人员进入；

（七）出现危险情况立即采取必要的应急处置措施，并报告当地公安机关。

民用爆炸物品运输实行许可制度，需要运输企业在遵守《道路交通安全法》规定的基础上，也要遵守本条例的规定，以保障道路运输的安全，避免事故发生。

《民用爆炸物品安全管理条例》第二十九条规定，民用爆炸物品运达目的地，收货单位应当进行验收后在《民用爆炸物品运输许可证》上签注，并在3日内将《民用爆炸物品运输许可证》交回发证机关核销。

《民用爆炸物品安全管理条例》第三十条规定，禁止携带民用爆炸物品搭乘公共交通工具或者进入公共场所。

禁止邮寄民用爆炸物品，禁止在托运的货物、行李、包裹、邮件中夹带民用爆炸物品。

四、爆破作业

1. 从事爆破作业单位应当具备的条件

《民用爆炸物品安全管理条例》第三十一条规定，申请从事爆破作业的单位，应当具备下列条件：

（一）爆破作业属于合法的生产活动；

（二）有符合国家有关标准和规范的民用爆炸物品专用仓库；

（三）有具备相应资格的安全管理人员、仓库管理人员和具备国家规定执业资格的爆破作业人员；

（四）有健全的安全管理制度、岗位安全责任制度；

（五）有符合国家标准、行业标准的爆破作业专用设备；

（六）法律、行政法规规定的其他条件。

2. 爆破作业单位许可证申请程序

《民用爆炸物品安全管理条例》第三十二条规定，申请从事爆破作业的单位，应当按照国务院公安部门的规定，向有关人民政府公安机关提出申请，并提供能够证明其符合本条例第三十一条规定条件的有关材料。受理申请的公安机关应当自受理申请之日起20日内进行审查，对符合条件的，核发《爆破作业单位许可证》；对不符合条件的，不予核发《爆破作业单位许可证》，书面向申请人说明理由。

营业性爆破作业单位持《爆破作业单位许可证》到工商行政管理部门办理工商登记后，方可从事营业性爆破作业活动。

爆破作业单位应当在办理工商登记后3日内，向所在地县级人民政府公安机关备案。

3. 人员的专业技术培训及取证

《民用爆炸物品安全管理条例》第三十三条规定，爆破作业单位应当对本单位的爆破作业人员、安全管理人员、仓库管理人员进行专业技术培训。爆破作业人员应当经设区的市级人民政府公安机关考核合格，取得《爆破作业人员许可证》后，方可从事爆破作业。

4. 爆破作业要求

《民用爆炸物品安全管理条例》第三十四条规定，爆破作业单位应当按照其资质等级承接爆破作业项目，爆破作业人员应当按照其资格等级从事爆破作业。爆破作业的分级管理办法由国务院公安部门规定。

《民用爆炸物品安全管理条例》第三十五条规定，在城市、风景名胜区和重要工程设施附近实施爆破作业的，应当向爆破作业所在地设区的市级人民政府公安机关提出申请，提交《爆破作业单位许可证》和具有相应资质的安全评估企业出具的爆破设计、施工方案评估报告。受理申请的公安机关应当自受理申请之日起20日内对提交的有关材料进行审查，对符合条件的，作出批准的决定；对不符合条件的，作出不予批准的决定，并书面向申请人说明理由。

实施前款规定的爆破作业，应当由具有相应资质的安全监理企业进行监理，由爆破作业所在地县级人民政府公安机关负责组织实施安全警戒。

《民用爆炸物品安全管理条例》第三十六条规定，爆破作业单位跨省、自治区、直辖市行政区域从事爆破作业的，应当事先将爆破作业项目的有关情况向爆破作业所在地县级人民政府公安机关报告。

《民用爆炸物品安全管理条例》第三十七条规定，爆破作业单位应当如实记载领取、发放民用爆炸物品的品种、数量、编号以及领取、发放人员姓名。领取民用爆炸物品的数量不得超过当班用量，作业后剩余的民用爆炸物品必须当班清退回库。

爆破作业单位应当将领取、发放民用爆炸物品的原始记录保存2年备查。

《民用爆炸物品安全管理条例》第三十八条规定，实施爆破作业，应当遵守国家有关标准和规范，在安全距离以外设置警示标志并安排警戒人员，防止无关人员进入；爆破作业结束后应当及时检查、排除未引爆的民用爆炸物品。

爆破作业危险性高，为了保障安全，要严格按照法律法规、相关的技术规范和标准执行，避免事故发生。爆炸事故一旦发生，通常会造成严重的后果，造成巨大的损失。

《民用爆炸物品安全管理条例》第三十九条规定，爆破作业单位不再使用民用爆炸物品时，应当将剩余的民用爆炸物品登记造册，报所在地县级人民政府公安机关组织监督销毁。

发现、拣拾无主民用爆炸物品的，应当立即报告当地公安机关。

五、储存

1. 民用爆炸物品储存要求

《民用爆炸物品安全管理条例》第四十条规定，民用爆炸物品应当储存在专用仓库内，并按照国家规定设置技术防范设施。

《民用爆炸物品安全管理条例》第四十一条规定，储存民用爆炸物品应当遵守下列规定：

（一）建立出入库检查、登记制度，收存和发放民用爆炸物品必须进行登记，做到账目清楚，账物相符；

（二）储存的民用爆炸物品数量不得超过储存设计容量，对性质相抵触的民用爆炸物品必须分库储存，严禁在库房内存放其他物品；

（三）专用仓库应当指定专人管理、看护，严禁无关人员进入仓库区内，严禁在仓库区内吸烟和用火，严禁把其他容易引起燃烧、爆炸的物品带入仓库区内，严禁在库房内住宿和进行其他活动；

（四）民用爆炸物品丢失、被盗、被抢，应当立即报告当地公安机关。

2. 民用爆炸物品临时存放要求

《民用爆炸物品安全管理条例》第四十二条规定，在爆破作业现场临时存放民用爆炸物品的，应当具备临时存放民用爆炸物品的条件，并设专人管理、看护，不得在不具备安全存放条件的场所存放民用爆炸物品。

3. 民用爆炸物品销毁

《民用爆炸物品安全管理条例》第四十三条规定，民用爆炸物品变质和过期失效的，应当及时清理出库，并予以销毁。销毁前应当登记造册，提出销毁实施方案，报省、自治区、直辖市人民政府民用爆炸物品行业主管部门、所在地县级人民政府公安机关组织监督销毁。

六、法律责任

《民用爆炸物品安全管理条例》第四十四条至第五十二条对生产、购销、运输、使用和储存的违法行为作出了规定，制定了相应的处罚条款。

第十节 《特种设备安全监察条例》

（2003年3月11日国务院令第373号公布 2009年1月24日修订）

《特种设备安全监察条例》的立法目的是加强特种设备的安全监察，防止和减少事故，保障人民群众生命和财产安全，促进经济发展。

结合《特种设备安全法》，本条例中相关规定与《特种设备安全法》一致的，不再重复讲解；与《特种设备安全法》要求不一致的内容，以《特种设备安全法》为准。本节只介绍《特种设备安全法》未作出规定，本条例中作出规定的内容。

一、特种设备的基本规定

1. 特种设备的范围

《特种设备安全监察条例》第二条规定，本条例所称特种设备是指涉及生命安全、危险性较大的锅炉、压力容器（含气瓶，下同）、压力管道、电梯、起重机械、客运索道、大型游乐设施和场（厂）内专用机动车辆。

2. 本条例的适用范围

（1）普遍适用

《特种设备安全监察条例》第三条第一款规定，特种设备的生产(含设计、制造、安装、改造、维修，下同)、使用、检验检测及其监督检查，应当遵守本条例，但本条例另有规定的除外。

（2）排除适用

《特种设备安全监察条例》第三条第二款、第三款规定，军事装备、核设施、航空航天器、铁路机车、海上设施和船舶以及矿山井下使用的特种设备、民用机场专用设备的安全监察不适用本条例。

房屋建筑工地和市政工程工地用起重机械、场(厂)内专用机动车辆的安装、使用的监督管理，由建设行政主管部门依照有关法律、法规的规定执行。

《特种设备安全监察条例》第一百条规定，压力管道设计、安装、使用的安全监督管理办法由国务院另行制定。

二、特种设备的生产

关于压力容器设计单位的条件，《特种设备安全监察条例》第十一条规定，压力容器的设计单位应当经国务院特种设备安全监督管理部门许可，方可从事压力容器的设计活动。压力容器的设计单位应当具备下列条件：

（一）有与压力容器设计相适应的设计人员、设计审核人员；

（二）有与压力容器设计相适应的场所和设备；

（三）有与压力容器设计相适应的健全的管理制度和责任制度。

《特种设备安全监察条例》第十四条规定，锅炉、压力容器、电梯、起重机械、客运索道、大型游乐设施及其安全附件、安全保护装置的制造、安装、改造单位，以及压力管道用管子、管件、阀门、法兰、补偿器、安全保护装置等（以下简称压力管道元件）的制造单位和场（厂）内专用机动车辆的制造、改造单位，应当经国务院特种设备安全监督管理部门许可，方可从事相应的活动。

前款特种设备的制造、安装、改造单位应当具备下列条件：

（一）有与特种设备制造、安装、改造相适应的专业技术人员和技术工人；

（二）有与特种设备制造、安装、改造相适应的生产条件和检测手段；

（三）有健全的质量管理制度和责任制度。

《特种设备安全监察条例》第十六条规定，锅炉、压力容器、电梯、起重机械、客运索道、大型游乐设施、场（厂）内专用机动车辆的维修单位，应当有与特种设备维修相适应的专业技术人员和技术工人以及必要的检测手段，并经省、自治区、直辖市特种设备安全监督管理部门许可，方可从事相应的维修活动。

《特种设备安全监察条例》第十七条第一款规定，锅炉、压力容器、起重机械、客运索道、大型游乐设施的安装、改造、维修以及场（厂）内专用机动车辆的改造、维修，必须由依照本条例取得许可的单位进行。

《特种设备安全监察条例》第十八条规定，电梯井道的土建工程必须符合建筑工程质量要求。电梯安装施工过程中，电梯安装单位应当遵守施工现场的安全生产要求，落实现场安全防护措施。电梯安装施工过程中，施工现场的安全生产监督，由有关部门依照有关法律、行政法规的规定执行。

电梯安装施工过程中，电梯安装单位应当服从建筑施工总承包单位对施工现场的安全生产管理，并订立合同，明确各自的安全责任。

电梯安装通常是建设工程中的一项分包工程，要遵守施工现场的安全生产要求，做好现场安全防护，确保电梯安装施工安全。

三、特种设备的使用

《特种设备安全监察条例》第二十四条规定，特种设备使用单位应当使用符合安全技术规范要求的特种设备。特种设备投入使用前，使用单位应当核对其是否附有本条例出厂时规定的相关文件。

《特种设备安全监察条例》第二十七条第二款规定，特种设备使用单位对在用特种设备应当至少每月进行一次自行检查，并作出记录。特种设备使用单位在对在用特种设备进行自行检查和日常维护保养时发现异常情况的，应当及时处理。

特种设备使用单位应当对在用特种设备的安全附件、安全保护装置、测量调控装置及有关附属仪器仪表进行定期校验、检修，并作出记录。

《特种设备安全监察条例》第三十一条第二款规定，电梯应当至少每15日进行一次清洁、润滑、调整和检查。

《特种设备安全监察条例》第三十五条规定，客运索道、大型游乐设施的运营使用单位的主要负责人应当熟悉客运索道、大型游乐设施的相关安全知识，并全面负责客运索道、大型游乐设施的安全使用。

客运索道、大型游乐设施的运营使用单位的主要负责人至少应当每月召开一次会议，督促、检查客运索道、大型游乐设施的安全使用工作。

客运索道、大型游乐设施的运营使用单位，应当结合本单位的实际情况，配备相应数量的营救装备和急救物品。

《特种设备安全监察条例》第三十八条规定，锅炉、压力容器、电梯、起重机械、客运索道、大型游乐设施、场（厂）内专用机动车辆的作业人员及其相关管理人员（以下统称特种设备作业人员），应当按照国家有关规定经特种设备安全监督管理部门考核合格，取得国家统一格式的特种作业人员证书，方可从事相应的作业或者管理工作。

《特种设备安全监察条例》第三十九条规定，特种设备使用单位应当对特种设备作业人员进行特种设备安全、节能教育和培训，保证特种设备作业人员具备必要的特种设备安全、节能知识。

特种设备作业人员在作业中应当严格执行特种设备的操作规程和有关的安全规章制度。

四、检验检测

《特种设备安全监察条例》第四十一条第二款规定，特种设备使用单位设立的特种设备检验检测机构，经国务院特种设备安全监督管理部门核准，负责本单位核准范围内的特种设备定期检验工作。

《特种设备安全监察条例》第四十三条第一款规定，特种设备的监督检验、定期检验、型式试验和无损检测应当由依照本条例经核准的特种设备检验检测机构进行。

《特种设备安全监察条例》第四十四条第二款规定，检验检测人员从事检验检测工作，必须在特种设备检验检测机构执业，但不得同时在两个以上检验检测机构中执业。

五、事故预防和调查处理

1. 事故分级

（1）特别重大事故

《特种设备安全监察条例》第六十一条规定，有下列情形之一的，为特别重大事故：

（一）特种设备事故造成30人以上死亡，或者100人以上重伤（包括急性工业中毒，下同），或者1亿元以上直接经济损失的；

（二）600兆瓦以上锅炉爆炸的；

（三）压力容器、压力管道有毒介质泄漏，造成15万人以上转移的；

（四）客运索道、大型游乐设施高空滞留100人以上并且时间在48小时以上的。

（2）重大事故

《特种设备安全监察条例》第六十二条规定，有下列情形之一的，为重大事故：

（一）特种设备事故造成10人以上30人以下死亡，或者50人以上100人以下重伤，或者5 000万元以上1亿元以下直接经济损失的；

（二）600兆瓦以上锅炉因安全故障中断运行240小时以上的；

（三）压力容器、压力管道有毒介质泄漏，造成5万人以上15万人以下转移的；

（四）客运索道、大型游乐设施高空滞留100人以上并且时间在24小时以上48小时以下的。

（3）较大事故

《特种设备安全监察条例》第六十三条规定，有下列情形之一的，为较大事故：

（一）特种设备事故造成3人以上10人以下死亡，或者10人以上50人以下重伤，或者1 000万元以上5 000万元以下直接经济损失的；

（二）锅炉、压力容器、压力管道爆炸的；

（三）压力容器、压力管道有毒介质泄漏，造成1万人以上5万人以下转移的；

（四）起重机械整体倾覆的；

（五）客运索道、大型游乐设施高空滞留人员12小时以上的。

（4）一般事故

《特种设备安全监察条例》第六十四条规定，有下列情形之一的，为一般事故：

（一）特种设备事故造成3人以下死亡，或者10人以下重伤，或者1万元以上1 000万元以下直接经济损失的；

（二）压力容器、压力管道有毒介质泄漏，造成500人以上1万人以下转移的；

（三）电梯轿厢滞留人员2小时以上的；

(四)起重机械主要受力结构件折断或者起升机构坠落的;

(五)客运索道高空滞留人员3.5小时以上12小时以下的;

(六)大型游乐设施高空滞留人员1小时以上12小时以下的。

除前款规定外,国务院特种设备安全监督管理部门可以对一般事故的其他情形做出补充规定。

《特种设备安全监察条例》在《安全生产法》事故分级的基础上,结合特种设备特有的事故特点,对特种设备事故进行了分级。

2. 事故救援

《特种设备安全监察条例》第六十五条第二款规定,压力容器、压力管道发生爆炸或者泄漏,在抢险救援时应当区分介质特性,严格按照相关预案规定程序处理,防止二次爆炸。

3. 事故调查处理

《特种设备安全监察条例》第六十九条、第七十条规定,特种设备安全监督管理部门应当在有关地方人民政府的领导下,组织开展特种设备事故调查处理工作。有关地方人民政府应当支持、配合上级人民政府或者特种设备安全监督管理部门的事故调查处理工作,并提供必要的便利条件。

特种设备安全监督管理部门应当对发生事故的原因进行分析,并根据特种设备的管理和技术特点、事故情况对相关安全技术规范进行评估;需要制定或者修订相关安全技术规范的,应当及时制定或者修订。

第十一节 《大型群众性活动安全管理条例》

(2007年8月29日国务院第190次常务会议通过 2007年9月14日国务院令第505号公布 自2007年10月1日起施行)

《大型群众性活动安全管理条例》的立法目的是加强对大型群众性活动的安全管理,保护公民生命和财产安全,维护社会治安秩序和公共安全。

一、大型群众性活动的范围

《大型群众性活动安全管理条例》第二条规定,本条例所称大型群众性活动,是指法人或者其他组织面向社会公众举办的每场次预计参加人数达到1 000人以上的下列活动:

(一)体育比赛活动;

(二)演唱会、音乐会等文艺演出活动;

（三）展览、展销等活动；

（四）游园、灯会、庙会、花会、焰火晚会等活动；

（五）人才招聘会、现场开奖的彩票销售等活动。

影剧院、音乐厅、公园、娱乐场所等在其日常业务范围内举办的活动，不适用本条例的规定。

大型群众活动要具有4个特征：一是要有承办者；二是参加人数达1 000人以上；三是参加人员不特定；四是活动场所为公共场所。

二、安全责任

1. 承办者的安全责任

（1）主要负责人为大型群众性活动的安全责任人

《大型群众性活动安全管理条例》第五条规定，大型群众性活动的承办者（以下简称承办者）对其承办活动的安全负责，承办者的主要负责人为大型群众性活动的安全责任人。

（2）安全工作方案的内容

《大型群众性活动安全管理条例》第六条规定，举办大型群众性活动，承办者应当制订大型群众性活动安全工作方案。

大型群众性活动安全工作方案包括下列内容：

（一）活动的时间、地点、内容及组织方式；

（二）安全工作人员的数量、任务分配和识别标志；

（三）活动场所消防安全措施；

（四）活动场所可容纳的人员数量以及活动预计参加人数；

（五）治安缓冲区域的设定及其标识；

（六）入场人员的票证查验和安全检查措施；

（七）车辆停放、疏导措施；

（八）现场秩序维护、人员疏导措施；

（九）应急救援预案。

大型群众性活动的安全工作方案是承办者履行大型群众性活动安全责任的重要保障措施，是安全工作的基础。承办者首先要做好安全工作方案，使其具有科学性、针对性和可操作性，并根据方案做好大型活动的前期工作，使安全工作方案真正起到保障大型群众性活动安全的作用。

（3）承办者的安全职责

《大型群众性活动安全管理条例》第七条规定，承办者具体负责下列安全事项：

（一）落实大型群众性活动安全工作方案和安全责任制度，明确安全措施、安全工作人员岗位职责，开展大型群众性活动安全宣传教育；

（二）保障临时搭建的设施、建筑物的安全，消除安全隐患；

（三）按照负责许可的公安机关的要求，配备必要的安全检查设备，对参加大型群众性活动的人员进行安全检查，对拒不接受安全检查的，承办者有权拒绝其进入；

（四）按照核准的活动场所容纳人员数量、划定的区域发放或者出售门票；

（五）落实医疗救护、灭火、应急疏散等应急救援措施并组织演练；

（六）对妨碍大型群众性活动安全的行为及时予以制止，发现违法犯罪行为及时向公安机关报告；

（七）配备与大型群众性活动安全工作需要相适应的专业保安人员以及其他安全工作人员；

（八）为大型群众性活动的安全工作提供必要的保障。

为确保大型群众活动的进行，承办者要做好以上8项安全职责，对工作人员进行安全教育培训，要求他们履行相关安全责任，遵守相关安全制度，配备必要的检查设备和救援设施器材，进行相应的应急准备工作，并严把入口关，确保大型群众活动安全顺利进行。

2. 场所管理者的安全职责

《大型群众性活动安全管理条例》第八条规定，大型群众性活动的场所管理者具体负责下列安全事项：

（一）保障活动场所、设施符合国家安全标准和安全规定；

（二）保障疏散通道、安全出口、消防车通道、应急广播、应急照明、疏散指示标志符合法律、法规、技术标准的规定；

（三）保障监控设备和消防设施、器材配置齐全、完好有效；

（四）提供必要的停车场地，并维护安全秩序。

3. 参加人员的义务

《大型群众性活动安全管理条例》第九条规定，参加大型群众性活动的人员应当遵守下列规定：

（一）遵守法律、法规和社会公德，不得妨碍社会治安、影响社会秩序；

（二）遵守大型群众性活动场所治安、消防等管理制度，接受安全检查，不得携带爆炸性、易燃性、放射性、毒害性、腐蚀性等危险物质或者非法携带枪支、弹药、管制器具；

（三）服从安全管理，不得展示侮辱性标语、条幅等物品，不得围攻裁判员、运动员或者其他工作人员，不得投掷杂物。

4. 公安机关的职责

《大型群众性活动安全管理条例》第十条规定，公安机关应当履行下列职责：

（一）审核承办者提交的大型群众性活动申请材料，实施安全许可；

（二）制订大型群众性活动安全监督方案和突发事件处置预案；

（三）指导对安全工作人员的教育培训；

（四）在大型群众性活动举办前，对活动场所组织安全检查，发现安全隐患及时责令改正；

（五）在大型群众性活动举办过程中，对安全工作的落实情况实施监督检查，发现安全隐患及时责令改正；

（六）依法查处大型群众性活动中的违法犯罪行为，处置危害公共安全的突发事件。

三、安全管理

1. 大型群众性活动安全许可申请

（1）大型群众性活动应当具备的条件

《大型群众性活动安全管理条例》第十一条规定，公安机关对大型群众性活动实行安全许可制度。《营业性演出管理条例》对演出活动的安全管理另有规定的，从其规定。

举办大型群众性活动应当符合下列条件：

（一）承办者是依照法定程序成立的法人或者其他组织；

（二）大型群众性活动的内容不得违反宪法、法律、法规的规定，不得违反社会公德；

（三）具有符合本条例规定的安全工作方案，安全责任明确、措施有效；

（四）活动场所、设施符合安全要求。

（2）大型群众性活动许可的级别

《大型群众性活动安全管理条例》第十二条规定，大型群众性活动的预计参加人数在1 000人以上5 000人以下的，由活动所在地县级人民政府公安机关实施安全许可；预计参加人数在5 000人以上的，由活动所在地设区的市级人民政府公安机关或者直辖市人民政府公安机关实施安全许可；跨省、自治区、直辖市举办大型群众性活动的，由国务院公安部门实施安全许可。

（3）大型群众性活动许可的程序

《大型群众性活动安全管理条例》第十三条规定，承办者应当在活动举办日的20日前提出安全许可申请，申请时，应当提交下列材料：

（一）承办者合法成立的证明以及安全责任人的身份证明；

（二）大型群众性活动方案及其说明，2个或者2个以上承办者共同承办大型群众性活动的，还应当提交联合承办的协议；

（三）大型群众性活动安全工作方案；

（四）活动场所管理者同意提供活动场所的证明。

依照法律、行政法规的规定，有关主管部门对大型群众性活动的承办者有资质、资格要求的，还应当提交有关资质、资格证明。

《大型群众性活动安全管理条例》第十四条规定，公安机关收到申请材料应当依法做出受理或者不予受理的决定。对受理的申请，应当自受理之日起7日内进行审查，对活动场所进行查验，对符合安全条件的，做出许可的决定；对不符合安全条件的，做出不予许可的决定，并书面说明理由。

2. 大型群众性活动许可变更

《大型群众性活动安全管理条例》第十五条规定，对经安全许可的大型群众性活动，承办者不得擅自变更活动的时间、地点、内容或者扩大大型群众性活动的举办规模。

承办者变更大型群众性活动时间的，应当在原定举办活动时间之前向做出许可决定的公安机关申请变更，经公安机关同意方可变更。

承办者变更大型群众性活动地点、内容以及扩大大型群众性活动举办规模的，应当依照本条例的规定重新申请安全许可。

承办者取消举办大型群众性活动的，应当在原定举办活动时间之前书面告知做出安全许可决定的公安机关，并交回公安机关颁发的准予举办大型群众性活动的安全许可证件。

3. 大型群众性活动现场管理

《大型群众性活动安全管理条例》第十六条规定，对经安全许可的大型群众性活动，公安机关根据安全需要组织相应警力，维持活动现场周边的治安、交通秩序，预防和处置突发治安事件，查处违法犯罪活动。

《大型群众性活动安全管理条例》第十七条规定，在大型群众性活动现场负责执行安全管理任务的公安机关工作人员，凭值勤证件进入大型群众性活动现场，依法履行安全管理职责。

公安机关和其他有关主管部门及其工作人员不得向承办者索取门票。

《大型群众性活动安全管理条例》第十八条规定，承办者发现进入活动场所的人员达到核准数量时，应当立即停止验票；发现持有划定区域以外的门票或者持假票的人员，应当拒绝其入场并向活动现场的公安机关工作人员报告。

4. 大型群众性活动事故救援

《大型群众性活动安全管理条例》第十九条规定，在大型群众性活动举办过程中发生公共安全事故、治安案件的,安全责任人应当立即启动应急救援预案,并立即报告公安机关。

四、法律责任

1. 擅自变更大型群众性活动的时间、地点、内容或者擅自扩大大型群众性活动的举办规模的

《大型群众性活动安全管理条例》第二十条规定,承办者擅自变更大型群众性活动的时间、地点、内容或者擅自扩大大型群众性活动的举办规模的,由公安机关处1万元以上5万元以下罚款;有违法所得的,没收违法所得。未经公安机关安全许可的大型群众性活动由公安机关予以取缔,对承办者处10万元以上30万元以下罚款。

2. 发生重大伤亡事故、治安案件或者造成其他严重后果的责任

《大型群众性活动安全管理条例》第二十一条规定,承办者或者大型群众性活动场所管理者违反本条例规定致使发生重大伤亡事故、治安案件或者造成其他严重后果构成犯罪的,依法追究刑事责任;尚不构成犯罪的,对安全责任人和其他直接责任人员依法给予处分、治安管理处罚,对单位处1万元以上5万元以下罚款。

3. 发生公共安全事故的责任

《大型群众性活动安全管理条例》第二十二条规定,在大型群众性活动举办过程中发生公共安全事故,安全责任人不立即启动应急救援预案或者不立即向公安机关报告的,由公安机关对安全责任人和其他直接责任人员处5000元以上5万元以下罚款。

第十二节 《女职工劳动保护特别规定》

(2012年4月18日国务院第200次常务会议通过 2012年4月28日国务院令第619号公布,自公布之日起施行)

《女职工劳动保护特别规定》的立法目的是减少和解决女职工在劳动中因生理特点造成的特殊困难,保护女职工健康。

一、女职工禁忌从事的劳动范围

根据《女职工劳动保护特别规定》附录,女职工禁忌从事的劳动范围分为4种情况。

1. 女职工禁忌从事的劳动范围

(1)矿山井下作业;

(2)体力劳动强度分级标准中规定的第四级体力劳动强度的作业;

(3)每小时负重6次以上、每次负重超过20公斤的作业,或者间断负重、每次负

重超过25公斤的作业。

2. 女职工在经期禁忌从事的劳动范围

（1）冷水作业分级标准中规定的第二级、第三级、第四级冷水作业；

（2）低温作业分级标准中规定的第二级、第三级、第四级低温作业；

（3）体力劳动强度分级标准中规定的第三级、第四级体力劳动强度的作业；

（4）高处作业分级标准中规定的第三级、第四级高处作业。

3. 女职工在孕期禁忌从事的劳动范围

（1）作业场所空气中铅及其化合物、汞及其化合物、苯、镉、铍、砷、氰化物、氮氧化物、一氧化碳、二硫化碳、氯、己内酰胺、氯丁二烯、氯乙烯、环氧乙烷、苯胺、甲醛等有毒物质浓度超过国家职业卫生标准的作业；

（2）从事抗癌药物、己烯雌酚生产，接触麻醉剂气体等的作业；

（3）非密封源放射性物质的操作，核事故与放射事故的应急处置；

（4）高处作业分级标准中规定的高处作业；

（5）冷水作业分级标准中规定的冷水作业；

（6）低温作业分级标准中规定的低温作业；

（7）高温作业分级标准中规定的第三级、第四级的作业；

（8）噪声作业分级标准中规定的第三级、第四级的作业；

（9）体力劳动强度分级标准中规定的第三级、第四级体力劳动强度的作业；

（10）在密闭空间、高压室作业或者潜水作业，伴有强烈振动的作业，或者需要频繁弯腰、攀高、下蹲的作业。

4. 女职工在哺乳期禁忌从事的劳动范围

（1）孕期禁忌从事的劳动范围的第一项、第三项、第九项；

（2）作业场所空气中锰、氟、溴、甲醇、有机磷化合物、有机氯化合物等有毒物质浓度超过国家职业卫生标准的作业。

二、用人单位对女职工劳动保护的职责

《女职工劳动保护特别规定》第三条至第五条规定，用人单位应当加强女职工劳动保护，采取措施改善女职工劳动安全卫生条件，对女职工进行劳动安全卫生知识培训。

用人单位应当遵守女职工禁忌从事的劳动范围的规定。用人单位应当将本单位属于女职工禁忌从事的劳动范围的岗位书面告知女职工。

用人单位不得因女职工怀孕、生育、哺乳降低其工资、予以辞退、与其解除劳动或者聘用合同。

三、用人单位对女职工孕期和哺乳期的劳动保护

《女职工劳动保护特别规定》第六条规定，女职工在孕期不能适应原劳动的，用人单位应当根据医疗机构的证明，予以减轻劳动量或者安排其他能够适应的劳动。

对怀孕7个月以上的女职工，用人单位不得延长劳动时间或者安排夜班劳动，并应当在劳动时间内安排一定的休息时间。

怀孕女职工在劳动时间内进行产前检查，所需时间计入劳动时间。

《女职工劳动保护特别规定》第七条规定，女职工生育享受98天产假，其中产前可以休假15天；难产的，增加产假15天；生育多胞胎的，每多生育1个婴儿，增加产假15天。

女职工怀孕未满4个月流产的，享受15天产假；怀孕满4个月流产的，享受42天产假。

《女职工劳动保护特别规定》第八条规定，女职工产假期间的生育津贴，对已经参加生育保险的，按照用人单位上年度职工月平均工资的标准由生育保险基金支付；对未参加生育保险的，按照女职工产假前工资的标准由用人单位支付。

女职工生育或者流产的医疗费用，按照生育保险规定的项目和标准，对已经参加生育保险的，由生育保险基金支付；对未参加生育保险的，由用人单位支付。

《女职工劳动保护特别规定》第九条规定，对哺乳未满1周岁婴儿的女职工，用人单位不得延长劳动时间或者安排夜班劳动。

用人单位应当在每天的劳动时间内为哺乳期女职工安排1小时哺乳时间；女职工生育多胞胎的，每多哺乳1个婴儿每天增加1小时哺乳时间。

《女职工劳动保护特别规定》第十条规定，女职工比较多的用人单位应当根据女职工的需要，建立女职工卫生室、孕妇休息室、哺乳室等设施，妥善解决女职工在生理卫生、哺乳方面的困难。

四、用人单位保护女职工免受性骚扰的义务

《女职工劳动保护特别规定》第十一条规定，在劳动场所，用人单位应当预防和制止对女职工的性骚扰。

五、法律责任

《女职工劳动保护特别规定》第十三条至第十五条规定了用人单位违反本规定，侵害女职工合法权益应当承担的法律责任。

第六章

安全生产部门规章

第一节 《注册安全工程师分类管理办法》

2017年11月2日，国家安全监管总局、人力资源社会保障部联合印发了《注册安全工程师分类管理办法》（安监总人事〔2017〕118号），自2018年1月1日起施行。

《注册安全工程师分类管理办法》是为加强安全生产工作，健全完善注册安全工程师职业资格制度，依据《中华人民共和国安全生产法》及国家职业资格证书制度等规定制定。

一、注册安全工程师分类管理及职称级别

《注册安全工程师分类管理办法》第三条第一款规定，注册安全工程师专业类别划分为：煤矿安全、金属非金属矿山安全、化工安全、金属冶炼安全、建筑施工安全、道路运输安全、其他安全（不包括消防安全）。

《注册安全工程师分类管理办法》第四条、第五条规定，注册安全工程师级别设置为：高级、中级、初级（助理）。

注册安全工程师按照专业类别进行注册。

《注册安全工程师分类管理办法》第七条规定，高级注册安全工程师采取考试与评审相结合的评价方式，具体办法另行规定。

《注册安全工程师分类管理办法》第十五条规定，注册安全工程师各级别与工程系列安全工程专业职称相对应，不再组织工程系列安全工程专业职称评审。

高级注册安全工程师考评办法出台前，工程系列安全工程专业高级职称评审仍然按现行制度执行。

二、注册安全工程师执业范围及管理能力

《注册安全工程师分类管理办法》第六条规定，注册安全工程师可在相应行业领域生产经营单位和安全评价检测等安全生产专业服务机构中执业。

《注册安全工程师分类管理办法》第十四条规定，取得注册安全工程师职业资格证书并经注册的人员，表明其具备与所从事的生产经营活动相应的安全生产知识和管理能力，可视为其安全生产知识和管理能力考核合格。

三、初级注册安全工程师考试及注册管理

《注册安全工程师分类管理办法》第十三条规定，助理注册安全工程师职业资格考试使用全国统一考试大纲，考试和注册管理由各省、自治区、直辖市人力资源社会保障部门和安全监管部门会同有关行业主管部门组织实施。

《注册安全工程师分类管理办法》第十六条规定，本办法施行之前已取得的注册安全工程师执业资格证书、注册助理安全工程师资格证书，分别视同为中级注册安全工程师职业资格证书、助理注册安全工程师职业资格证书。

第二节 《注册安全工程师职业资格制度规定》和《注册安全工程师职业资格考试实施办法》

2019年1月25日，应急管理部、人力资源社会保障部联合印发了《注册安全工程师职业资格制度规定》和《注册安全工程师职业资格考试实施办法》（应急〔2019〕8号）。

《注册安全工程师职业资格制度规定》的立法目的是加强安全生产专业技术人才队伍建设，提高安全生产专业技术人才能力素质，维护人民群众生命财产安全。

一、注册安全工程师的注册要求

1. 初始注册

《注册安全工程师管理规定》第十一条规定，申请初始注册应当提交下列材料：

（一）注册申请表；

（二）申请人资格证书（复印件）；

（三）申请人与聘用单位签订的劳动合同或者聘用文件（复印件）；

（四）申请人有效身份证件或者身份证明（复印件）。

2. 延续注册

《注册安全工程师管理规定》第十三条规定，申请延续注册，应当提交下列材料：

（一）注册申请表；

（二）申请人执业证；

（三）申请人与聘用单位签订的劳动合同或者聘用文件（复印件）；

（四）聘用单位出具的申请人执业期间履职情况证明材料；

（五）注册有效期内达到继续教育要求的证明材料。

3. 变更注册

《注册安全工程师管理规定》第十四条规定，申请变更注册，应当提交下列材料：

（一）注册申请表；

（二）申请人执业证；

（三）申请人与原聘用单位合同到期或解聘证明（复印件）；

（四）申请人与新聘用单位签订的劳动合同或者聘用文件（复印件）。

注册安全工程师在办理变更注册手续期间不得执业。

4. 注册条件

《注册安全工程师职业资格制度规定》第十七条规定，申请注册的人员，必须同时具备下列基本条件：

（一）取得注册安全工程师职业资格证书；

（二）遵纪守法，恪守职业道德；

（三）受聘于生产经营单位安全生产管理、安全工程技术类岗位或安全生产专业服务机构从事安全生产专业服务；

（四）具有完全民事行为能力，年龄不超过70周岁。

5. 注册期限

《注册安全工程师职业资格制度规定》第十八条、第十九条规定，申请中级注册安全工程师初始注册的，应当自取得中级注册安全工程师职业资格证书之日起5年内由本人向注册初审机构提出。超过规定时间申请初始注册的，按逾期初始注册办理。

中级注册安全工程师注册有效期为5年。有效期满前3个月，需要延续注册的，应向注册初审机构提出延续注册申请。有效期满未延续注册的，可根据需要申请重新注册。

取得注册安全工程师职业资格证书的人员，经注册后方可以注册安全工程师名义执业。初级注册安全工程师注册管理办法由各省、自治区、直辖市应急管理部门会同有关部门依法制定。

二、注册安全工程师的执业范围

《注册安全工程师职业资格制度规定》第二十七条规定,注册安全工程师的执业范围包括:

(一)安全生产管理;

(二)安全生产技术;

(三)生产安全事故调查与分析;

(四)安全评估评价、咨询、论证、检测、检验、教育、培训及其他安全生产专业服务。

中级注册安全工程师按照专业类别可在各类规模的危险物品生产、储存以及矿山、金属冶炼等单位中执业,初级注册安全工程师的执业单位规模由各地结合实际依法制定。

《注册安全工程师管理规定》第十七条规定,注册安全工程师的执业范围,包括安全生产检查。

三、注册安全工程师的职责

《注册安全工程师管理规定》第十九条规定,生产经营单位的下列安全生产工作,应有注册安全工程师参与并签署意见:

(一)制定安全生产规章制度、安全技术操作规程和作业规程;

(二)排查事故隐患,制定整改方案和安全措施;

(三)制定从业人员安全培训计划;

(四)选用和发放劳动防护用品;

(五)生产安全事故调查;

(六)制定重大危险源检测、评估、监控措施和应急救援预案;

(七)其他安全生产工作事项。

注册安全工程师应在本人执业成果文件上签字,并承担相应责任。聘用单位应当为注册安全工程师建立执业活动档案,并保证档案内容的真实性。

四、注册安全工程师的权利义务

1. 注册安全工程师的权利

《注册安全工程师职业资格制度规定》第二十九条规定,注册安全工程师享有下列权利:

(一)按规定使用注册安全工程师称谓和本人注册证书;

(二)从事规定范围内的执业活动;

(三)对执业中发现的不符合相关法律、法规和技术规范要求的情形提出意见和建议,并向相关行业主管部门报告;

(四)参加继续教育;

(五)获得相应的劳动报酬;

(六)对侵犯本人权利的行为进行申诉;

(七)法律、法规规定的其他权利。

2. 注册安全工程师的义务

《注册安全工程师职业资格制度规定》第三十条规定,注册安全工程师应当履行下列义务:

(一)遵守国家有关安全生产的法律、法规和标准;

(二)遵守职业道德,客观、公正执业,不弄虚作假,并承担在相应报告上签署意见的法律责任;

(三)维护国家、集体、公众的利益和受聘单位的合法权益;

(四)严格保守在执业中知悉的单位、个人技术和商业秘密。

《注册安全工程师职业资格制度规定》第三十三条规定,专业技术人员取得中级注册安全工程师、初级注册安全工程师职业资格,即视其具备工程师、助理工程师职称,并可作为申报高一级职称的条件。

《注册安全工程师职业资格制度规定》施行前取得的注册安全工程师执业资格证书、注册助理安全工程师资格证书,分别与按照本规定取得的中级、初级注册安全工程师职业资格证书效用等同。

五、注册安全工程师继续教育

《注册安全工程师管理规定》第二十三条规定,继续教育按照注册类别分类进行。

注册安全工程师在每个注册周期内应当参加继续教育,时间累计不得少于48学时。

《注册安全工程师分类管理办法》第十一条规定,中级注册安全工程师按照专业类别进行继续教育,其中专业课程学时应不少于继续教育总学时的一半。

《注册安全工程师管理规定》第二十四条规定,继续教育由部门、省级注册机构按照统一制定的大纲组织实施。中央企业注册安全工程师的继续教育可以由中央企业总公司(总厂、集团公司)组织实施。

继续教育应当由具备安全培训条件的机构承担。

《注册安全工程师管理规定》第二十五条规定,煤矿安全、非煤矿矿山安全、危险物品安全（民用爆破器材安全除外）和其他安全类注册安全工程师继续教育大纲，由安全监管总局组织制定；建筑施工安全、民用爆破器材安全注册安全工程师继续教育大纲，由安全监管总局会同国务院有关主管部门组织制定。

取得注册安全工程师注册证书的人员，应当按照国家专业技术人员继续教育的有关规定接受继续教育，更新专业知识，提高业务水平。

六、生产经营单位配备注册安全工程师的规定

《注册安全工程师分类管理办法》第十二条规定，危险物品的生产、储存单位以及矿山、金属冶炼单位应当有相应专业类别的中级及以上注册安全工程师从事安全生产管理工作。危险物品的生产、储存单位以及矿山单位安全生产管理人员中的中级及以上注册安全工程师比例应自本办法施行之日起2年内，金属冶炼单位安全生产管理人员中的中级及以上注册安全工程师比例应自本办法施行之日起5年内达到15%左右并逐步提高。

《注册安全工程师管理规定》第六条规定，从业人员300人以上的煤矿、非煤矿矿山、建筑施工单位和危险物品生产、经营单位，应当按照不少于安全生产管理人员15%的比例配备注册安全工程师；安全生产管理人员在7人以下的，至少配备1名。

前款规定以外的其他生产经营单位，应当配备注册安全工程师或者委托安全生产中介机构选派注册安全工程师提供安全生产服务。

安全生产中介机构应当按照不少于安全生产专业服务人员30%的比例配备注册安全工程师。

为了加强安全生产专业技术人才队伍建设，提高安全生产专业技术人才能力素质，维护人民群众生命财产安全，《安全生产法》《注册安全工程师分类管理办法》《注册安全工程师管理规定》均规定了高危行业和安全生产服务机构、生产经营单位均应当根据法律、法规规章要求配备注册安全工程师。根据应急管理部（原国家安全生产监督管理总局）《关于加强注册安全工程师工作的指导意见》工作目标，初级注册安全工程师数量应当为中级注册安全工程师数量的2倍。住房和城乡建设部《安全生产标准化》规定，从业人员在300人以上的生产经营单位应当按照不少于安全生产管理人员15%的比例配备注册安全工程师；安全生产管理人员在7人以下的，至少配备1名。

第三节 《生产经营单位安全培训规定》

（2006年1月17日国家安全生产监督管理总局令第3号公布，自2006年3月1日起施行 根据2013年8月29日国家安全生产监督管理总局令第63号第一次修

正 根据 2015 年 5 月 29 日国家安全生产监督管理总局令第 80 号第二次修正）

《生产经营单位安全培训规定》的立法目的是为加强和规范生产经营单位安全培训工作，提高从业人员安全素质，防范伤亡事故，减轻职业危害。

一、主要负责人及安全生产管理人员的安全培训

1. 安全培训内容

（1）主要负责人安全培训的内容

《生产经营单位安全培训规定》第七条规定，生产经营单位主要负责人安全培训应当包括下列内容：

（一）国家安全生产方针、政策和有关安全生产的法律、法规、规章及标准；

（二）安全生产管理基本知识、安全生产技术、安全生产专业知识；

（三）重大危险源管理、重大事故防范、应急管理和救援组织以及事故调查处理的有关规定；

（四）职业危害及其预防措施；

（五）国内外先进的安全生产管理经验；

（六）典型事故和应急救援案例分析；

（七）其他需要培训的内容。

（2）安全生产管理人员安全培训的内容

《生产经营单位安全培训规定》第八条规定，生产经营单位安全生产管理人员安全培训应当包括下列内容：

（一）国家安全生产方针、政策和有关安全生产的法律、法规、规章及标准；

（二）安全生产管理、安全生产技术、职业卫生等知识；

（三）伤亡事故统计、报告及职业危害的调查处理方法；

（四）应急管理、应急预案编制以及应急处置的内容和要求；

（五）国内外先进的安全生产管理经验；

（六）典型事故和应急救援案例分析；

（七）其他需要培训的内容。

2. 安全培训时间

《生产经营单位安全培训规定》第九条规定，生产经营单位主要负责人和安全生产管理人员初次安全培训时间不得少于 32 学时。每年再培训时间不得少于 12 学时。

煤矿、非煤矿山、危险化学品、烟花爆竹、金属冶炼等生产经营单位主要负责人和安全生产管理人员初次安全培训时间不得少于 48 学时，每年再培训时间不得少于

16学时。

本规定所列高危行业与《安全生产法》的不同,不包括建筑施工和运输行业,危险物品行业中不包含民用爆炸物品企业。

二、其他从业人员的安全培训

1. 岗前安全培训基本要求

《生产经营单位安全培训规定》第十一条规定,煤矿、非煤矿山、危险化学品、烟花爆竹、金属冶炼等生产经营单位必须对新上岗的临时工、合同工、劳务工、轮换工、协议工等进行强制性安全培训,保证其具备本岗位安全操作、自救互救以及应急处置所需的知识和技能后,方能安排上岗作业。

随着社会发展,灵活就业模式越来越普遍,临时工、合同工、劳务工、轮换工、协议工等在各行业用工中占据较大的比例,但这些人员流动性大,上工时间短,很多单位都忽视了对他们的安全教育培训,其安全知识水平和安全意识总体上比较差,在很多伤亡事故中,这类人员受伤或死亡的比例居高不下。基于此,《生产经营单位安全培训规定》对他们的教育培训作出了强制性规定。

《生产经营单位安全培训规定》第十二条规定,加工、制造业等生产单位的其他从业人员,在上岗前必须经过厂(矿)、车间(工段、区、队)、班组三级安全培训教育。

生产经营单位应当根据工作性质对其他从业人员进行安全培训,保证其具备本岗位安全操作、应急处置等知识和技能。

2. 安全培训时间

《生产经营单位安全培训规定》第十三条规定,生产经营单位新上岗的从业人员,岗前安全培训时间不得少于24学时。

煤矿、非煤矿山、危险化学品、烟花爆竹、金属冶炼等生产经营单位新上岗的从业人员安全培训时间不得少于72学时,每年再培训的时间不得少于20学时。

3. 安全培训内容

(1)厂(矿)级岗前安全培训内容

《生产经营单位安全培训规定》第十四条规定,厂(矿)级岗前安全培训内容应当包括:

(一)本单位安全生产情况及安全生产基本知识;

(二)本单位安全生产规章制度和劳动纪律;

(三)从业人员安全生产权利和义务;

(四)有关事故案例等。

煤矿、非煤矿山、危险化学品、烟花爆竹、金属冶炼等生产经营单位厂（矿）级安全培训除包括上述内容外，应当增加事故应急救援、事故应急预案演练及防范措施等内容。

（2）车间（工段、区、队）级岗前安全培训内容

《生产经营单位安全培训规定》第十五条规定，车间（工段、区、队）级岗前安全培训内容应当包括：

（一）工作环境及危险因素；

（二）所从事工种可能遭受的职业伤害和伤亡事故；

（三）所从事工种的安全职责、操作技能及强制性标准；

（四）自救互救、急救方法、疏散和现场紧急情况的处理；

（五）安全设备设施、个人防护用品的使用和维护；

（六）本车间（工段、区、队）安全生产状况及规章制度；

（七）预防事故和职业危害的措施及应注意的安全事项；

（八）有关事故案例；

（九）其他需要培训的内容。

（3）班组级岗前安全培训内容

《生产经营单位安全培训规定》第十六条规定，班组级岗前安全培训内容应当包括：

（一）岗位安全操作规程；

（二）岗位之间工作衔接配合的安全与职业卫生事项；

（三）有关事故案例；

（四）其他需要培训的内容。

（4）调岗或离岗一年培训要求

《生产经营单位安全培训规定》第十七条第一款规定，从业人员在本生产经营单位内调整工作岗位或离岗一年以上重新上岗时，应当重新接受车间（工段、区、队）和班组级的安全培训。

（5）"四新"人员培训

《生产经营单位安全培训规定》第十七条第二款规定，生产经营单位采用新工艺、新技术、新材料或者使用新设备时，应当对有关从业人员重新进行有针对性的安全培训。

三、特种作业人员的安全培训

《生产经营单位安全培训规定》第十八条规定，生产经营单位的特种作业人员，必

须按照国家有关法律、法规的规定接受专门的安全培训，经考核合格，取得特种作业操作资格证书后，方可上岗作业。

特种作业人员的培训、考核、取证、复审等内容，在《特种作业人员安全技术培训考核管理规定》中有明确的要求。

四、安全培训的组织

《生产经营单位安全培训规定》第十九条规定，生产经营单位从业人员的安全培训工作，由生产经营单位组织实施。

生产经营单位应当坚持以考促学、以讲促学，确保全体从业人员熟练掌握岗位安全生产知识和技能；煤矿、非煤矿山、危险化学品、烟花爆竹、金属冶炼等生产经营单位还应当完善和落实师傅带徒弟制度。

师傅带徒弟制度有利于徒弟更快地掌握相关安全技能，便于通过潜移默化的方式传承技术和知识。

五、安全培训的实施

《生产经营单位安全培训规定》第二十条规定，具备安全培训条件的生产经营单位，应当以自主培训为主；可以委托具备安全培训条件的机构，对从业人员进行安全培训。

不具备安全培训条件的生产经营单位，应当委托具备安全培训条件的机构，对从业人员进行安全培训。

生产经营单位委托其他机构进行安全培训的，保证安全培训的责任仍由本单位负责。

《生产经营单位安全培训规定》第二十一条规定，生产经营单位应当将安全培训工作纳入本单位年度工作计划。保证本单位安全培训工作所需资金。

生产经营单位的主要负责人负责组织制定并实施本单位安全培训计划。

《生产经营单位安全培训规定》第二十二条规定，生产经营单位应当建立健全从业人员安全生产教育和培训档案，由生产经营单位的安全生产管理机构以及安全生产管理人员详细、准确记录培训的时间、内容、参加人员以及考核结果等情况。

《生产经营单位安全培训规定》第二十三条规定，生产经营单位安排从业人员进行安全培训期间，应当支付工资和必要的费用。

第四节 《安全生产事故隐患排查治理暂行规定》

（2007年12月28日国家安全生产监督管理总局令第16号公布，自2008年2月1

日起施行）

《安全生产事故隐患排查治理暂行规定》的立法目的是建立安全生产事故隐患排查治理长效机制，强化安全生产主体责任，加强事故隐患监督管理，防止和减少事故，保障人民群众生命财产安全。

一、生产经营单位事故隐患的定义及分级

《安全生产事故隐患排查治理暂行规定》第三条规定，本规定所称安全生产事故隐患（以下简称事故隐患），是指生产经营单位违反安全生产法律、法规、规章、标准、规程和安全生产管理制度的规定，或者因其他因素在生产经营活动中存在可能导致事故发生的物的危险状态、人的不安全行为和管理上的缺陷。

事故隐患分为一般事故隐患和重大事故隐患。一般事故隐患，是指危害和整改难度较小，发现后能够立即整改排除的隐患。重大事故隐患，是指危害和整改难度较大，应当全部或者局部停产停业，并经过一定时间整改治理方能排除的隐患，或者因外部因素影响致使生产经营单位自身难以排除的隐患。

二、生产经营单位事故隐患排查治理职责

《安全生产事故隐患排查治理暂行规定》第四条规定，生产经营单位应当建立健全事故隐患排查治理制度。生产经营单位主要负责人对本单位事故隐患排查治理工作全面负责。

《安全生产事故隐患排查治理暂行规定》第七条规定，生产经营单位应当依照法律、法规、规章、标准和规程的要求从事生产经营活动。严禁非法从事生产经营活动。

《安全生产事故隐患排查治理暂行规定》第八条规定，生产经营单位是事故隐患排查、治理和防控的责任主体。

生产经营单位应当建立健全事故隐患排查治理和建档监控等制度，逐级建立并落实从主要负责人到每个从业人员的隐患排查治理和监控责任制。

《安全生产事故隐患排查治理暂行规定》第九条规定，生产经营单位应当保证事故隐患排查治理所需的资金，建立资金使用专项制度。

《安全生产事故隐患排查治理暂行规定》第十条规定，生产经营单位应当定期组织安全生产管理人员、工程技术人员和其他相关人员排查本单位的事故隐患。对排查出的事故隐患，应当按照事故隐患的等级进行登记，建立事故隐患信息档案，并按照职责分工实施监控治理。

《安全生产事故隐患排查治理暂行规定》第十一条规定，生产经营单位应当建立事故隐患报告和举报奖励制度，鼓励、发动职工发现和排除事故隐患，鼓励社会公众举

报。对发现、排除和举报事故隐患的有功人员，应当给予物质奖励和表彰。

《安全生产事故隐患排查治理暂行规定》第十二条规定，生产经营单位将生产经营项目、场所、设备发包、出租的，应当与承包、承租单位签订安全生产管理协议，并在协议中明确各方对事故隐患排查、治理和防控的管理职责。生产经营单位对承包、承租单位的事故隐患排查治理负有统一协调和监督管理的职责。

《安全生产事故隐患排查治理暂行规定》第十三条规定，安全监管监察部门和有关部门的监督检查人员依法履行事故隐患监督检查职责时，生产经营单位应当积极配合，不得拒绝和阻挠。

《安全生产事故隐患排查治理暂行规定》第十四条规定，生产经营单位应当每季、每年对本单位事故隐患排查治理情况进行统计分析，并分别于下一季度15日前和下一年1月31日前向安全监管监察部门和有关部门报送书面统计分析表。统计分析表应当由生产经营单位主要负责人签字。

对于重大事故隐患，生产经营单位除依照前款规定报送外，应当及时向安全监管监察部门和有关部门报告。重大事故隐患报告内容应当包括：

（一）隐患的现状及其产生原因；
（二）隐患的危害程度和整改难易程度分析；
（三）隐患的治理方案。

三、事故隐患治理

1. 事故隐患治理职责分工

《安全生产事故隐患排查治理暂行规定》第十五条规定，对于一般事故隐患，由生产经营单位（车间、分厂、区队等）负责人或者有关人员立即组织整改。

对于重大事故隐患，由生产经营单位主要负责人组织制定并实施事故隐患治理方案。重大事故隐患治理方案应当包括以下内容：

（一）治理的目标和任务；
（二）采取的方法和措施；
（三）经费和物资的落实；
（四）负责治理的机构和人员；
（五）治理的时限和要求；
（六）安全措施和应急预案。

2. 事故隐患排查治理中的紧急处置

《安全生产事故隐患排查治理暂行规定》第十六条规定，生产经营单位在事故隐患治理过程中，应当采取相应的安全防范措施，防止事故发生。事故隐患排除前或者排除过程中无法保证安全的，应当从危险区域内撤出作业人员，并疏散可能危及的其他人员，设置警戒标志，暂时停产停业或者停止使用；对暂时难以停产或者停止使用的相关生产储存装置、设施、设备，应当加强维护和保养，防止事故发生。

3. 自然灾害的应对

《安全生产事故隐患排查治理暂行规定》第十七条规定，生产经营单位应当加强对自然灾害的预防。对于因自然灾害可能导致事故灾难的隐患，应当按照有关法律、法规、标准和本规定的要求排查治理，采取可靠的预防措施，制定应急预案。在接到有关自然灾害预报时，应当及时向下属单位发出预警通知；发生自然灾害可能危及生产经营单位和人员安全的情况时，应当采取撤离人员、停止作业、加强监测等安全措施，并及时向当地人民政府及其有关部门报告。

4. 重大事故隐患治理后的安全评估

《安全生产事故隐患排查治理暂行规定》第十八条规定，地方人民政府或者安全监管监察部门及有关部门挂牌督办并责令全部或者局部停产停业治理的重大事故隐患，治理工作结束后，有条件的生产经营单位应当组织本单位的技术人员和专家对重大事故隐患的治理情况进行评估；其他生产经营单位应当委托具备相应资质的安全评价机构对重大事故隐患的治理情况进行评估。

经治理后符合安全生产条件的，生产经营单位应当向安全监管监察部门和有关部门提出恢复生产的书面申请，经安全监管监察部门和有关部门审查同意后，方可恢复生产经营。申请报告应当包括治理方案的内容、项目和安全评价机构出具的评价报告等。

第五节 《生产安全事故应急预案管理办法》

（2009年3月20日国家安全生产监督管理总局令第17条公布，自2009年5月1日起施行 根据2016年6月3日国家安全生产监督管理总局令第88号修订，自2016年7月1日起施行 根据2019年7月11日应急管理部令第2号修订）

《生产安全事故应急预案管理办法》的立法目的是规范生产安全事故应急预案管理工作，迅速有效处置生产安全事故。

一、应急预案编制

《生产安全事故应急预案管理办法》第五条、第七条规定，生产经营单位主要负责人负责组织编制和实施本单位的应急预案，并对应急预案的真实性和实用性负责；各分管负责人应当按照职责分工落实应急预案规定的职责。

应急预案的编制应当遵循以人为本、依法依规、符合实际、注重实效的原则，以应急处置为核心,明确应急职责、规范应急程序、细化保障措施。

1. 应急预案的编制要求

《生产安全事故应急预案管理办法》第八条规定,应急预案的编制应当符合下列基本要求:

(一)有关法律、法规、规章和标准的规定;

(二)本地区、本部门、本单位的安全生产实际情况;

(三)本地区、本部门、本单位的危险性分析情况;

(四)应急组织和人员的职责分工明确,并有具体的落实措施;

(五)有明确、具体的应急程序和处置措施,并与其应急能力相适应;

(六)有明确的应急保障措施,满足本地区、本部门、本单位的应急工作需要;

(七)应急预案基本要素齐全、完整,应急预案附件提供的信息准确;

(八)应急预案内容与相关应急预案相互衔接。

《生产安全事故应急预案管理办法》第九条规定,编制应急预案应当成立编制工作小组,由本单位有关负责人任组长,吸收与应急预案有关的职能部门和单位的人员,以及有现场处置经验的人员参加。

2. 应急预案编制前的准备

《生产安全事故应急预案管理办法》第十条规定,编制应急预案前,编制单位应当进行事故风险辨识、评估和应急资源调查。

事故风险辨识、评估,是指针对不同事故种类及特点,识别存在的危险危害因素,分析事故可能产生的直接后果以及次生、衍生后果,评估各种后果的危害程度和影响范围,提出防范和控制事故风险措施的过程。

应急资源调查,是指全面调查本地区、本单位第一时间可以调用的应急资源状况和合作区域内可以请求援助的应急资源状况,并结合事故风险辨识评估结论制定应急措施的过程。

风险辨识、评估和应急资源调查是应急预案编制的重要依据,是应急预案编制工作中的重要环节,对应急预案的质量有着决定性的作用。只有做好这两项工作,才能编制出符合实际,具有针对性、可行性、完整性、衔接性的应急预案。

《生产安全事故应急预案管理办法》第十二条规定,生产经营单位应当根据有关法律、法规、规章和相关标准,结合本单位组织管理体系、生产规模和可能发生的事故特点,与相关预案保持衔接,确立本单位的应急预案体系,编制相应的应急预案,并体现自救互救和先期处置等特点。

3. 应急预案的编制种类

《生产安全事故应急预案管理办法》第十三条规定,生产经营单位风险种类多、可能发生多种类型事故的,应当组织编制综合应急预案。

综合应急预案应当规定应急组织机构及其职责、应急预案体系、事故风险描述、预警及信息报告、应急响应、保障措施、应急预案管理等内容。

《生产安全事故应急预案管理办法》第十四条规定,对于某一种或者多种类型的事故风险,生产经营单位可以编制相应的专项应急预案,或将专项应急预案并入综合应急预案。

专项应急预案应当规定应急指挥机构与职责、处置程序和措施等内容。

《生产安全事故应急预案管理办法》第十五条规定,对于危险性较大的场所、装置或者设施,生产经营单位应当编制现场处置方案。

现场处置方案应当规定应急工作职责、应急处置措施和注意事项等内容。

事故风险单一、危险性小的生产经营单位,可以只编制现场处置方案。

《生产安全事故应急预案管理办法》第十六条规定,生产经营单位应急预案应当包括向上级应急管理机构报告的内容、应急组织机构和人员的联系方式、应急物资储备清单等附件信息。附件信息发生变化时,应当及时更新,确保准确有效。

《生产安全事故应急预案管理办法》第十七条规定,生产经营单位组织应急预案编制过程中,应当根据法律、法规、规章的规定或者实际需要,征求相关应急救援队伍、公民、法人或其他组织的意见。

《生产安全事故应急预案管理办法》第十八条规定,生产经营单位编制的各类应急预案之间应当相互衔接,并与相关人民政府及其部门、应急救援队伍和涉及的其他单位的应急预案相衔接。

《生产安全事故应急预案管理办法》第十九条规定,生产经营单位应当在编制应急预案的基础上,针对工作场所、岗位的特点,编制简明、实用、有效的应急处置卡。

应急处置卡应当规定重点岗位、人员的应急处置程序和措施,以及相关联络人员和联系方式,便于从业人员携带。

生产经营单位应急预案一般分为综合应急预案、专项应急预案和现场处置方案。在编制应急预案的基础上,生产经营单位可根据本单位的情况,编制简明、实用的应急处置卡。应急处置卡便于员工随身携带,可在发生突发事件时对员工进行现场处置的指导。

二、应急预案的评审、公布和备案

1. 应急预案的评审和论证

《生产安全事故应急预案管理办法》第二十一条规定,矿山、金属冶炼企业和易燃易爆物品、危险化学品的生产、经营(带储存设施的,下同)、储存、运输企业,以及使用危险化学品达到国家规定数量的化工企业、烟花爆竹生产、批发经营企业和中型规模以上的其他生产经营单位,应当对本单位编制的应急预案进行评审,并形成书面评审纪要。

前款规定以外的其他生产经营单位可以根据自身需要,对本单位编制的应急预案进行论证。

《生产安全事故应急预案管理办法》第二十二条规定,参加应急预案评审的人员应当包括有关安全生产及应急管理方面的专家。

评审人员与所评审应急预案的生产经营单位有利害关系的,应当回避。

《生产安全事故应急预案管理办法》第二十三条规定,应急预案的评审或者论证应当注重基本要素的完整性、组织体系的合理性、应急处置程序和措施的针对性、应急保障措施的可行性、应急预案的衔接性等内容。

应急预案评审和论证的主要目就是保证应急预案具备基本要素的完整性、组织体系的合理性、应急处置程序和措施的针对性、应急保障措施的可行性、应急预案的衔接性等特点,在发生事故时,真正起到作用。

2. 应急预案的公布和备案

《生产安全事故应急预案管理办法》第二十四条规定,生产经营单位的应急预案经评审或者论证后,由本单位主要负责人签署,向本单位从业人员公布,并及时发放到本单位有关部门、岗位和相关应急救援队伍。

事故风险可能影响周边其他单位、人员的,生产经营单位应当将有关事故风险的性质、影响范围和应急防范措施告知周边的其他单位和人员。

《生产安全事故应急预案管理办法》第二十六条规定,易燃易爆物品、危险化学品等危险物品的生产、经营、储存、运输单位,矿山、金属冶炼、城市轨道交通运营、建筑施工单位,以及宾馆、商场、娱乐场所、旅游景区等人员密集场所经营单位,应当在应急预案公布之日起20个工作日内,按照分级属地原则,向县级以上人民政府应急管理部门和其他负有安全生产监督管理职责的部门进行备案,并依法向社会公布。

前款所列单位属于中央企业的,其总部(上市公司)的应急预案,报国务院主管的负有安全生产监督管理职责的部门备案,并抄送应急管理部;其所属单位的应急预案报所在地的省、自治区、直辖市或者设区的市级人民政府主管的负有安全生产监督管理职责的部门备案,并抄送同级人民政府应急管理部门。

本条第一款所列单位不属于中央企业的,其中非煤矿山、金属冶炼和危险化学品生产、经营、储存、运输企业,以及使用危险化学品达到国家规定数量的化工企业、烟花爆竹生产、批发经营企业的应急预案,按照隶属关系报所在地县级以上地方人民政府应急管理部门备案;本款前述单位以外的其他生产经营单位应急预案的备案,由省、自治区、直辖市人民政府负有安全生产监督管理职责的部门确定。

油气输送管道运营单位的应急预案，除按照本条第一款、第二款的规定备案外，还应当抄送所经行政区域的县级人民政府应急管理部门。

海洋石油开采企业的应急预案，除按照本条第一款、第二款的规定备案外，还应当抄送所经行政区域的县级人民政府应急管理部门和海洋石油安全监管机构。

煤矿企业的应急预案除按照本条第一款、第二款的规定备案外，还应当抄送所在地的煤矿安全监察机构。

3. 应急预案的备案材料

《生产安全事故应急预案管理办法》第二十七条规定，生产经营单位申报应急预案备案，应当提交下列材料：

（一）应急预案备案申报表；

（二）本办法第二十一条所列单位，应当提供应急预案评审意见；

（三）应急预案电子文档；

（四）风险评估结果和应急资源调查清单。

应急预案备案是核定企业应急预案编制水平，提高应急预案质量的重要措施。

企业应急预案按照"分类管理、分级负责"的原则报当地政府主管部门和上级单位备案，并告知相关单位。

三、应急预案的实施

1. 应急预案的培训

《生产安全事故应急预案管理办法》第三十一条规定，生产经营单位应当组织开展本单位的应急预案、应急知识、自救互救和避险逃生技能的培训活动，使有关人员了解应急预案内容，熟悉应急职责、应急处置程序和措施。

应急培训的时间、地点、内容、师资、参加人员和考核结果等情况应当如实记入本单位的安全生产教育和培训档案。

2. 应急预案的演练

（1）应急演练

《生产安全事故应急预案管理办法》第三十三条规定，生产经营单位应当制定本单位的应急预案演练计划，根据本单位的事故风险特点，每年至少组织一次综合应急预案演练或者专项应急预案演练，每半年至少组织一次现场处置方案演练。

易燃易爆物品、危险化学品等危险物品的生产、经营、储存、运输单位，矿山、金属冶炼、城市轨道交通运营、建筑施工单位，以及宾馆、商场、娱乐场所、旅游景区等人员密集场所经营单位，应当至少每半年组织一次生产安全事故应急预案演练，并将演练情况报送所在地县级以上地方人民政府负有安全生产监督管理职责的部门。

县级以上地方人民政府负有安全生产监督管理职责的部门应当对本行政区域内前款规定的重点生产经营单位的生产安全事故应急救援预案演练进行抽查；发现演练不符合要求的，应当责令限期改正。

（2）演练评估

《生产安全事故应急预案管理办法》第三十四条规定，应急预案演练结束后，应急预案演练组织单位应当对应急预案演练效果进行评估，撰写应急预案演练评估报告，分析存在的问题，并对应急预案提出修订意见。

（3）应急预案评估

《生产安全事故应急预案管理办法》第三十五条规定，应急预案编制单位应当建立应急预案定期评估制度，对预案内容的针对性和实用性进行分析，并对应急预案是否需要修订作出结论。

矿山、金属冶炼、建筑施工企业和易燃易爆物品、危险化学品等危险物品的生产、经营、储存、运输企业、使用危险化学品达到国家规定数量的化工企业、烟花爆竹生产、批发经营企业和中型规模以上的其他生产经营单位，应当每三年进行一次应急预案评估。

应急预案评估可以邀请相关专业机构或者有关专家、有实际应急救援工作经验的人员参加，必要时可以委托安全生产技术服务机构实施。

3. 应急预案的修订

《生产安全事故应急预案管理办法》第三十六条规定，有下列情形之一的，应急预案应当及时修订并归档：

（一）依据的法律、法规、规章、标准及上位预案中的有关规定发生重大变化的；

（二）应急指挥机构及其职责发生调整的；

（三）安全生产面临的风险发生重大变化的；

（四）重要应急资源发生重大变化的；

（五）在应急演练和事故应急救援中发现需要修订预案的重大问题的；

（六）编制单位认为应当修订的其他情况。

《生产安全事故应急预案管理办法》第三十七条规定，应急预案修订涉及组织指挥体系与职责、应急处置程序、主要处置措施、应急响应分级等内容变更的，修订工作应当参照本办法规定的应急预案编制程序进行，并按照有关应急预案报备程序重新备案。

4. 应急保障与应急响应

《生产安全事故应急预案管理办法》第三十八条至第四十条规定，生产经营单位应当按照应急预案的规定，落实应急指挥体系、应急救援队伍、应急物资及装备，建立应急物资、装备配备及其使用档案，并对应急物资、装备进行定期检测和维护，使其处于适用状态。

生产经营单位发生事故时，应当第一时间启动应急响应，组织有关力量进行救援，并按照规定将事故信息及应急响应启动情况报告事故发生地县级以上人民政府应急管理部门和其他负有安全生产监督管理职责的部门。

生产安全事故应急处置和应急救援结束后，事故发生单位应当对应急预案实施情况进行总结评估。

第六节 《生产安全事故信息报告和处置办法》

（2009年6月16日国家安全生产监督管理总局令第21号公布，自2009年7月1日起施行）

《生产安全事故信息报告和处置办法》的立法目的是规范生产安全事故信息的报告和处置工作。

一、较大涉险事故的范围

《生产安全事故信息报告和处置办法》第二十六条规定，本办法所称的较大涉险事故是指：

（一）涉险10人以上的事故；

（二）造成3人以上被困或者下落不明的事故；

（三）紧急疏散人员500人以上的事故；

（四）因生产安全事故对环境造成严重污染（人员密集场所、生活水源、农田、河流、水库、湖泊等）的事故；

（五）危及重要场所和设施安全（电站、重要水利设施、危化品库、油气站和车站、码头、港口、机场及其他人员密集场所等）的事故；

（六）其他较大涉险事故。

二、事故信息报告

《生产安全事故信息报告和处置办法》第四条规定，事故信息的报告应当及时、准确和完整，信息的处置应当遵循快速高效、协同配合、分级负责的原则。

1. 事故报告时间

《生产安全事故信息报告和处置办法》第六条规定，生产经营单位发生生产安全事故或者较大涉险事故，其单位负责人接到事故信息报告后应当于1小时内报告事故发生地县级安全生产监督管理部门、煤矿安全监察分局。

发生较大以上生产安全事故的,事故发生单位在依照第一款规定报告的同时,应当在1小时内报告省级安全生产监督管理部门、省级煤矿安全监察机构。

发生重大、特别重大生产安全事故的,事故发生单位在依照本条第一款、第二款规定报告的同时,可以立即报告国家安全生产监督管理总局、国家煤矿安全监察局。

《生产安全事故信息报告和处置办法》第八条规定,发生较大生产安全事故或者社会影响重大的事故的,县级、市级安全生产监督管理部门或者煤矿安全监察分局接到事故报告后,在依照本办法第七条规定逐级上报的同时,应当在1小时内先用电话快报省级安全生产监督管理部门、省级煤矿安全监察机构,随后补报文字报告;乡镇安监站(办)可以根据事故情况越级直接报告省级安全生产监督管理部门、省级煤矿安全监察机构。

《生产安全事故信息报告和处置办法》第九条规定,发生重大、特别重大生产安全事故或者社会影响恶劣的事故的,县级、市级安全生产监督管理部门或者煤矿安全监察分局接到事故报告后,在依照规定逐级上报的同时,应当在1小时内先用电话快报省级安全生产监督管理部门、省级煤矿安全监察机构,随后补报文字报告;必要时,可以直接用电话报告国家安全生产监督管理总局、国家煤矿安全监察局。

省级安全生产监督管理部门、省级煤矿安全监察机构接到事故报告后,应当在1小时内先用电话快报国家安全生产监督管理总局、国家煤矿安全监察局,随后补报文字报告。

国家安全生产监督管理总局、国家煤矿安全监察局接到事故报告后,应当在1小时内先用电话快报国务院总值班室,随后补报文字报告。

2. 事故报告要求

(1)电话快报内容

《生产安全事故信息报告和处置办法》第十条第二款规定,使用电话快报,应当包括下列内容:

(一)事故发生单位的名称、地址、性质;

(二)事故发生的时间、地点;

(三)事故已经造成或者可能造成的伤亡人数(包括下落不明、涉险的人数)。

(2)补报和续报

《生产安全事故信息报告和处置办法》第十一条规定,事故具体情况暂时不清楚的,负责事故报告的单位可以先报事故概况,随后补报事故全面情况。

事故信息报告后出现新情况的,负责事故报告的单位应当依照本办法第六条、第七条、第八条、第九条的规定及时续报。较大涉险事故、一般事故、较大事故每日至少续报1次；重大事故、特别重大事故每日至少续报2次。

自事故发生之日起30日内（道路交通、火灾事故自发生之日起7日内），事故造成的伤亡人数发生变化的，应当日续报。

本办法事故报告内容与《生产安全事故报告和调查处理条例》均规定了电话快报内容、补报和续报的要求。

（3）信息举报调查核实

《生产安全事故信息报告和处置办法》第十二条规定，安全生产监督管理部门、煤矿安全监察机构接到任何单位或者个人的事故信息举报后，应当立即与事故单位或者下一级安全生产监督管理部门、煤矿安全监察机构联系，并进行调查核实。

下一级安全生产监督管理部门、煤矿安全监察机构接到上级安全生产监督管理部门、煤矿安全监察机构的事故信息举报核查通知后，应当立即组织查证核实，并在2个月内向上一级安全生产监督管理部门、煤矿安全监察机构报告核实结果。

对发生较大涉险事故的，安全生产监督管理部门、煤矿安全监察机构依照本条第二款规定向上一级安全生产监督管理部门、煤矿安全监察机构报告核实结果；对发生生产安全事故的，安全生产监督管理部门、煤矿安全监察机构应当在5日内对事故情况进行初步查证，并将事故初步查证的简要情况报告上一级安全生产监督管理部门、煤矿安全监察机构，详细核实结果在2个月内报告。

三、事故信息处置

《生产安全事故信息报告和处置办法》第十八条规定，安全生产监督管理部门、煤矿安全监察机构接到生产安全事故报告后，应当按照下列规定派员立即赶赴事故现场：

（一）发生一般事故的，县级安全生产监督管理部门、煤矿安全监察分局负责人立即赶赴事故现场；

（二）发生较大事故的，设区的市级安全生产监督管理部门、省级煤矿安全监察局负责人应当立即赶赴事故现场；

（三）发生重大事故的，省级安全监督管理部门、省级煤矿安全监察局负责人立即赶赴事故现场；

（四）发生特别重大事故的，国家安全生产监督管理总局、国家煤矿安全监察局负责人立即赶赴事故现场。上级安全生产监督管理部门、煤矿安全监察机构认为必要的，可以派员赶赴事故现场。

《生产安全事故信息报告和处置办法》第二十条规定，安全生产监督管理部门、煤矿安全监察机构应当依照有关规定定期向社会公布事故信息。

任何单位和个人不得擅自发布事故信息。

第七节 《特种作业人员安全技术培训考核管理规定》

（2010年5月24日国家安全生产监督管理总局令第30号公布，自2010年7月1日起施行 根据2013年8月29日国家安全生产监督管理总局令第63号第一次修正 根据2015年5月29日国家安全生产监督管理总局令第80号第二次修正）

《特种作业人员安全技术培训考核管理规定》的立法目的是规范特种作业人员的安全技术培训考核工作，提高特种作业人员的安全技术水平，防止和减少伤亡事故。

一、安全技术培训

《特种作业人员安全技术培训考核管理规定》第三条规定，本规定所称特种作业，是指容易发生事故，对操作者本人、他人的安全健康及设备、设施的安全可能造成重大危害的作业。特种作业的范围由特种作业目录规定。

本规定所称特种作业人员，是指直接从事特种作业的从业人员。

1. 特种作业人员应当符合的条件

《特种作业人员安全技术培训考核管理规定》第四条规定，特种作业人员应当符合下列条件：

（一）年满18周岁，且不超过国家法定退休年龄；

（二）经社区或者县级以上医疗机构体检健康合格，并无妨碍从事相应特种作业的器质性心脏病、癫痫病、美尼尔氏症、眩晕症、癔病、震颤麻痹症、精神病、痴呆症以及其他疾病和生理缺陷；

（三）具有初中及以上文化程度；

（四）具备必要的安全技术知识与技能；

（五）相应特种作业规定的其他条件。

危险化学品特种作业人员除符合前款第一项、第二项、第四项和第五项规定的条件外，应当具备高中或者相当于高中及以上文化程度。

2. 培训内容、地点及方式

（1）培训内容和地点

《特种作业人员安全技术培训考核管理规定》第九条规定，特种作业人员应当接受与其所从事的特种作业相应的安全技术理论培训和实际操作培训。

已经取得职业高中、技工学校及中专以上学历的毕业生从事与其所学专业相应的特种作业，持学历证明经考核发证机关同意，可以免予相关专业的培训。

跨省、自治区、直辖市从业的特种作业人员，可以在户籍所在地或者从业所在地参加培训。

特种作业人员安全技术培训的培训大纲、考核标准和题库是全国统一的，在任何一地参加培训和考核，原则上结果都一样。为了特种作业人员参加培训和考核更加便利，允许他们选择在户籍所在地或者从业所在地参加培训和考核。

（2）培训方式

《特种作业人员安全技术培训考核管理规定》第十条规定，对特种作业人员的安全技术培训，具备安全培训条件的生产经营单位应当以自主培训为主，也可以委托具备安全培训条件的机构进行培训。

不具备安全培训条件的生产经营单位，应当委托具备安全培训条件的机构进行培训。

生产经营单位委托其他机构进行特种作业人员安全技术培训的，保证安全技术培训的责任仍由本单位负责。

3. 培训机构的规定

《特种作业人员安全技术培训考核管理规定》第十一条规定，从事特种作业人员安全技术培训的机构（以下统称培训机构），应当制定相应的培训计划、教学安排，并按照安全监管总局、煤矿安监局制定的特种作业人员培训大纲和煤矿特种作业人员培训大纲进行特种作业人员的安全技术培训。

二、考核发证

1. 考核方式

《特种作业人员安全技术培训考核管理规定》第十二条规定，特种作业人员的考核包括考试和审核两部分。考试由考核发证机关或其委托的单位负责；审核由考核发证机关负责。

安全监管总局、煤矿安监局分别制定特种作业人员、煤矿特种作业人员的考核标准，并建立相应的考试题库。

考核发证机关或其委托的单位应当按照安全监管总局、煤矿安监局统一制定的考核标准进行考核。

2. 考试程序

《特种作业人员安全技术培训考核管理规定》第十三条规定，参加特种作业操作资格考试的人员，应当填写考试申请表，由申请人或者申请人的用人单位持学历证明或者培训机构出具的培训证明向申请人户籍所在地或者从业所在地的考核发证机关或其委托的单位提出申请。

考核发证机关或其委托的单位收到申请后，应当在 60 日内组织考试。

特种作业操作资格考试包括安全技术理论考试和实际操作考试两部分。考试不及格的，允许补考 1 次。经补考仍不及格的，重新参加相应的安全技术培训。

《特种作业人员安全技术培训考核管理规定》第十四条规定，考核发证机关委托承担特种作业操作资格考试的单位应当具备相应的场所、设施、设备等条件，建立相应的管理制度，并公布收费标准等信息。

《特种作业人员安全技术培训考核管理规定》第十五条规定，考核发证机关或其委托承担特种作业操作资格考试的单位，应当在考试结束后 10 个工作日内公布考试成绩。

3. 发证程序

《特种作业人员安全技术培训考核管理规定》第十六条规定，符合本规定第四条规定并经考试合格的特种作业人员，应当向其户籍所在地或者从业所在地的考核发证机关申请办理特种作业操作证，并提交身份证复印件、学历证书复印件、体检证明、考试合格证明等材料。

4. 特种作业操作证的有效期

《特种作业人员安全技术培训考核管理规定》第十九条规定，特种作业操作证有效期为 6 年，在全国范围内有效。

特种作业操作证由安全监管总局统一式样、标准及编号。

5. 特种作业操作证的补发、更换及更新

《特种作业人员安全技术培训考核管理规定》第二十条规定，特种作业操作证遗失的，应当向原考核发证机关提出书面申请，经原考核发证机关审查同意后，予以补发。

特种作业操作证所记载的信息发生变化或者损毁的，应当向原考核发证机关提出书面申请，经原考核发证机关审查确认后，予以更换或者更新。

现阶段的特种作业操作证是 IC 卡，里面记载特种作业人员本人的有关信息，如果记载的信息发生变化或者损毁，须及时更换。

三、特种作业操作证复审

1. 复审期限

《特种作业人员安全技术培训考核管理规定》第二十一条规定，特种作业操作证每 3 年复审 1 次。

特种作业人员在特种作业操作证有效期内，连续从事本工种 10 年以上，严格遵守

有关安全生产法律法规的,经原考核发证机关或者从业所在地考核发证机关同意,特种作业操作证的复审时间可以延长至每 6 年 1 次。

2. 复审程序

《特种作业人员安全技术培训考核管理规定》第二十二条规定,特种作业操作证需要复审的,应当在期满前 60 日内,由申请人或者申请人的用人单位向原考核发证机关或者从业所在地考核发证机关提出申请,并提交下列材料:

(一)社区或者县级以上医疗机构出具的健康证明;

(二)从事特种作业的情况;

(三)安全培训考试合格记录。

特种作业操作证有效期届满需要延期换证的,应当按照前款的规定申请延期复审。

3. 复审前的安全培训

《特种作业人员安全技术培训考核管理规定》第二十三条规定,特种作业操作证申请复审或者延期复审前,特种作业人员应当参加必要的安全培训并考试合格。

安全培训时间不少于 8 个学时,主要培训法律、法规、标准、事故案例和有关新工艺、新技术、新装备等知识。

4. 复审或延期复审不予通过的情形

《特种作业人员安全技术培训考核管理规定》第二十五条规定,特种作业人员有下列情形之一的,复审或者延期复审不予通过:

(一)健康体检不合格的;

(二)违章操作造成严重后果或者有 2 次以上违章行为,并经查证确实的;

(三)有安全生产违法行为,并给予行政处罚的;

(四)拒绝、阻碍安全生产监管监察部门监督检查的;

(五)未按规定参加安全培训,或者考试不合格的;

(六)具有本规定第三十条、第三十一条规定情形的。

《特种作业人员安全技术培训考核管理规定》第二十六条规定,特种作业操作证复审或者延期复审符合本规定第二十五条第二项、第三项、第四项、第五项情形的,按照本规定经重新安全培训考试合格后,再办理复审或者延期复审手续。

再复审、延期复审仍不合格,或者未按期复审的,特种作业操作证失效。

四、特种作业操作证的监督管理

1. 撤销特种作业操作证的情形

《特种作业人员安全技术培训考核管理规定》第三十条规定,有下列情形之一的,考核发证机关应当撤销特种作业操作证:

（一）超过特种作业操作证有效期未延期复审的。
（二）特种作业人员的身体条件已不适合继续从事特种作业的。
（三）对发生生产安全事故负有责任的。
（四）特种作业操作证记载虚假信息的。
（五）以欺骗、贿赂等不正当手段取得特种作业操作证的。

特种作业人员违反上述第（四）项、第（五）项规定的，3年内不得再次申请特种作业操作证。

2. 注销特种作业操作证的情形

《特种作业人员安全技术培训考核管理规定》第三十一条规定，有下列情形之一的，考核发证机关应当注销特种作业操作证：

（一）特种作业人员死亡的。
（二）特种作业人员提出注销申请的。
（三）特种作业操作证被依法撤销的。

3. 离岗6个月上岗的

《特种作业人员安全技术培训考核管理规定》第三十二条规定，离开特种作业岗位6个月以上的特种作业人员，应当重新进行实际操作考试，经确认合格后方可上岗作业。特种作业人员在劳动合同期满后变动工作单位的，原工作单位不得以任何理由扣押其特种作业操作证。特种作业人员不得伪造、涂改、转借、转让、冒用特种作业操作证或者使用伪造的特种作业操作证。

第八节 《煤矿重大事故隐患判定标准》

（2020年11月2日应急管理部令第4号公布，自2021年1月1日起施行）

《煤矿重大事故隐患判定标准》制定的目的是准确认定、及时消除煤矿重大事故隐患。

一、煤矿重大事故隐患

《煤矿重大事故隐患判定标准》第三条规定，煤矿重大事故隐患包括下列15个方面：

（一）超能力、超强度或者超定员组织生产；
（二）瓦斯超限作业；
（三）煤与瓦斯突出矿井，未依照规定实施防突出措施；
（四）高瓦斯矿井未建立瓦斯抽采系统和监控系统，或者系统不能正常运行；
（五）通风系统不完善、不可靠；

（六）有严重水患，未采取有效措施；

（七）超层越界开采；

（八）有冲击地压危险，未采取有效措施；

（九）自然发火严重，未采取有效措施；

（十）使用明令禁止使用或者淘汰的设备、工艺；

（十一）煤矿没有双回路供电系统；

（十二）新建煤矿边建设边生产，煤矿改扩建期间，在改扩建的区域生产，或者在其他区域的生产超出安全设施设计规定的范围和规模；

（十三）煤矿实行整体承包生产经营后，未重新取得或者及时变更安全生产许可证而从事生产，或者承包方再次转包，以及将井下采掘工作面和井巷维修作业进行劳务承包；

（十四）煤矿改制期间，未明确安全生产责任人和安全管理机构，或者在完成改制后，未重新取得或者变更采矿许可证、安全生产许可证和营业执照；

（十五）其他重大事故隐患。

二、煤矿重大事故隐患的情形

《煤矿重大事故隐患判定标准》第四条规定，"超能力、超强度或者超定员组织生产"重大事故隐患，是指有下列情形之一的：

（一）煤矿全年原煤产量超过核定（设计）生产能力幅度在10%以上，或者月原煤产量大于核定（设计）生产能力的10%的；

（二）煤矿或其上级公司超过煤矿核定（设计）生产能力下达生产计划或者经营指标的；

（三）煤矿开拓、准备、回采煤量可采期小于国家规定的最短时间，未主动采取限产或者停产措施，仍然组织生产的（衰老煤矿和地方人民政府计划停产关闭煤矿除外）；

（四）煤矿井下同时生产的水平超过2个，或者一个采（盘）区内同时作业的采煤、煤（半煤岩）巷掘进工作面个数超过《煤矿安全规程》规定的；

（五）瓦斯抽采不达标组织生产的；

（六）煤矿未制定或者未严格执行井下劳动定员制度，或者采掘作业地点单班作业人数超过国家有关限员规定20%以上的。

《煤矿重大事故隐患判定标准》第五条规定，"瓦斯超限作业"重大事故隐患，是指有下列情形之一的：

（一）瓦斯检查存在漏检、假检情况且进行作业的；

（二）井下瓦斯超限后继续作业或者未按照国家规定处置继续进行作业的；

（三）井下排放积聚瓦斯未按照国家规定制定并实施安全技术措施进行作业的。

《煤矿重大事故隐患判定标准》第六条规定，"煤与瓦斯突出矿井，未依照规定实施防突出措施"重大事故隐患，是指有下列情形之一的：

（一）未设立防突机构并配备相应专业人员的；

（二）未建立地面永久瓦斯抽采系统或者系统不能正常运行的；

（三）未按照国家规定进行区域或者工作面突出危险性预测的（直接认定为突出危险区域或者突出危险工作面的除外）；

（四）未按照国家规定采取防治突出措施的；

（五）未按照国家规定进行防突措施效果检验和验证，或者防突措施效果检验和验证不达标仍然组织生产建设，或者防突措施效果检验和验证数据造假的；

（六）未按照国家规定采取安全防护措施的；

（七）使用架线式电机车的。

《煤矿重大事故隐患判定标准》第七条规定，"高瓦斯矿井未建立瓦斯抽采系统和监控系统，或者系统不能正常运行"重大事故隐患，是指有下列情形之一的：

（一）按照《煤矿安全规程》规定应当建立而未建立瓦斯抽采系统或者系统不正常使用的；

（二）未按照国家规定安设、调校甲烷传感器，人为造成甲烷传感器失效，或者瓦斯超限后不能报警、断电或者断电范围不符合国家规定的。

《煤矿重大事故隐患判定标准》第八条规定，"通风系统不完善、不可靠"重大事故隐患，是指有下列情形之一的：

（一）矿井总风量不足或者采掘工作面等主要用风地点风量不足的；

（二）没有备用主要通风机，或者两台主要通风机不具有同等能力的；

（三）违反《煤矿安全规程》规定采用串联通风的；

（四）未按照设计形成通风系统，或者生产水平和采（盘）区未实现分区通风的；

（五）高瓦斯、煤与瓦斯突出矿井的任一采（盘）区，开采容易自燃煤层、低瓦斯矿井开采煤层群和分层开采采用联合布置的采（盘）区，未设置专用回风巷，或者突出煤层工作面没有独立的回风系统的；

（六）进、回风井之间和主要进、回风巷之间联络巷中的风墙、风门不符合《煤矿安全规程》规定，造成风流短路的；

（七）采区进、回风巷未贯穿整个采区，或者虽贯穿整个采区但一段进风、一段回风，或者采用倾斜长壁布置，大巷未超前至少 2 个区段构成通风系统即开掘其他巷道的；

（八）煤巷、半煤岩巷和有瓦斯涌出的岩巷掘进未按照国家规定装备甲烷电、风电闭锁装置或者有关装置不能正常使用的；

（九）高瓦斯、煤（岩）与瓦斯（二氧化碳）突出矿井的煤巷、半煤岩巷和有瓦斯涌出的岩巷掘进工作面采用局部通风时，不能实现双风机、双电源且自动切换的；

（十）高瓦斯、煤（岩）与瓦斯（二氧化碳）突出建设矿井进入二期工程前，其他建设矿井进入三期工程前，没有形成地面主要通风机供风的全风压通风系统的。

《煤矿重大事故隐患判定标准》第九条规定，"有严重水患，未采取有效措施"重大事故隐患，是指有下列情形之一的：

（一）未查明矿井水文地质条件和井田范围内采空区、废弃老窑积水等情况而组织生产建设的；

（二）水文地质类型复杂、极复杂的矿井未设置专门的防治水机构、未配备专门的探放水作业队伍，或者未配齐专用探放水设备的；

（三）在需要探放水的区域进行采掘作业未按照国家规定进行探放水的；

（四）未按照国家规定留设或者擅自开采（破坏）各种防隔水煤（岩）柱的；

（五）有突（透、溃）水征兆未撤出井下所有受水患威胁地点人员的；

（六）受地表水倒灌威胁的矿井在强降雨天气或其来水上游发生洪水期间未实施停产撤人的；

（七）建设矿井进入三期工程前，未按照设计建成永久排水系统，或者生产矿井延深到设计水平时，未建成防、排水系统而违规开拓掘进的；

（八）矿井主要排水系统水泵排水能力、管路和水仓容量不符合《煤矿安全规程》规定的；

（九）开采地表水体、老空水淹区域或者强含水层下急倾斜煤层，未按照国家规定消除水患威胁的。

《煤矿重大事故隐患判定标准》第十条规定，"超层越界开采"重大事故隐患，是指有下列情形之一的：

（一）超出采矿许可证载明的开采煤层层位或者标高进行开采的；

（二）超出采矿许可证载明的坐标控制范围进行开采的；

（三）擅自开采（破坏）安全煤柱的。

《煤矿重大事故隐患判定标准》第十一条规定，"有冲击地压危险，未采取有效措施"重大事故隐患，是指有下列情形之一的：

（一）未按照国家规定进行煤层（岩层）冲击倾向性鉴定，或者开采有冲击倾向性煤层未进行冲击危险性评价，或者开采冲击地压煤层，未进行采区、采掘工作面冲击危险性评价的；

（二）有冲击地压危险的矿井未设置专门的防冲机构、未配备专业人员或者未编制专门设计的；

（三）未进行冲击地压危险性预测，或者未进行防冲措施效果检验以及防冲措施效果检验不达标仍组织生产建设的；

（四）开采冲击地压煤层时，违规开采孤岛煤柱，采掘工作面位置、间距不符合国家规定，或者开采顺序不合理、采掘速度不符合国家规定、违反国家规定布置巷道或者留设煤（岩）柱造成应力集中的；

（五）未制定或者未严格执行冲击地压危险区域人员准入制度的。

《煤矿重大事故隐患判定标准》第十二条规定，"自然发火严重，未采取有效措施"重大事故隐患，是指有下列情形之一的：

（一）开采容易自燃和自燃煤层的矿井，未编制防灭火专项设计或者未采取综合防灭火措施的；

（二）高瓦斯矿井采用放顶煤采煤法不能有效防治煤层自然发火的；

（三）有自然发火征兆没有采取相应的安全防范措施继续生产建设的；

（四）违反《煤矿安全规程》规定启封火区的。

《煤矿重大事故隐患判定标准》第十三条规定，"使用明令禁止使用或者淘汰的设备、工艺"重大事故隐患，是指有下列情形之一的：

（一）使用被列入国家禁止井工煤矿使用的设备及工艺目录的产品或者工艺的；

（二）井下电气设备、电缆未取得煤矿矿用产品安全标志的；

（三）井下电气设备选型与矿井瓦斯等级不符，或者采（盘）区内防爆型电气设备存在失爆，或者井下使用非防爆无轨胶轮车的；

（四）未按照矿井瓦斯等级选用相应的煤矿许用炸药和雷管、未使用专用发爆器，或者裸露爆破的；

（五）采煤工作面不能保证2个畅通的安全出口的；

（六）高瓦斯矿井、煤与瓦斯突出矿井、开采容易自燃和自燃煤层（薄煤层除外）矿井，采煤工作面采用前进式采煤方法的。

《煤矿重大事故隐患判定标准》第十四条规定，"煤矿没有双回路供电系统"重大事故隐患，是指有下列情形之一的：

（一）单回路供电的；

（二）有两回路电源线路但取自一个区域变电所同一母线段的；

（三）进入二期工程的高瓦斯、煤与瓦斯突出、水文地质类型为复杂和极复杂的建设矿井，以及进入三期工程的其他建设矿井，未形成两回路供电的。

《煤矿重大事故隐患判定标准》第十五条规定，"新建煤矿边建设边生产，煤矿改扩建期间，在改扩建的区域生产，或者在其他区域的生产超出安全设施设计规定的范围和规模"重大事故隐患，是指有下列情形之一的：

（一）建设项目安全设施设计未经审查批准，或者审查批准后作出重大变更未经再次审查批准擅自组织施工的；

（二）新建煤矿在建设期间组织采煤的（经批准的联合试运转除外）；

（三）改扩建矿井在改扩建区域生产的；

（四）改扩建矿井在非改扩建区域超出设计规定范围和规模生产的。

《煤矿重大事故隐患判定标准》第十六条规定，"煤矿实行整体承包生产经营后，未重新取得或者及时变更安全生产许可证而从事生产，或者承包方再次转包，以及将井下采掘工作面和井巷维修作业进行劳务承包"重大事故隐患，是指有下列情形之一的：

（一）煤矿未采取整体承包形式进行发包，或者将煤矿整体发包给不具有法人资格或者未取得合法有效营业执照的单位或者个人的；

（二）实行整体承包的煤矿，未签订安全生产管理协议，或者未按照国家规定约定双方安全生产管理职责而进行生产的；

（三）实行整体承包的煤矿，未重新取得或者变更安全生产许可证进行生产的；

（四）实行整体承包的煤矿，承包方再次将煤矿转包给其他单位或者个人的；

（五）井工煤矿将井下采掘作业或者井巷维修作业（井筒及井下新水平延深的井底车场、主运输、主通风、主排水、主要机电硐室开拓工程除外）作为独立工程发包给其他企业或者个人的，以及转包井下新水平延深开拓工程的。

《煤矿重大事故隐患判定标准》第十七条规定，"煤矿改制期间，未明确安全生产责任人和安全管理机构，或者在完成改制后，未重新取得或者变更采矿许可证、安全生产许可证和营业执照"重大事故隐患，是指有下列情形之一的：

（一）改制期间，未明确安全生产责任人进行生产建设的；

（二）改制期间，未健全安全生产管理机构和配备安全管理人员进行生产建设的；

（三）完成改制后，未重新取得或者变更采矿许可证、安全生产许可证、营业执照而进行生产建设的。

《煤矿重大事故隐患判定标准》第十八条规定，"其他重大事故隐患"，是指有下列情形之一的：

（一）未分别配备专职的矿长、总工程师和分管安全、生产、机电的副矿长，以及负责采煤、掘进、机电运输、通风、地测、防治水工作的专业技术人员的；

（二）未按照国家规定足额提取或者未按照国家规定范围使用安全生产费用的；

（三）未按照国家规定进行瓦斯等级鉴定，或者瓦斯等级鉴定弄虚作假的；

（四）出现瓦斯动力现象，或者相邻矿井开采的同一煤层发生了突出事故，或者被鉴定、认定为突出煤层，以及煤层瓦斯压力达到或者超过 0.74 MPa 的非突出矿井，未立即按照突出煤层管理并在国家规定期限内进行突出危险性鉴定的（直接认定为突出矿井的除外）；

（五）图纸作假、隐瞒采掘工作面，提供虚假信息、隐瞒下井人数，或者矿长、总工程师（技术负责人）履行安全生产岗位责任制及管理制度时伪造记录，弄虚作假的；

（六）矿井未安装安全监控系统、人员位置监测系统或者系统不能正常运行，以及对系统数据进行修改、删除及屏蔽，或者煤与瓦斯突出矿井存在第七条第二项情形的；

（七）提升（运送）人员的提升机未按照《煤矿安全规程》规定安装保护装置，或者保护装置失效，或者超员运行的；

（八）带式输送机的输送带入井前未经过第三方阻燃和抗静电性能试验，或者试验不合格入井，或者输送带防打滑、跑偏、堆煤等保护装置或者温度、烟雾监测装置失效的；

（九）掘进工作面后部巷道或者独头巷道维修（着火点、高温点处理）时，维修（处理）点以里继续掘进或者有人员进入，或者采掘工作面未按照国家规定安设压风、供水、通信线路及装置的；

（十）露天煤矿边坡角大于设计最大值，或者边坡发生严重变形未及时采取措施进行治理的；

（十一）国家矿山安全监察机构认定的其他重大事故隐患。

第九节 《金属非金属矿山重大事故隐患判定标准》

［2022 年 7 月 8 日，国家矿山安全监察局印发了《金属非金属矿山重大事故隐患判定标准》（矿安〔2022〕88 号），自 2022 年 9 月 1 日起施行］

《金属非金属矿山重大事故隐患判定标准》规定，金属非金属矿山重大事故隐患，包括地下矿山重大事故隐患 32 个方面、露天矿山重大事故隐患 13 个方面、尾矿库重大事故隐患 19 个方面。

一、地下矿山重大事故隐患

1. 安全出口存在下列情形之一的：

（1）矿井直达地面的独立安全出口少于 2 个，或者与设计不一致；

（2）矿井只有两个独立直达地面的安全出口且安全出口的间距小于 30 米，或者矿体一翼走向长度超过 1 000 米且未在此翼设置安全出口；

（3）矿井的全部安全出口均为竖井且竖井内均未设置梯子间，或者作为主要安全出口的罐笼提升井只有1套提升系统且未设梯子间；

（4）主要生产中段（水平）、单个采区、盘区或者矿块的安全出口少于2个，或者未与通往地面的安全出口相通；

（5）安全出口出现堵塞或者其梯子、踏步等设施不能正常使用，导致安全出口不畅通。

2. 使用国家明令禁止使用的设备、材料或者工艺。

3. 不同矿权主体的相邻矿山井巷相互贯通，或者同一矿权主体相邻独立生产系统的井巷擅自贯通。

4. 地下矿山现状图纸存在下列情形之一的：

（1）未保存《金属非金属矿山安全规程》（GB 16423—2020）第4.1.10条规定的图纸，或者生产矿山每3个月、基建矿山每1个月未更新上述图纸；

（2）岩体移动范围内的地面建构筑物、运输道路及沟谷河流与实际不符；

（3）开拓工程和采准工程的井巷或者井下采区与实际不符；

（4）相邻矿山采区位置关系与实际不符；

（5）采空区和废弃井巷的位置、处理方式、现状，以及地表塌陷区的位置与实际不符。

5. 露天转地下开采存在下列情形之一的：

（1）未按设计采取防排水措施；

（2）露天与地下联合开采时，回采顺序与设计不符；

（3）未按设计采取留设安全顶柱或者岩石垫层等防护措施。

6. 矿区及其附近的地表水或者大气降水危及井下安全时，未按设计采取防治水措施。

7. 井下主要排水系统存在下列情形之一的：

（1）排水泵数量少于3台，或者工作水泵、备用水泵的额定排水能力低于设计要求；

（2）井巷中未按设计设置工作和备用排水管路，或者排水管路与水泵未有效连接；

（3）井下最低中段的主水泵房通往中段巷道的出口未装设防水门，或者另外一个出口未高于水泵房地面7米以上；

（4）利用采空区或者其他废弃巷道作为水仓。

8. 井口标高未达到当地历史最高洪水位1米以上，且未按设计采取相应防护措施。

9. 水文地质类型为中等或者复杂的矿井，存在下列情形之一的：

（1）未配备防治水专业技术人员；

（2）未设置防治水机构，或者未建立探放水队伍；

（3）未配齐专用探放水设备，或者未按设计进行探放水作业。

10. 水文地质类型复杂的矿山存在下列情形之一的：

（1）关键巷道防水门设置与设计不符；

（2）主要排水系统的水仓与水泵房之间的隔墙或者配水阀未按设计设置。

11. 在突水威胁区域或者可疑区域进行采掘作业，存在下列情形之一的：

（1）未编制防治水技术方案，或者未在施工前制定专门的施工安全技术措施；

（2）未超前探放水，或者超前钻孔的数量、深度低于设计要求，或者超前钻孔方位不符合设计要求。

12. 受地表水倒灌威胁的矿井在强降雨天气或者其来水上游发生洪水期间，未实施停产撤人。

13. 有自然发火危险的矿山，存在下列情形之一的：

（1）未安装井下环境监测系统，实现自动监测与报警；

（2）未按设计或者国家标准、行业标准采取防灭火措施；

（3）发现自然发火预兆，未采取有效处理措施。

14. 相邻矿山开采岩体移动范围存在交叉重叠等相互影响时，未按设计留设保安矿（岩）柱或者采取其他措施。

15. 地表设施设置存在下列情形之一，未按设计采取有效安全措施的：

（1）岩体移动范围内存在居民村庄或者重要设备设施；

（2）主要开拓工程出入口易受地表滑坡、滚石、泥石流等地质灾害影响。

16. 保安矿（岩）柱或者采场矿柱存在下列情形之一的：

（1）未按设计留设矿（岩）柱；

（2）未按设计回采矿柱；

（3）擅自开采、损毁矿（岩）柱。

17. 未按设计要求的处理方式或者时间对采空区进行处理。

18. 工程地质类型复杂、有严重地压活动的矿山存在下列情形之一的：

（1）未设置专门机构、配备专门人员负责地压防治工作；

（2）未制定防治地压灾害的专门技术措施；

（3）发现大面积地压活动预兆，未立即停止作业、撤出人员。

19. 巷道或者采场顶板未按设计采取支护措施。

20. 矿井未采用机械通风，或者采用机械通风的矿井存在下列情形之一的：

（1）在正常生产情况下，主通风机未连续运转；

（2）主通风机发生故障或者停机检查时，未立即向调度室和企业主要负责人报告，或者未采取必要安全措施；

（3）主通风机未按规定配备备用电动机，或者未配备能迅速调换电动机的设备及工具；

（4）作业工作面风速、风量、风质不符合国家标准或者行业标准要求；

（5）未设置通风系统在线监测系统的矿井，未按国家标准规定每年对通风系统进行1次检测；

（6）主通风设施不能在10分钟之内实现矿井反风，或者反风试验周期超过1年。

21. 未配齐或者随身携带具有矿用产品安全标志的便携式气体检测报警仪和自救器，或者从业人员不能正确使用自救器。

22. 担负提升人员的提升系统，存在下列情形之一的：

（1）提升机、防坠器、钢丝绳、连接装置、提升容器未按国家规定进行定期检测检验，或者提升设备的安全保护装置失效；

（2）竖井井口和井下各中段马头门设置的安全门或者摇台与提升机未实现联锁；

（3）竖井提升系统过卷段未按国家规定设置过卷缓冲装置、楔形罐道、过卷挡梁或者不能正常使用，或者提升人员的罐笼提升系统未按国家规定在井架或者井塔的过卷段内设置罐笼防坠装置；

（4）斜井串车提升系统未按国家规定设置常闭式防跑车装置、阻车器、挡车栏，或者连接链、连接插销不符合国家规定；

（5）斜井提升信号系统与提升机之间未实现闭锁。

23. 井下无轨运人车辆存在下列情形之一的：

（1）未取得金属非金属矿山矿用产品安全标志；

（2）载人数量超过25人或者超过核载人数；

（3）制动系统采用干式制动器，或者未同时配备行车制动系统、驻车制动系统和应急制动系统；

（4）未按国家规定对车辆进行检测检验。

24. 一级负荷未采用双重电源供电，或者双重电源中的任一电源不能满足全部一级负荷需要。

25. 向井下采场供电的 6 kV～35 kV 系统的中性点采用直接接地。

26. 工程地质或者水文地质类型复杂的矿山，井巷工程施工未进行施工组织设计，或者未按施工组织设计落实安全措施。

27. 新建、改扩建矿山建设项目有下列行为之一的：

（1）安全设施设计未经批准，或者批准后出现重大变更未经再次批准擅自组织施工。

（2）在竣工验收前组织生产，经批准的联合试运转除外。

28. 矿山企业违反国家有关工程项目发包规定，有下列行为之一的：

（1）将工程项目发包给不具有法定资质和条件的单位，或者承包单位数量超过国家规定的数量；

（2）承包单位项目部的负责人、安全生产管理人员、专业技术人员、特种作业人员不符合国家规定的数量、条件或者不属于承包单位正式职工。

29. 井下或者井口动火作业未按国家规定落实审批制度或者安全措施。

30. 矿山年产量超过矿山设计年生产能力幅度在20%及以上，或者月产量大于矿山设计年生产能力的20%及以上。

31. 矿井未建立安全监测监控系统、人员定位系统、通信联络系统，或者已经建立的系统不符合国家有关规定，或者系统运行不正常未及时修复，或者关闭、破坏该系统，或者篡改、隐瞒、销毁其相关数据、信息。

32. 未配备具有矿山相关专业的专职矿长、总工程师以及分管安全、生产、机电的副矿长，或者未配备具有采矿、地质、测量、机电等专业的技术人员。

二、露天矿山重大事故隐患

1. 地下开采转露天开采前，未探明采空区和溶洞，或者未按设计处理对露天开采安全有威胁的采空区和溶洞。

2. 使用国家明令禁止使用的设备、材料或者工艺。

3. 未采用自上而下的开采顺序分台阶或者分层开采。

4. 工作帮坡角大于设计工作帮坡角，或者最终边坡台阶高度超过设计高度。

5. 开采或者破坏设计要求保留的矿（岩）柱或者挂帮矿体。

6. 未按有关国家标准或者行业标准对采场边坡、排土场边坡进行稳定性分析。

7. 边坡存在下列情形之一的：

（1）高度200米及以上的采场边坡未进行在线监测；

（2）高度200米及以上的排土场边坡未建立边坡稳定监测系统；

（3）关闭、破坏监测系统或者隐瞒、篡改、销毁其相关数据、信息。

8. 边坡出现滑移现象，存在下列情形之一的：

（1）边坡出现横向及纵向放射状裂缝；

（2）坡体前缘坡脚处出现上隆（凸起）现象，后缘的裂缝急剧扩展；

（3）位移观测资料显示的水平位移量或者垂直位移量出现加速变化的趋势。

9. 运输道路坡度大于设计坡度10%以上。

10. 凹陷露天矿山未按设计建设防洪、排洪设施。

11. 排土场存在下列情形之一的：

（1）在平均坡度大于1∶5的地基上顺坡排土，未按设计采取安全措施；

（2）排土场总堆置高度2倍范围以内有人员密集场所，未按设计采取安全措施；

（3）山坡排土场周围未按设计修筑截、排水设施。

12. 露天采场未按设计设置安全平台和清扫平台。

13. 擅自对在用排土场进行回采作业。

三、尾矿库重大事故隐患

1. 库区或者尾矿坝上存在未按设计进行开采、挖掘、爆破等危及尾矿库安全的活动。

2. 坝体存在下列情形之一的：

（1）坝体出现严重的管涌、流土变形等现象；

（2）坝体出现贯穿性裂缝、坍塌、滑动迹象；

（3）坝体出现大面积纵向裂缝，且出现较大范围渗透水高位出逸或者大面积沼泽化。

3. 坝体的平均外坡比或者堆积子坝的外坡比陡于设计坡比。

4. 坝体高度超过设计总坝高，或者尾矿库超过设计库容贮存尾矿。

5. 尾矿堆积坝上升速率大于设计堆积上升速率。

6. 采用尾矿堆坝的尾矿库，未按《尾矿库安全规程》（GB 39496—2020）第6.1.9条规定对尾矿坝做全面的安全性复核。

7. 浸润线埋深小于控制浸润线埋深。

8. 汛前未按国家有关规定对尾矿库进行调洪演算，或者湿式尾矿库防洪高度和干滩长度小于设计值，或者干式尾矿库防洪高度和防洪宽度小于设计值。

9. 排洪系统存在下列情形之一的：

（1）排水井、排水斜槽、排水管、排水隧洞、拱板、盖板等排洪建构筑物混凝土厚度、强度或者型式不满足设计要求；

（2）排洪设施部分堵塞或者坍塌、排水井有所倾斜，排水能力有所降低，达不到设计要求；

（3）排洪构筑物终止使用时，封堵措施不满足设计要求。

10. 设计以外的尾矿、废料或者废水进库。

11. 多种矿石性质不同的尾砂混合排放时，未按设计进行排放。

12. 冬季未按设计要求的冰下放矿方式进行放矿作业。

13. 安全监测系统存在下列情形之一的：

（1）未按设计设置安全监测系统；

（2）安全监测系统运行不正常未及时修复；

（3）关闭、破坏安全监测系统，或者篡改、隐瞒、销毁其相关数据、信息。

14. 干式尾矿库存在下列情形之一的：

（1）入库尾矿的含水率大于设计值，无法进行正常碾压且未设置可靠的防范措施；

（2）堆存推进方向与设计不一致；

（3）分层厚度或者台阶高度大于设计值；

（4）未按设计要求进行碾压。

15. 经验算，坝体抗滑稳定最小安全系数小于国家标准规定值的0.98倍。

16. 三等及以上尾矿库及"头顶库"未按设计设置通往坝顶、排洪系统附近的应急道路，或者应急道路无法满足应急抢险时通行和运送应急物资的需求。

17. 尾矿库回采存在下列情形之一的：

（1）未经批准擅自回采；

（2）回采方式、顺序、单层开采高度、台阶坡面角不符合设计要求；

（3）同时进行回采和排放。

18. 用以贮存独立选矿厂进行矿石选别后排出尾矿的场所，未按尾矿库实施安全管理的。

19. 未按国家规定配备专职安全生产管理人员、专业技术人员和特种作业人员。

第十节 《化工和危险化学品生产经营单位重大生产安全事故隐患判定标准（试行）》

［2017年11月13日，国家安全监管总局印发了《化工和危险化学品生产经营单位重大生产安全事故隐患判定标准（试行）》（安监总管三〔2017〕121号）］

根据《化工和危险化学品生产经营单位重大生产安全事故隐患判定标准（试行）》，以下情形应当判定为重大事故隐患：

（1）危险化学品生产、经营单位主要负责人和安全生产管理人员未依法经考核合格。

（2）特种作业人员未持证上岗。

（3）涉及"两重点一重大"的生产装置、储存设施外部安全防护距离不符合国家标准要求。

（4）涉及重点监管危险化工工艺的装置未实现自动化控制，系统未实现紧急停车功能，装备的自动化控制系统、紧急停车系统未投入使用。

（5）构成一级、二级重大危险源的危险化学品罐区未实现紧急切断功能；涉及毒性气体、液化气体、剧毒液体的一级、二级重大危险源的危险化学品罐区未配备独立的安全仪表系统。

（6）全压力式液化烃储罐未按国家标准设置注水措施。

（7）液化烃、液氨、液氯等易燃易爆、有毒有害液化气体的充装未使用万向管道充装系统。

（8）光气、氯气等剧毒气体及硫化氢气体管道穿越除厂区（包括化工园区、工业园区）外的公共区域。

（9）地区架空电力线路穿越生产区且不符合国家标准要求。

（10）在役化工装置未经正规设计且未进行安全设计诊断。

（11）使用淘汰落后安全技术工艺、设备目录列出的工艺、设备。

（12）涉及可燃和有毒有害气体泄漏的场所未按国家标准设置检测报警装置，爆炸危险场所未按国家标准安装使用防爆电气设备。

（13）控制室或机柜间面向具有火灾、爆炸危险性装置一侧不满足国家标准关于防火防爆的要求。

（14）化工生产装置未按国家标准要求设置双重电源供电，自动化控制系统未设置不间断电源。

（15）安全阀、爆破片等安全附件未正常投用。

（16）未建立与岗位相匹配的全员安全生产责任制或者未制定实施生产安全事故隐患排查治理制度。

（17）未制定操作规程和工艺控制指标。

（18）未按照国家标准制定动火、进入受限空间等特殊作业管理制度，或者制度未有效执行。

（19）新开发的危险化学品生产工艺未经小试、中试、工业化试验直接进行工业化生产；国内首次使用的化工工艺未经过省级人民政府有关部门组织的安全可靠性论证；新建装置未制定试生产方案投料开车；精细化工企业未按规范性文件要求开展反应安全风险评估。

（20）未按国家标准分区分类储存危险化学品，超量、超品种储存危险化学品，相互禁配物质混放混存。

第十一节 《烟花爆竹生产经营单位重大生产安全事故隐患判定标准（试行）》

［2017年11月13日，国家安全监管总局印发了《烟花爆竹生产经营单位重大生产安全事故隐患判定标准（试行）》（安监总管三〔2017〕121号）］

根据《烟花爆竹生产经营单位重大生产安全事故隐患判定标准（试行）》，以下情形应当判定为重大事故隐患：

（1）主要负责人、安全生产管理人员未依法经考核合格。

（2）特种作业人员未持证上岗，作业人员带药检维修设备设施。

（3）职工自行携带工器具、机器设备进厂进行涉药作业。

（4）工（库）房实际作业人员数量超过核定人数。

（5）工（库）房实际滞留、存储药量超过核定药量。

（6）工（库）房内、外部安全距离不足，防护屏障缺失或者不符合要求。

（7）防静电、防火、防雷设备设施缺失或者失效。

（8）擅自改变工（库）房用途或者违规私搭乱建。

（9）工厂围墙缺失或者分区设置不符合国家标准。

（10）将氧化剂、还原剂同库储存、违规预混或者在同一工房内粉碎、称量。

（11）在用涉药机械设备未经安全性论证或者擅自更改、改变用途。

（12）中转库、药物总库和成品总库的存储能力与设计产能不匹配。

（13）未建立与岗位相匹配的全员安全生产责任制或者未制定实施生产安全事故隐患排查治理制度。

（14）出租、出借、转让、买卖、冒用或者伪造许可证。

（15）生产经营的产品种类、危险等级超许可范围或者生产使用违禁药物。

（16）分包转包生产线、工房、库房组织生产经营。

（17）一证多厂或者多股东各自独立组织生产经营。

（18）许可证过期、整顿改造、恶劣天气等停产停业期间组织生产经营。

（19）烟花爆竹仓库存放其他爆炸物等危险物品或者生产经营违禁超标产品。

（20）零售点与居民居住场所设置在同一建筑物内或者在零售场所使用明火。

第十二节 《工贸企业重大事故隐患判定标准》

（2023年3月20日应急管理部令第10号公布，自2023年5月15日起施行）

《工贸企业重大事故隐患判定标准》制定的目的是准确判定、及时消除工贸企业重大事故隐患。

一、工贸企业重大事故隐患

《工贸企业重大事故隐患判定标准》第三条规定，工贸企业有下列情形之一的，应当判定为重大事故隐患：

（一）未对承包单位、承租单位的安全生产工作统一协调、管理，或者未定期进行安全检查的；

（二）特种作业人员未按照规定经专门的安全作业培训并取得相应资格，上岗作业的；

（三）金属冶炼企业主要负责人、安全生产管理人员未按照规定经考核合格的。

二、冶金企业重大事故隐患

《工贸企业重大事故隐患判定标准》第四条规定，冶金企业有下列情形之一的，应当判定为重大事故隐患：

（一）会议室、活动室、休息室、操作室、交接班室、更衣室（含澡堂）等6类人员聚集场所，以及钢铁水罐冷（热）修工位设置在铁水、钢水、液渣吊运跨的地坪区域内的；

（二）生产期间冶炼、精炼和铸造生产区域的事故坑、炉下渣坑，以及熔融金属泄漏和喷溅影响范围内的炉前平台、炉基区域、厂房内吊运和地面运输通道等6类区域存在积水的；

（三）炼钢连铸流程未设置事故钢水罐、中间罐漏钢坑（槽）、中间罐溢流坑（槽）、漏钢回转溜槽，或者模铸流程未设置事故钢水罐（坑、槽）的；

（四）转炉、电弧炉、AOD炉、LF炉、RH炉、VOD炉等炼钢炉的水冷元件未设置出水温度、进出水流量差等监测报警装置，或者监测报警装置未与炉体倾动、氧（副）枪自动提升、电极自动断电和升起装置联锁的；

（五）高炉生产期间炉顶工作压力设定值超过设计文件规定的最高工作压力，或者炉顶工作压力监测装置未与炉顶放散阀联锁，或者炉顶放散阀的联锁放散压力设定值超过设备设计压力值的；

（六）煤气生产、回收净化、加压混合、储存、使用设施附近的会议室、活动室、休息室、操作室、交接班室、更衣室等6类人员聚集场所，以及可能发生煤气泄漏、积聚的场所和部位未设置固定式一氧化碳浓度监测报警装置，或者监测数据未接入24小时有人值守场所的；

（七）加热炉、煤气柜、除尘器、加压机、烘烤器等设施，以及进入车间前的煤气管道未安装隔断装置的；

（八）正压煤气输配管线水封式排水器的最高封堵煤气压力小于30 kPa，或者同一煤气管道隔断装置的两侧共用一个排水器，或者不同煤气管道排水器上部的排水管连通，或者不同介质的煤气管道共用一个排水器的。

三、有色企业重大事故隐患

《工贸企业重大事故隐患判定标准》第五条规定，有色企业有下列情形之一的，应当判定为重大事故隐患：

（一）会议室、活动室、休息室、操作室、交接班室、更衣室（含澡堂）等6类人员聚集场所设置在熔融金属吊运跨的地坪区域内的；

（二）生产期间冶炼、精炼、铸造生产区域的事故坑、炉下渣坑，以及熔融金属泄漏、喷溅影响范围内的炉前平台、炉基区域、厂房内吊运和地面运输通道等6类区域存在非生产性积水的；

（三）熔融金属铸造环节未设置紧急排放和应急储存设施的（倾动式熔炼炉、倾动式保温炉、倾动式熔保一体炉、带保温炉的固定式熔炼炉除外）；

（四）采用水冷冷却的冶炼炉窑、铸造机（铝加工深井铸造工艺的结晶器除外）、加热炉未设置应急水源的；

（五）熔融金属冶炼炉窑的闭路循环水冷元件未设置出水温度、进出水流量差监测报警装置，或者开路水冷元件未设置进水流量、压力监测报警装置，或者未监测开路水冷元件出水温度的；

（六）铝加工深井铸造工艺的结晶器冷却水系统未设置进水压力、进水流量监测报警装置，或者监测报警装置未与快速切断阀、紧急排放阀、流槽断开装置联锁，或者监测报警装置未与倾动式浇铸炉控制系统联锁的；

（七）铝加工深井铸造工艺的浇铸炉铝液出口流槽、流槽与模盘（分配流槽）入口连接处未设置液位监测报警装置，或者固定式浇铸炉的铝液出口未设置机械锁紧装置的；

（八）铝加工深井铸造工艺的固定式浇铸炉的铝液流槽未设置紧急排放阀，或者流槽与模盘（分配流槽）入口连接处未设置快速切断阀（断开装置），或者流槽与模盘（分配流槽）入口连接处的液位监测报警装置未与快速切断阀（断开装置）、紧急排放阀联锁的；

（九）铝加工深井铸造工艺的倾动式浇铸炉流槽与模盘（分配流槽）入口连接处未设置快速切断阀（断开装置），或者流槽与模盘（分配流槽）入口连接处的液位监测报警装置未与浇铸炉倾动控制系统、快速切断阀（断开装置）联锁的；

（十）铝加工深井铸造机钢丝卷扬系统选用非钢芯钢丝绳，或者未落实钢丝绳定期检查、更换制度的；

（十一）可能发生一氧化碳、砷化氢、氯气、硫化氢等4种有毒气体泄漏、积聚的场所和部位未设置固定式气体浓度监测报警装置，或者监测数据未接入24小时有人值守场所，或者未对可能有砷化氢气体的场所和部位采取同等效果的检测措施的；

（十二）使用煤气（天然气）并强制送风的燃烧装置的燃气总管未设置压力监测报警装置，或者监测报警装置未与紧急自动切断装置联锁的；

（十三）正压煤气输配管线水封式排水器的最高封堵煤气压力小于30 kPa，或者同一煤气管道隔断装置的两侧共用一个排水器，或者不同煤气管道排水器上部的排水管连通，或者不同介质的煤气管道共用一个排水器的。

四、建材企业重大事故隐患

《工贸企业重大事故隐患判定标准》第六条规定，建材企业有下列情形之一的，应当判定为重大事故隐患：

（一）煤磨袋式收尘器、煤粉仓未设置温度和固定式一氧化碳浓度监测报警装置，或者未设置气体灭火装置的；

（二）筒型储库人工清库作业未落实清库方案中防止高处坠落、坍塌等安全措施的；

（三）水泥企业电石渣原料筒型储库未设置固定式可燃气体浓度监测报警装置，或者监测报警装置未与事故通风装置联锁的；

（四）进入筒型储库、焙烧窑、预热器旋风筒、分解炉、竖炉、篦冷机、磨机、破碎机前，未对可能意外启动的设备和涌入的物料、高温气体、有毒有害气体等采取隔离措施，或者未落实防止高处坠落、坍塌等安全措施的；

（五）采用预混燃烧方式的燃气窑炉（热发生炉煤气窑炉除外）的燃气总管未设置管道压力监测报警装置，或者监测报警装置未与紧急自动切断装置联锁的；

（六）制氢站、氮氢保护气体配气间、燃气配气间等3类场所未设置固定式可燃气体浓度监测报警装置的；

（七）电熔制品电炉的水冷设备失效的；

（八）玻璃窑炉、玻璃锡槽等设备未设置水冷和风冷保护系统的监测报警装置的。

五、机械企业重大事故隐患

《工贸企业重大事故隐患判定标准》第七条规定，机械企业有下列情形之一的，应当判定为重大事故隐患：

（一）会议室、活动室、休息室、更衣室、交接班室等5类人员聚集场所设置在熔融金属吊运跨或者浇注跨的地坪区域内的；

（二）铸造用熔炼炉、精炼炉、保温炉未设置紧急排放和应急储存设施的；

（三）生产期间铸造用熔炼炉、精炼炉、保温炉的炉底、炉坑和事故坑，以及熔融金属泄漏、喷溅影响范围内的炉前平台、炉基区域、造型地坑、浇注作业坑和熔融金属转运通道等8类区域存在积水的；

（四）铸造用熔炼炉、精炼炉、压铸机、氧枪的冷却水系统未设置出水温度、进出水流量差监测报警装置，或者监测报警装置未与熔融金属加热、输送控制系统联锁的；

（五）使用煤气（天然气）的燃烧装置的燃气总管未设置管道压力监测报警装置，或者监测报警装置未与紧急自动切断装置联锁，或者燃烧装置未设置火焰监测和熄火保护系统的；

（六）使用可燃性有机溶剂清洗设备设施、工装器具、地面时，未采取防止可燃气体在周边密闭或者半密闭空间内积聚措施的；

（七）使用非水性漆的调漆间、喷漆室未设置固定式可燃气体浓度监测报警装置或者通风设施的。

六、轻工企业重大事故隐患

《工贸企业重大事故隐患判定标准》第八条规定，轻工企业有下列情形之一的，应当判定为重大事故隐患：

（一）食品制造企业烘制、油炸设备未设置防过热自动切断装置的；

（二）白酒勾兑、灌装场所和酒库未设置固定式乙醇蒸气浓度监测报警装置，或者监测报警装置未与通风设施联锁的；

（三）纸浆制造、造纸企业使用蒸气、明火直接加热钢瓶汽化液氯的；

（四）日用玻璃、陶瓷制造企业采用预混燃烧方式的燃气窑炉（热发生炉煤气窑炉除外）的燃气总管未设置管道压力监测报警装置，或者监测报警装置未与紧急自动切断装置联锁的；

（五）日用玻璃制造企业玻璃窑炉的冷却保护系统未设置监测报警装置的；

（六）使用非水性漆的调漆间、喷漆室未设置固定式可燃气体浓度监测报警装置或者通风设施的；

（七）锂离子电池储存仓库未对故障电池采取有效物理隔离措施的。

七、纺织企业重大事故隐患

《工贸企业重大事故隐患判定标准》第九条规定，纺织企业有下列情形之一的，应当判定为重大事故隐患：

（一）纱、线、织物加工的烧毛、开幅、烘干等热定型工艺的汽化室、燃气储罐、储油罐、热媒炉，未与生产加工等人员聚集场所隔开或者单独设置的；

（二）保险粉、双氧水、次氯酸钠、亚氯酸钠、雕白粉（吊白块）与禁忌物料混合储存，或者保险粉储存场所未采取防水防潮措施的。

八、烟草企业重大事故隐患

《工贸企业重大事故隐患判定标准》第十条规定，烟草企业有下列情形之一的，应当判定为重大事故隐患：

（一）熏蒸作业场所未配备磷化氢气体浓度监测报警仪器，或者未配备防毒面具，或者熏蒸杀虫作业前未确认无关人员全部撤离熏蒸作业场所的；

（二）使用液态二氧化碳制造膨胀烟丝的生产线和场所未设置固定式二氧化碳浓度监测报警装置，或者监测报警装置未与事故通风设施联锁的。

九、存在粉尘爆炸危险的工贸企业重大事故隐患

《工贸企业重大事故隐患判定标准》第十一条规定，存在粉尘爆炸危险的工贸企业有下列情形之一的，应当判定为重大事故隐患：

（一）粉尘爆炸危险场所设置在非框架结构的多层建（构）筑物内，或者粉尘爆炸危险场所内设有员工宿舍、会议室、办公室、休息室等人员聚集场所的；

（二）不同类别的可燃性粉尘、可燃性粉尘与可燃气体等易加剧爆炸危险的介质共用一套除尘系统，或者不同建（构）筑物、不同防火分区共用一套除尘系统、除尘系统互联互通的；

（三）干式除尘系统未采取泄爆、惰化、抑爆等任一种爆炸防控措施的；

（四）铝镁等金属粉尘除尘系统采用正压除尘方式，或者其他可燃性粉尘除尘系统采用正压吹送粉尘时，未采取火花探测消除等防范点燃源措施的；

（五）除尘系统采用重力沉降室除尘，或者采用干式巷道式构筑物作为除尘风道的；

（六）铝镁等金属粉尘、木质粉尘的干式除尘系统未设置锁气卸灰装置的；

（七）除尘器、收尘仓等划分为20区的粉尘爆炸危险场所电气设备不符合防爆要求的；

（八）粉碎、研磨、造粒等易产生机械点燃源的工艺设备前，未设置铁、石等杂物去除装置，或者木制品加工企业与砂光机连接的风管未设置火花探测消除装置的；

（九）遇湿自燃金属粉尘收集、堆放、储存场所未采取通风等防止氢气积聚措施，或者干式收集、堆放、储存场所未采取防水、防潮措施的；

（十）未落实粉尘清理制度，造成作业现场积尘严重的。

十、使用液氨制冷的工贸企业重大事故隐患

《工贸企业重大事故隐患判定标准》第十二条规定，使用液氨制冷的工贸企业有下列情形之一的，应当判定为重大事故隐患：

（一）包装、分割、产品整理场所的空调系统采用氨直接蒸发制冷的；

（二）快速冻结装置未设置在单独的作业间内，或者快速冻结装置作业间内作业人员数量超过9人的。

十一、存在硫化氢、一氧化碳等中毒风险的有限空间作业的企业重大事故隐患

《工贸企业重大事故隐患判定标准》第十三条规定，存在硫化氢、一氧化碳等中毒风险的有限空间作业的工贸企业有下列情形之一的，应当判定为重大事故隐患：

（一）未对有限空间进行辨识、建立安全管理台账，并且未设置明显的安全警示标志的；

（二）未落实有限空间作业审批，或者未执行"先通风、再检测、后作业"要求，或者作业现场未设置监护人员的。

本标准所列情形中直接关系生产安全的监控、报警、防护等设施、设备、装置，应当保证正常运行、使用，失效或者无效均判定为重大事故隐患。

第十三节　淘汰落后安全技术工艺、设备目录

一、煤矿安全淘汰的落后安全技术工艺、设备目录

根据国家安全监管总局2016年12月16日印发的《淘汰落后安全技术工艺、设备目录（2016年）》，煤矿安全淘汰的落后安全技术工艺、设备目录中工艺（设备）名称为：皮带机皮带钉扣人力夯砸工艺；钢丝绳牵引耙装机；煤矿井下用煤电钻；井下活塞式移动空压机；井下照明白炽灯；串电阻调速提升机电控装置；老虎口式主井箕斗装载设备；普通轨斜井人车。

根据国家安全监管总局2017年11月6日关于《推广先进与淘汰落后安全技术装备目录（2017年）》的公示，煤矿安全淘汰落后安全技术装备目录项目名称为：定量斗式主井箕斗装载设备。

二、危险化学品淘汰的落后安全技术工艺、设备目录

根据国家安全监管总局2016年12月16日印发的《淘汰落后安全技术工艺、设备目录（2016年）》，危险化学品淘汰的落后安全技术工艺、设备目录中工艺（设备）名称为：间歇焦炭法二硫化碳工艺。

根据应急管理部于2020年10月23日印发的《淘汰落后危险化学品安全生产工艺技术设备目录（第一批）》，危险化学品淘汰落后的工艺技术为：

（1）采用氨冷冻盐水的氯气液化工艺；

（2）用火直接加热的涂料用树脂生产工艺；

（3）常压固定床间歇煤气化工艺；

（4）常压中和法硝酸铵生产工艺。

危险化学品淘汰落后的设备为：

（1）敞开式离心机；

（2）多节钟罩的氯乙烯气柜；

（3）煤制甲醇装置气体净化工序三元换热器；

（4）未设置密闭及自动吸收系统的液氯储存仓库；

（5）采用明火高温加热方式生产石油制品的釜式蒸馏装置；

（6）开放式（又称敞开式）、内燃式（又称半密闭式或半开放式）电石炉；

（7）无火焰监测和熄火保护系统的燃气加热炉、导热油炉；

（8）液化烃、液氯、液氨管道用软管。

三、工贸企业淘汰的落后安全技术工艺、设备目录

根据国家安全监管总局 2016 年 12 月 16 日印发的《淘汰落后安全技术工艺、设备目录（2016 年）》，工贸企业淘汰的落后安全技术工艺、设备目录中工艺（设备）名称为：金属打磨工艺的砖槽式通风道。

四、职业健康淘汰的落后安全技术工艺、设备目录

根据国家安全监管总局 2016 年 12 月 16 日印发的《淘汰落后安全技术工艺、设备目录（2016 年）》，职业健康淘汰的落后安全技术工艺、设备目录中工艺（设备）名称为：鞋和箱包制造领域有害物质超标的胶粘工艺。

根据国家安全监管总局 2017 年 11 月 6 日关于《淘汰落后与推广先进安全技术装备目录（2017 年）》的公示，职业健康淘汰落后安全技术装备目录项目名称为：无除尘设施的干法石材加工（含宝石加工）工艺技术；铅酸蓄电池生产中铸板、输粉、灌粉、涂板、刷板、配酸灌酸、外化成、称板、包板等人工作业工艺。

第十四节 《建设工程消防设计审查验收管理暂行规定》

（2020 年 4 月 1 日住房和城乡建设部令第 51 号公布　根据 2023 年 8 月 21 日住房和城乡建设部令第 58 号修订）

《建设工程消防设计审查验收管理暂行规定》的立法目的是加强建设工程消防设计审查验收管理，保证建设工程消防设计、施工质量。

一、特殊建设工程的消防设计审查

1. 特殊建设工程

《建设工程消防设计审查验收管理暂行规定》第十四条规定，具有下列情形之一的建设工程是特殊建设工程：

（一）总建筑面积大于二万平方米的体育场馆、会堂，公共展览馆、博物馆的展示厅；

（二）总建筑面积大于一万五千平方米的民用机场航站楼、客运车站候车室、客运码头候船厅；

（三）总建筑面积大于一万平方米的宾馆、饭店、商场、市场；

（四）总建筑面积大于二千五百平方米的影剧院，公共图书馆的阅览室，营业性室内健身、休闲场馆，医院的门诊楼，大学的教学楼、图书馆、食堂，劳动密集型企业的生产加工车间，寺庙、教堂；

（五）总建筑面积大于一千平方米的托儿所、幼儿园的儿童用房，儿童游乐厅等室内儿童活动场所，养老院、福利院，医院、疗养院的病房楼，中小学校的教学楼、图书馆、食堂，学校的集体宿舍，劳动密集型企业的员工集体宿舍；

（六）总建筑面积大于五百平方米的歌舞厅、录像厅、放映厅、卡拉OK厅、夜总会、游艺厅、桑拿浴室、网吧、酒吧，具有娱乐功能的餐馆、茶馆、咖啡厅；

（七）国家工程建设消防技术标准规定的一类高层住宅建筑；

（八）城市轨道交通、隧道工程，大型发电、变配电工程；

（九）生产、储存、装卸易燃易爆危险物品的工厂、仓库和专用车站、码头，易燃易爆气体和液体的充装站、供应站、调压站；

（十）国家机关办公楼、电力调度楼、电信楼、邮政楼、防灾指挥调度楼、广播电视楼、档案楼；

（十一）设有本条第一项至第六项所列情形的建设工程；

（十二）本条第十项、第十一项规定以外的单体建筑面积大于四万平方米或者建筑高度超过五十米的公共建筑。

2. 消防设计审查要求

《建设工程消防设计审查验收管理暂行规定》第十五条规定，对特殊建设工程实行消防设计审查制度。

特殊建设工程的建设单位应当向消防设计审查验收主管部门申请消防设计审查，消防设计审查验收主管部门依法对审查的结果负责。

特殊建设工程未经消防设计审查或者审查不合格的，建设单位、施工单位不得施工。

3. 消防设计审查材料

《建设工程消防设计审查验收管理暂行规定》第十六条规定，建设单位申请消防设计审查，应当提交下列材料：

（一）消防设计审查申请表；

（二）消防设计文件；

（三）依法需要办理建设工程规划许可的，应当提交建设工程规划许可文件；

（四）依法需要批准的临时性建筑，应当提交批准文件。

《建设工程消防设计审查验收管理暂行规定》第十七条规定，特殊建设工程具有下列情形之一的，建设单位除提交本规定第十六条所列材料外，还应当同时提交特殊消防设计技术资料：

（一）国家工程建设消防技术标准没有规定的；

（二）消防设计文件拟采用的新技术、新工艺、新材料不符合国家工程建设消防技术标准规定的；

（三）因保护利用历史建筑、历史文化街区需要，确实无法满足国家工程建设消防技术标准要求的。

前款所称特殊消防设计技术资料，应当包括特殊消防设计文件，以及两个以上有关的应用实例、产品说明等资料。

特殊消防设计涉及采用国际标准或者境外工程建设消防技术标准的，还应当提供相应的中文文本。

4. 消防设计文件内容

《建设工程消防设计审查验收管理暂行规定》第十八条规定，特殊消防设计文件应当包括特殊消防设计必要性论证、特殊消防设计方案、火灾数值模拟分析等内容，重大工程、火灾危险等级高的应当包括实体试验验证内容。

特殊消防设计方案应当对两种以上方案进行比选，从安全性、经济性、可实施性等方面进行综合分析后形成。

火灾数值模拟分析应当科学设定火灾场景和模拟参数，实体试验应当与实际场景相符。火灾数值模拟分析结论和实体试验结论应当一致。

《建设工程消防设计审查验收管理暂行规定》第二十六条规定，建设、设计、施工单位不得擅自修改经审查合格的消防设计文件。确需修改的，建设单位应当依照本规定重新申请消防设计审查。

二、特殊建设工程的消防验收

1. 特殊建设工程竣工验收要求

《建设工程消防设计审查验收管理暂行规定》第二十七条规定，对特殊建设工程实行消防验收制度。

特殊建设工程竣工验收后，建设单位应当向消防设计审查验收主管部门申请消防验收；未经消防验收或者消防验收不合格的，禁止投入使用。

《建设工程消防设计审查验收管理暂行规定》第二十八条规定，建设单位组织竣工验收时，应当对建设工程是否符合下列要求进行查验：

（一）完成工程消防设计和合同约定的消防各项内容；

（二）有完整的工程消防技术档案和施工管理资料（含涉及消防的建筑材料、建筑构配件和设备的进场试验报告）；

（三）建设单位对工程涉及消防的各分部分项工程验收合格；施工、设计、工程监理、技术服务等单位确认工程消防质量符合有关标准；

（四）消防设施性能、系统功能联调联试等内容检测合格。

经查验不符合前款规定的建设工程，建设单位不得编制工程竣工验收报告。

2. 消防验收材料

《建设工程消防设计审查验收管理暂行规定》第二十九条规定，建设单位申请消防验收，应当提交下列材料：

（一）消防验收申请表；

（二）工程竣工验收报告；

（三）涉及消防的建设工程竣工图纸。

消防设计审查验收主管部门收到建设单位提交的消防验收申请后，对申请材料齐全的，应当出具受理凭证；申请材料不齐全的，应当一次性告知需要补正的全部内容。

3. 其他建设工程设计、竣工验收、备案材料

《建设工程消防设计审查验收管理暂行规定》第三十三条规定，其他建设工程，建设单位申请施工许可或者申请批准开工报告时，应当提供满足施工需要的消防设计图纸及技术资料。

《建设工程消防设计审查验收管理暂行规定》第三十六条规定，其他建设工程竣工验收合格之日起五个工作日内，建设单位应当报消防设计审查验收主管部门备案。

建设单位办理备案，应当提交下列材料：

（一）消防验收备案表；

（二）工程竣工验收报告；

（三）涉及消防的建设工程竣工图纸。

本规定第二十八条有关建设单位竣工验收消防查验的规定，适用于其他建设工程。

《建设工程消防设计审查验收管理暂行规定》第三十五条第二款规定，其他建设工程应当依据建筑所在区域环境、建筑使用功能、建筑规模和高度、建筑耐火等级、疏散能力、消防设施设备配置水平等因素分为一般项目、重点项目等两类。

《建设工程消防设计审查验收管理暂行规定》第三十七条第二款规定，一般项目可以采用告知承诺制的方式申请备案，消防设计审查验收主管部门依据承诺书出具备案凭证。

《建设工程消防设计审查验收管理暂行规定》第四十条规定，建设单位收到检查不合格整改通知后，应当停止使用建设工程，并组织整改，整改完成后，向消防设计审查验收主管部门申请复查。

第七章

安全生产地方性法规和地方政府规章

安全生产地方性法规和地方政府规章的考试内容及要求,《初级注册安全工程师职业资格考试大纲》规定:熟悉安全生产地方性法规、地方政府规章的相关规定,分析解决安全生产相关问题。其他安全生产法律、法规和规章,由各地结合实际确定。各省、自治区、直辖市应急管理部门可以结合本地区安全生产工作实际,在考试大纲范围内自主选择确定考试内容,其中,《安全生产法律法规》科目有关安全生产地方性法规、地方政府规章的考试内容所占分值比例以不超过 30% 为宜。